2-

BESTSELLER

[!]

MIGUEL ESCOBAR VALDEZ

El muro de la vergüenza

Crónica de una tragedia en la frontera

⊞ DeBOLS!LLO

El muro de la vergüenza

Primera edición en México, 2006
Primera edición para EE.UU., 2006

© 2006, Miguel Escobar

D. R. 2006, Random House Mondadori, S. A. de C. V.
    Av. Homero No. 544, Col. Chapultepec Morales,
    Del. Miguel Hidalgo, C. P. 11570, México, D. F.

www.randomhousemondadori.com.mx

Comentarios sobre la edición y contenido de este libro a:
literaria@randomhousemondadori.com.mx

ISBN: 0-307-37677-X

Impreso en México / *Printed in Mexico*

Distributed by Random House, Inc.

Índice

INTRODUCCIÓN

El fenómeno migratorio

«No hay quien le ponga puertas al viento»
(Dícese de la migración en el mundo)

Vivimos la dualidad de un acelerado proceso global de integración económica que coexiste —y se confronta— con otro proceso de reafirmación nacionalista. Lo que denominamos la aldea global, con su nueva visión de economías interdependientes y de comunicación universal, en conflicto con el villorrio local que se sustenta en la terca profesión de fe, en el antecedente histórico que proporciona identidad: origen tribal, idioma, religión, familia.

Y en el curso de este debate que trata de remodelar e imponer nuevos límites al concepto de soberanía, se da ese enorme movimiento de fuerzas de mercado, de tecnología y de comunicaciones que promueve simultáneamente el desplazamiento de flujos migratorios de sur a norte y de este a oeste, en sentido contrario a la dirección que siguieron las corrientes de migrantes conquistadores hace quinientos años para sojuzgar culturas ajenas. Cinco siglos apenas de que los países europeos bajaran del septentrión a África y a América y se desplazaran hacia el oriente, imponiendo su voluntad por la fuerza.

Medio milenio después los pueblos sojuzgados y expoliados revierten el sentido del flujo de migrantes. Justicia poética, dirían algunos.

Es ya lugar común la anécdota aquella de la manifestación de trasterrados en París protestando por lo habitual —discriminación, racismo, actitudes antiinmigrantes, etc.—, en la que se advertía a un argelino portando una pancarta en la que se leía: «Nosotros estamos aquí porque ustedes estuvieron allá». Y efectivamente, desde 1830 hasta bien entrado el siglo xx, cuando Argelia se independiza, los franceses permanecieron como conquistadores en el país norafricano.

Lo cierto es que no podemos pensar en una integración global que trae aparejada una comunicación global, sin que se suscite una migración global.

Así de sencillo, o de complicado.

Aquí se genera de entrada un conflicto por el hecho de que por un lado tenemos institucionalizado y en expansión un libre flujo de capitales, bienes y servicios, mientras que por el otro, el flujo laboral enfrenta todo tipo de restricciones legales. Es incongruente que dos países que comparten una de las más largas fronteras del mundo, como son México y Estados Unidos, sean socios en asuntos económicos y antagonistas en el tema migratorio.

La migración resulta inevitable en las sociedades de nuestra época y en el mundo globalizado en el que vivimos. El origen de los flujos lo podemos encontrar en circunstancias sociales, políticas y, sobre todo, económicas.

La migración mexicana, al igual que las que se dan en el resto del mundo, es un fenómeno que se ajusta a las anteriores premisas, alimentado por la complementariedad entre una poderosa economía que determina una demanda de trabajo, y la oferta laboral de una nación en vías de desarrollo, todo ello con el agregado de una asimetría salarial que llega hasta el diez por uno.

Si nos referimos al flujo de mexicanos hacia Estados Unidos, el complejo fenómeno tiene además hondas raíces históricas y el sostén de redes familiares y sociales interconectadas entre ambos países.

La migración hacia la Unión Americana va a seguir dándose mientras prevalezcan las diferencias salariales y no se estructuren las condiciones económicas —suficientes fuentes de trabajo y mejores remuneraciones— que arraiguen al mexicano.

Se trata de un fenómeno laboral que se repite, con matices, en todo el orbe. Norafricanos emigrando a países europeos de la cuenca mediterránea, paquistaníes y oriundos de las Indias Occidentales a Gran Bretaña, turcos en Alemania, los provenientes de ese mosaico roto que fue la federación yugoeslava en Italia. Y en Estados Unidos, todos de todas partes; el *melting pot* por excelencia.

Ciento noventa y un millones de migrantes, el tres por ciento del total de la población, desplazándose por todo el mundo, según la Organización de las Naciones Unidas.

Un fenómeno que desafortunadamente va de la mano con las manifestaciones de radicalismo, de xenofobia y de nativismo.

La recientemente aparecida iniciativa de ley H.R. 4437, también conocida como la ley Sensenbrenner, que acaba de ser aprobada por la Cámara de Representantes del Congreso estadounidense y de la que se habla en capítulo aparte de esta misma obra, es un claro ejemplo de la intolerancia mencionada y del interés político ubicado por encima, ya no digamos de sentimientos humanitarios, sino del sentido común.

La migración ha sido el tema predominante en la agenda entre México y Estados Unidos, y todo apunta a que como asunto contencioso seguirá prevaleciendo en 2006, un año que en esa tesitura y con el agregado de elecciones presidenciales en nuestro país, se anticipa sumamente complejo en cuanto a la relación bilateral.

ntable que el tema de la migración se subordine a otras
como la lucha contra el terrorismo y el combate al narco-
trán. El predominio de criterios de seguridad nacional sobre consideraciones socioeconómicas y políticas conduce a la negación de
los derechos fundamentales de los migrantes. En Estados Unidos,
después de septiembre 11, la seguridad se ha convertido en la prioridad nacional y las medidas instrumentadas para garantizarla inciden
en la migración, con la deplorable consecuencia de confundir a migrantes con terroristas.

La inmigración de mexicanos a Estados Unidos es a todas luces
un fenómeno bilateral; sin embargo, las decisiones que se toman al
respecto con frecuencia se asumen unilateralmente. Esa unilateralidad es el común denominador en el manejo del tema migratorio, la
constante que responde siempre a los intereses estadounidenses. Ejemplo clásico de lo que aquí consignamos es la Simpson-Rodino, oficialmente denominada *Immigration Reform and Control Act,* la famosa
IRCA, una ley aprobada en 1986 que pese a que regularizó a casi
tres millones de mexicanos indocumentados, no resolvió la cuestión
migratoria de fondo, aun cuando sí solucionó, por decirlo de alguna
manera, en su momento, la necesidad de mano de obra no calificada en la Unión Americana.

De hecho, las propuestas de programas de trabajadores huéspedes
que cotidianamente aparecen, casi siempre con absoluta exclusión de
regularizaciones de la población mexicana que reside sin documentos en Estados Unidos, son polvos de aquellos lodos de los programas de braceros de los años cuarenta a los sesenta.

En un foro sobre derechos humanos de los migrantes mexicanos
en Estados Unidos, realizado en la Universidad de California Los
Ángeles en noviembre de 2002, el doctor José Luis Soberanes, pre-

sidente de la Comisión Nacional de los Derechos Humanos, expuso: «Los hechos cotidianos demuestran que ni Estados Unidos ni México han aplicado políticas migratorias adecuadas. Más aún, las medidas unilaterales sobre el tema han respondido a agendas políticas de corto plazo. Dos efectos de esa unilateralidad consisten en la percepción social que se tiene sobre los migrantes indocumentados como personas indeseables, casi "criminales", y en la idea de que el «problema» de los indocumentados es interno y su solución también (debe ser) unilateral ya que sus efectos son negativos para Estados Unidos. La realidad indica, por el contrario, que se requiere un enfoque bilateral para enfrentar un fenómeno de la misma naturaleza».

Si admitimos que el concepto de riesgo está íntimamente ligado al de la migración indocumentada, tenemos que llegar a la conclusión de que son los migrantes los hombres y las mujeres más dinámicos, aquellos con mayor imaginación, los de una más decantada ética de trabajo, auténticos puentes entre la aldea global y el villorrio local. Migran los más valientes, los más ambiciosos.

Son seres humanos que se mueven al conjuro de una legítima aspiración de mejores condiciones de vida para ellos y sus familias, en decidida persecución de dos posibles metas: trabajo y/o mejor salario; los que con su esfuerzo enriquecen a la nación a la que arriban.

Son trabajadores, no criminales.

Y eso lo sabemos mejor que nadie nosotros, los americanos, los que vivimos en este continente, en donde todos somos migrantes, empezando por los que hace treinta mil años cruzaron el estrecho de Bering procedentes de Asia, hasta el paisano que anoche «pegó el brinco», es decir, saltó la cerca a la altura de Nogales, Arizona, pasando por los puritanos que desembarcaron a principios del siglo XVII —sin pasaportes ni visas de trabajo— en Plymouth Rock.

El mundo necesita de los migrantes. Sobre todo el primer mundo, el mundo desarrollado. Las naciones ricas, pues, necesitan de los migrantes.

Como resultado de tasas de fertilidad declinantes y del incremento en las expectativas de vida, la población mundial envejece. Y estas tendencias se manifiestan en dos vertientes: una población y una fuerza de trabajo que crecen más lentamente, y un aumento en la proporción de individuos de la tercera edad en relación a individuos en edad de trabajar.

Las poblaciones de las naciones en vías de desarrollo, mientras tanto, tienden a permanecer significativamente más jóvenes y con mayor incremento demográfico.

Alan Greenspan, hasta fecha reciente presidente de consejo de la Reserva Federal estadounidense, señala que «... el envejecimiento de la población de Estados Unidos se reflejará sustantivamente en la situación fiscal. En lo particular, hará insostenibles en el largo plazo a programas tales como el de seguro social (Social Security) y el de asistencia médica (Medicare)».[1] El financiamiento de los beneficios del fondo de pensiones depende de la tasa de crecimiento de la economía, la cual a su vez, dicho sea en forma simplista, es determinada por el índice de crecimiento del sector laboral. En el caso de Estados Unidos se especula que para 2030 la tasa de crecimiento de la población en edad de trabajar declinará a la mitad. Greenspan sostiene que la inmigración podría convertirse en el antídoto para el decrecimiento de la población en edad de laborar. En otras palabras, la inmigración es la respuesta al déficit laboral.

Algo similar acontece en Europa y en Asia, en donde el envejecimiento de la población, sobre todo en el caso del primer continente, es más acentuado aún.

Los migrantes, tan rechazados y vilipendiados... y tan útiles.

El muro de la vergüenza es la crónica del drama que viven los migrantes indocumentados que cruzan fronteras en busca de mejores horizontes. Por razón natural el énfasis está puesto en la frontera entre México y Estados Unidos, no sólo porque el autor es mexicano y en función de su trabajo ha estado involucrado directamente en la épica de esa particular diáspora, de la que ha sido testigo presencial, y en ocasiones protagonista, sino también porque México es hoy el país número uno del mundo en emigración. Ni China, con 1,300 millones de habitantes, expulsa el número de emigrantes que provienen de la nación mexicana.

De acuerdo al reporte *Estimate of the Size and Characteristics of the Undocumented Population* dado a conocer en marzo de 2004 por el *Pew Hispanic Center,* a la fecha citada había 11.2 millones de personas nacidas en México radicando en Estados Unidos. Los migrantes mexicanos representaron en 2004 una tercera parte (32 %) del total de extranjeros que residían en la Unión Americana. La predicción del doctor Rodolfo Tuirán, ex subsecretario de Desarrollo Social, sustentada por el Consejo Nacional de Población, es en el sentido de que en los próximos veinticinco años, la población mexicana en Estados Unidos se duplicará. La misma fuente afirma que en los últimos tiempos el número de mexicanos que ingresó anualmente a Estados Unidos ascendió a 485,000. Se estima que, en números redondos, un millón de mexicanos son aprehendidos anualmente al tratar de introducirse ilegalmente a territorio estadounidense.

De ese tamaño es la migración mexicana hacia el vecino del norte.

El muro de la vergüenza es una colección de testimonios de hechos verídicos; es también un corte seccional de las vivencias del indocumentado que cruza de un país a otro. Y si la crónica «es una alternativa de los pueblos para preservar y recrear su memoria», según el historiador Miguel León-Portilla, esta obra pretende preservar la memoria del sufrimiento humano que implica la internación a la tierra prometida a través de lugares de alto riesgo, la hipocresía de las políticas de contención del flujo migratorio diseñadas para la muerte, el *pathos* de una niña de once años tratando de explicarle al hermanito de cinco que la mamá ha muerto en el desierto, el fenómeno de la migración en el contexto mundial, traficantes y asaltantes de indocumentados convertidos en lobos del hombre. Por las páginas de **El muro de la vergënza** desfilan «coyotes», «migras», rancheros racistas, activistas, narcos, migrantes vulnerables (menores, mujeres embarazadas, indígenas); migrantes de nacionalidad no mexicana, los llamados OTM (*Other than Mexican*), y un largo etcétera de hilos de ese complejo tejido que es la migración.

Son, pues, historias —verdaderas— de migrantes.

Miguel Escobar Valdez

Prólogo

José Ángel Pescador Osuna*

He leído con detenimiento **El muro de la vergüenza: Crónica de una tragedia en la frontera**, de Miguel Escobar Valdez, y confirmo la opinión sustentada desde años atrás: Miguel es un gran escritor, con una visión clara y objetiva de lo que es el fenómeno migratorio y con una percepción certera que le permite identificar a plenitud el entorno fronterizo.

El libro es un conjunto de ensayos breves sobre lo que sucede en la frontera México-Estados Unidos, y cada uno de ellos semeja una versión sintética de todos los problemas que se presentan cotidianamente en esa región. Nada parece escapar al contenido de **El muro de la vergüenza: Crónica de una tragedia en la frontera**. Las muertes en la frontera, las vicisitudes de los migrantes, el negocio de los polleros, el drama familiar, los vínculos entre los que se van y los que se quedan, la actuación de las autoridades, la persecución de los «vigilantes»; las insuficiencias legislativas, la agenda oculta de la migración; los estudios del fenómeno, las organizaciones antiinmi-

---

* Distinguido economista y educador. Ha sido secretario de Educación, subsecretario de Gobernación para Asuntos Migratorios, cónsul general de México en Los Ángeles, California, en dos ocasiones; diputado federal, etcétera. Es también miembro de El Colegio de Sinaloa.

grantes, la impunidad de la patrulla fronteriza. Insisto, nada queda fuera de la observación crítica del autor respecto al fenómeno del cruce fronterizo. La migración es vista aquí por un hombre de frontera, tanto en su vida personal como en la de servidor público.

Son varios los libros que se han escrito sobre el tema, pero muy pocos los que tienen tras de sí la mirada aguda de Miguel Escobar. Conozco sus obras publicadas y aunque me han satisfecho desde el punto de vista de la ficción literaria, esta crónica es la que mejor cumple con los requisitos para estar en la biblioteca de todos los que se preocupan por los asuntos nacionales. Reitero, la bibliografía en inglés y en español es abundante, pero pocos, muy pocos, son los trabajos que reúnen las características de **El muro de la vergüenza: Crónica de una tragedia en la frontera**. Miguel Escobar ha vivido cada uno de los relatos que incluye el libro. También ha participado dentro del grupo de especialistas que cotidianamente examina asuntos como el de las violaciones a los derechos humanos, las consecuencias no intencionales de la política de contención migratoria o las múltiples relaciones fronterizas entre los dos países. Ésa es la virtud principal de este libro escrito por un narrador y ensayista que se ha desempeñado como cónsul en algunos de los lugares más difíciles y conflictivos de la frontera, y lo ha hecho con altura de miras, con dignidad y mirando de frente a sus paisanos.

He compartido parte de mi experiencia profesional al lado de Miguel, y me siento más que satisfecho por muchos de los episodios que vivimos conjuntamente. En la Secretaría de Relaciones Exteriores, en la Secretaría de Educación Pública y en la Secretaría de Gobernación colaboramos directamente o compartimos tareas desde instituciones diferentes del gobierno: vivimos intensamente el mundo de la protección, las celebraciones cívicas, la comunicación bilingüe y bicultural, la redacción de documentos estratégicos y muchas otras cosas más.

Por eso quiero corresponder a la atención de su solicitud para escribir este prólogo de la mejor manera como puedo hacerlo, exaltando con sencillez y brevedad las virtudes de **El muro de la vergüenza: Crónica de una tragedia en la frontera**.

Es un libro ameno, interesante, bien escrito y como dije líneas arriba, de una lectura obligada para los estudiosos del tema migratorio, especialmente de los asuntos fronterizos y de la forma en que éstos han evolucionado en los últimos diez años. La estructura del texto me recuerda la obra clásica de Manuel Gamio **El inmigrante mexicano: la historia de su vida**, aunque en este caso las entrevistas personales son sustituidas por los ensayos y relatos circunstanciales. Asimismo, el contenido lo acerca, guardadas las proporciones metodológicas y cuantitativas, al «Estudio binacional sobre migración México-Estados Unidos», especialmente a los párrafos sobre la frontera.

En estos días en que la andanada de iniciativas antimigrantes de diferentes organizaciones se acercan al congreso norteamericano, vale la pena leer el libro.

En estos días en que los mexicanos representan una proporción importante de la población en estados como Arizona, California, Nuevo México y Texas, y está de moda culparlos de los males económicos y sociales, vale la pena leer el libro.

En estos días en que el flujo de mexicanos hacia los Estados Unidos se extiende a través de redes familiares y sociales, vale la pena leer el libro.

En estos días en que los vigilantes y los *Minutemen* vociferan y persiguen a los inmigrantes con mas ruido que efectividad, hay que identificarlos y enfrentarlos como lo hacen las organizaciones no gubernamentales de Arizona. Y por ello vale la pena leer el libro.

En estos días en que aumenta el número de muertos en la frontera y se acumulan cadáveres en las fosas comunes que por razones humanitarias deben de ser identificados, vale la pena leer el libro.

En estos días en que los organismos internacionales vuelven los ojos al fenómeno migratorio, y los maltratos físicos y verbales, los abusos y los homicidios adquieren presencia mundial, en España, Canadá y Australia, sin olvidar los operativos en Estados Unidos, es necesaria la memoria histórica y por eso vale la pena leer el libro.

En estos días en que todo mundo parece preocuparse por el monto de las remesas y el voto de los mexicanos en el exterior, también resulta necesario insistir en el resurgimiento del racismo, la discriminación, la intolerancia y los estereotipos, por lo que vale la pena leer el libro.

En estos días en que parecen ampliarse las diferencias entre nuestros países y cerrarse las oportunidades para discutir la posibilidad de una política migratoria bilateral, vale la pena leer el libro.

En estos días en que una niña de once años —Ana Laura— le explica a su hermanito de cinco años la muerte de la madre de ambos por deshidratación, y un padre busca desesperadamente durante semanas enteras el cuerpo de su hija —Lucrecia—, perdida en el desierto, vale la pena leer el libro.

En estos días en que se habla de la migración legal, segura, ordenada, y a la que se le debe agregar los calificativos de justa y humana, vale la pena leer el libro de Miguel Escobar.

El muro de la vergüenza: Crónica de una tragedia en la frontera hará historia entre los migrantes.

«Mamá está muerta»

La chiquilla tiene el gesto adusto. Aprieta las mandíbulas y saca fuerzas quién sabe de dónde para que no se le derramen las lágrimas. El hermanito permanece sentado sobre una de las camas en la sala de emergencias del hospital Copper Queen de Bisbee, Arizona, las delgadas piernitas colgando. Mira fijamente a la hermana de pie frente a él, tratando de entender lo que ella, con deliberada voz, pausadamente, enunciando y separando las sílabas con aterradora claridad, le dice:

—Mamá está muerta.

Carlos Enrique Bazán Miranda, de cinco años de edad, la escucha pero no la entiende. Presiente, eso sí, que algo terrible pasó con la mamita.

Ana Laura Bazán Miranda, con once años y una tragedia a cuestas del tamaño del mundo, traga saliva, pone sus manos sobre los muslos de Carlos Enrique y con infinita paciencia le repite:

—Mamá… está… muerta.

La escena en la aséptica sala es presenciada en absoluto silencio por doctores y enfermeras, por una psicóloga llamada para asistir profesionalmente a los menores, por trabajadoras sociales de Child Protective Services del Estado de Arizona y por un funcionario del consulado de México en Douglas. Todos, consternados por el drama, hacen desesperados esfuerzos por no dar rienda suelta a las emociones.

Consciente la muchachita de la presencia de extraños en un momento que ella desea intensamente privado, entrelaza con sus brazos el cuello del niño, atrae la cabecita hacia sí y empieza a susurrarle al oído lo que se advierte como un largo monólogo. Los testigos ven cómo Carlos Enrique asiente y cómo la realidad penetra su corto entendimiento y de alguna manera se registra en su escaso bagaje de apenas cinco años de vivencias. Lo cierto es que por primera vez el niño llora.

Llora en silencio, sin sollozos, sin hipos, sin rictus faciales, hierático, los gruesos lagrimones abriendo surcos en la mugre de las mejillas. Finalmente él también abraza a la hermana del cuello y la aprieta contra sí.

Todos los presentes se sienten intrusos, agachan las cabezas y con las miradas parecen buscar algo que se les cayó al suelo.

Rosalía Bazán Miranda, madre soltera de treinta y tres años de edad, nativa de la capital de la república y domiciliada en Coacoalco, estado de México, en compañía de sus dos pequeños hijos, Ana Laura y Carlos Enrique de sus mismos apellidos, sale ilusionada del Distrito Federal rumbo a la frontera norte, el 2 de agosto de 2000. Llega a Agua Prieta, Sonora, a temprana hora del siguiente día; a media mañana se interna en Estados Unidos y esa misma tarde muere insolada y deshidratada en el desierto al oeste de Douglas, Arizona.

Así, en unas cuantas horas había desaparecido el sueño de una familia mexicana que en vez de una nueva vida y un futuro promisorio, enfrentaba la muerte y el desamparo.

El alborozo prevalece en el compacto núcleo familiar integrado por la madre y los dos vástagos en el curso del viaje de más de un día de duración a bordo del autobús que los conduce a la frontera sonorense. La familia se dirige ¡a Delaware!, en la costa noreste de Estados Unidos, destino que para fines prácticos y desde la lejanía del sureste de Arizona, equivale a Mongolia o algo parecido. Y es que en Delaware Rosalía tiene parientes con los que puede llegar y los que seguramente la ayudarán a conseguir trabajo.

El mismo día en que arriban a Agua Prieta, el 3, Rosalía y sus hijos, en calidad de indocumentados y al filo de las 10.30 horas, cruzan la línea divisoria al oeste de Douglas. Los acompañan tres vecinos —dos hombres y una mujer— del mismo rumbo de Coacoalco.

La calurosa mañana de agosto ya presagiaba lo que sería el resto del día: un sol inclemente y la temperatura superando los cuarenta grados centígrados aun antes de mediodía.

Los migrantes emprenden la caminata. La corta tropa que marcha por cauces de arroyos secos tratando de no ser detectada por la «migra» va sin guía y da la impresión de que no existe un plan preconcebido para arribar al destino inicial —¿Phoenix, Tucsón?— o al definitivo, el lejano Delaware. Por lo menos en el caso de Rosalía y sus hijos hay la certeza de que no saben siquiera por dónde sale el sol o por dónde se oculta en esos agrestes terrenos bajo el insoportable calor, todo tan distinto a los acogedores parajes y al benévolo clima del estado de México.

¿Pensaban caminar desde la frontera hasta topar con la carretera 80, para encontrar «el raite»? ¿Tenían concertada la cita con el vehículo que los transportaría? ¿Volarían de Tucsón o Phoenix, si todo marchaba bien, hasta el aeropuerto de Baltimore, o quizás al de Wilmington, ambos cercanos a su destino final?

Tantos interrogantes, sin respuestas la mayor parte.

Lo cierto es que poco después de haberse internado en territorio estadounidense, el grupo se disgregó. Los tres vecinos se adelantaron aduciendo que tratarían de detectar a la Patrulla Fronteriza y prometiendo regresar en corto lapso. El par de varones y la fémina se esfumaron. La señora Bazán y los pequeños continuaron la travesía bajo el abrasador sol.

Rosalía carga, desde que abandonaron Agua Prieta, con un recipiente de plástico que contiene un galón de agua. Ya llevan cuatro o cinco horas en pleno desierto caminando a duras penas y la señora consume agua con mayor frecuencia; sin embargo, cuando advierte que en el galón queda poco líquido, lo conserva para sus pequeños.

En determinado momento la mujer dice sentirse muy cansada; primero se sienta y después se recuesta en pleno monte, quedando «como dormida», según declaración posterior de la hija. Pasan los minutos, Rosalía no reacciona, los chiquillos se alarman al no poder «despertarla» y ya asustados, Ana Laura toma de la mano a Carlos Enrique y sale a buscar auxilio a un camino de terracería cercano. Acierta a pasar en ese momento un empleado de la compañía de gas en su vehículo, se sorprende al ver a dos niños con los rostros desencajados en medio de nada, y desde su celular llama a la Patrulla Fronteriza.

El patrullero que acude localiza a las 3.40 de la tarde el exánime cuerpo tendido al rayo del sol y le proporciona de inmediato primeros auxilios, con resultados infructuosos.

Rosalía Bazán Miranda muere cuarenta y cinco minutos después.

Y en ese inhóspito paraje, quince millas al oeste de Douglas, acaba el «sueño americano» para la joven madre soltera.

Cae la tarde, las sombras se alargan y los silencios se eternizan. Sentados en torno a una mesa de la solitaria cafetería del hospital, el funcionario consular y Ana Laura se contemplan mutuamente. El primero trata de encontrar un terreno común que permita la comunicación entre ambos porque necesita desesperadamente información sobre lo acontecido: qué pasó, cómo pasó, con quién cruzaron, de dónde son, para dónde iban… y nombres y direcciones y teléfonos de familiares con los cuales ponerse en contacto para darles a conocer la tragedia y ofrecerles el auxilio de la representación consular para el traslado de los mortales restos a suelo mexicano, porque los mexicanos siempre queremos traer de regreso a nuestros seres queridos para sepultarlos en el vientre materno de la oriundez, y…

Y todo ese volumen de información no puede provenir más que de la chiquilla delgadita y morenita, de apenas once años de edad, que con el tenedor picotea, sin llevarse a la boca, los alimentos que las buenas almas de la cafetería han preparado para los niños, que no prueban bocado desde el día anterior. No hay testigos presenciales de la tragedia, las autoridades no saben cosa alguna del suceso y ni modo de interrogar al niño de cinco años que por cierto, él sí come, y a dos carrillos. Carlos Enrique permanece sentado a la misma mesa en calidad de convidado de piedra, pues no participa en el lacónico intercambio de preguntas y monosilábicas respuestas entre su hermana y ese señor de cara seria. Es Ana Laura, pues, la única fuente informativa y con toda la reticencia del mundo y entendiendo lo poco propicio del momento, el funcionario hace de tripas corazón y prosigue con sus preguntas.

La niña muestra extremada inteligencia; la tragedia que la acaba de convertir en huérfana la ha madurado mucho más allá de sus once años. Su fortaleza física y mental sorprende al representante consular. La mujercita salió en la madrugada de ayer de la capital, viajó en autobús todo el día y toda la noche, amaneció hoy en Agua Prieta, cruzó la frontera, caminó horas enteras bajo el terrible sol, vio morir a la madre durante la tarde, se encuentra sola y con la responsabilidad de su pequeño hermano, en un lugar desconocido y entre desconocidos, no sabe qué demonios va a pasar con ellos y hela aquí, el continente estoico, el rostro inescrutable, la mirada serena. ¿De dónde sacan estos niños-adultos nuestros esa fortaleza?, se pregunta fascinado el funcionario.

Poco a poco va cayendo a cuentagotas la información y de alguna manera la compasión y el sentimiento dolorido del entrevistador empiezan a permear el muro de contención que la niña ha erigido en torno suyo, y Ana Laura pregunta tímidamente: «¿...qué van a hacer con mi mamá?».

Los chicos quedan bajo la custodia temporal de Child Protective Services mientras que la representación consular mexicana localiza a los familiares. Viene después la desgastante llamada telefónica.

—Bueno, ¿la señora Lucía Bazán?, ¿es usted hermana de Rosalía Bazán Miranda?, mire usted señora, lamento mucho informarle que...

El dictamen del médico forense fue el esperado. *Exposure*. Rosalía murió como consecuencia de las extremas condiciones climáticas que le provocaron deshidratación e insolación.

Un hermano y el cuñado de la desaparecida vinieron hasta Douglas para recoger a los huérfanos. El dique se reventó en el interior del consulado mexicano cuando la supervisora de CPS entregó a los niños. La chiquilla de hierro se fundió en cuanto vio a los tíos y el río de lágrimas se salió de madre. Horas después los cuatro abordaban un autobús de vuelta al estado de México.

Rosalía regresó también al solar nativo. Sus mortales restos viajaron de Douglas a Tucsón, a Houston y finalmente a la Ciudad de México, el 8 de agosto de 2000.

Al día siguiente fue sepultada, una semana después de haber partido llena de ilusiones hacia una nueva vida.

Unintended consequences

El montón de muertos, ¿consecuencia no intencional?
(PREGUNTA QUE TODOS NOS HACEMOS)

Las estrategias instrumentadas por el Servicio de Inmigración y Naturalización de Estados Unidos para el control del flujo migratorio,
han ocasionado un lamentable costo en vidas humanas, al desplazar
a los indocumentados de los tradicionales lugares de cruce a sectores
de alto riesgo, donde se han producido las tragedias de los últimos
años a lo largo de los 3,152 kilómetros de la frontera mexicana-estadounidense, muy especialmente en la zona limítrofe entre Sonora
y Arizona.

Primero fue *Hold the Line* en Texas, después surgió *Gatekeeper*
por el rumbo de San Diego, vino posteriormente *Safeguard* en Arizona y finalmente *Río Grande* en el valle texano del mismo nombre.
Lo cierto es que todos estos *operativos* sólo lograron desplazar el flujo, canalizándolo por lugares abruptos y extremadamente peligrosos
en donde las altas o bajas temperaturas, los obstáculos naturales como desiertos, montañas o corrientes de agua; los accidentes, asaltos y
el vigilantismo de propietarios de predios rurales, victiman a quienes
migran en busca de uno de los más elementales derechos del ser humano: el trabajo.

En el año de 1993 se inicia un masivo reforzamiento de la Patrulla Fronteriza. Hay un aumento inusitado de elementos humanos y materiales que son concentrados en los más usuales sitios de cruce de indocumentados. Se manejaron en esta estrategia varios conceptos; uno de ellos enfatizaba la conveniencia de «disuadir» del cruce a los migrantes, para evitar aprehenderlos en la frontera o en el interior del país. Una doctrina, pues, de «prevención a través de la disuasión»; *prevention through deterrence* se le llamó a dicha tesis en la administración de Bill Clinton.

Según la idea prevaleciente en torno a esta concentración masiva de elementos de la Patrulla Fronteriza, la geografía se convertiría en aliada de las medidas coercitivas, del *enforcement*. La presunción era en el sentido de que los sectores de alta peligrosidad, hacia donde se canalizaría el flujo migratorio, se controlarían por sí mismos, según declarara Doris Meissner, la entonces comisionada del Immigration and Naturalization Service, el ya desaparecido INS. Más claro, se presumía que aumentando los costos económicos y físicos, más la creciente probabilidad de ser detenido, seguramente que se «disuadiría» al migrante en su intención de cruzar la línea divisoria. La señora Meissner suponía, erróneamente, que una vez que el indocumentado se diera cuenta de la trampa mortal que es el desierto de Arizona en verano, por citar un ejemplo, se arrepentiría de cruzar.

La realidad fue otra muy distinta.

«llegó la migra y de la mano me agarraron
en inglés me regañaron, me dijeron los gabachos
te regresas pa'tu rancho, pero yo sentí muy gacho
regresar pa'mi terruño de bracero fracasado
sin dinero y sin hilacho»[2]

Se pasó por alto lo que el autor de esta obra denomina «el síndrome de las naves quemadas».

Habría que establecer un parangón, con todas las salvedades del caso, entre la conquista de México por Hernán Cortés, y la diáspora «p'al norte», como dicen los paisanos. Cortés llega al litoral mexicano procedente de La Habana en la primera mitad del siglo XVI, con un contingente de aventureros a bordo de once embarcaciones, para apoderarse de los míticos reinos de una vasta porción de la América india. Fondea sus navíos frente a la costa de lo que hoy es Veracruz y desembarca a la colección de carne de prisión que había reclutado en las ergástulas de Extremadura. Una vez en tierra firme el contingente de quinientos soldados, los dieciséis caballos y el bastimento, Cortés incendia sus naves.

De esa manera el conquistador de Medellín sólo dejaba como alternativa válida para él y su tropa, seguir hacia delante y conquistar México. No había regreso posible.

El autor teoriza que el migrante que por fin arriba a la frontera norte —Tijuana, Nogales, El Paso, Laredo…— después de innúmeras vicisitudes, experimenta una similar ausencia de opciones válidas. El aspirante a indocumentado que salió hacia un país ajeno y desconocido desde Oaxaca, Guerrero, Michoacán, Guanajuato, en busca de un futuro mejor para él y su familia, tuvo que pedir dinero prestado, su familia también se comprometió económicamente, vendió el animalito de la parcela rural o empeñó los electrodomésticos en las zonas urbanas, todo para conseguir recursos para el viaje y para pagar al «coyote»; en la emotiva despedida hizo promesas de mandar dinero a los seres queridos en cuanto se asentara y consiguiera trabajo en la América anglosajona.

Para cuando arriba a la frontera con Estados Unidos seguramente siente, como Cortés y sus extremeños, que él también ha quemado sus naves; que no hay regreso posible y que sólo le queda un camino, «p'al norte». La conquista aquí equivale a evadir a la migra, llegar hasta el destino previsto —Los Ángeles, Chicago, Atlanta— …y conseguir un empleo.

La anterior tesis explicaría la reincidencia de los indocumentados, los múltiples intentos de internarse al país vecino pese a las repetidas aprehensiones. Muchas veces son expulsados por la tarde y esa misma noche tratan de cruzar de nuevo.

Los disuasivos no funcionan cuando no hay barcos para navegar de regreso a casa.

A las autoridades estadounidenses que armaron las estrategias de contención del flujo migratorio se les olvidó el síndrome de las naves quemadas.

No cuadran las estadísticas

¿Tuvo éxito la nueva estrategia de concentrar recursos humanos y materiales en específicos segmentos de la línea divisoria? No.

El número de aprehensiones en los nueve sectores de la Patrulla Fronteriza en la frontera suroeste se elevó en el año fiscal 2000 a más de

1.6 millones de indocumentados, un incremento del siete por ciento con relación al año fiscal anterior y del sesenta y ocho por ciento respecto al de 1994. En 2002, las aprehensiones de migrantes sumaron cerca del millón.

Una pertinente digresión: en Estados Unidos se manejan las estadísticas por años fiscales, que se inician el día primero de octubre de un año y concluyen el 30 de septiembre del siguiente.

La tajada del león en este maratón de cifras se la llevó el Sector Tucsón de la Patrulla Fronteriza, que abarca prácticamente la totalidad de Arizona, a excepción del condado de Yuma. La razón es sencilla: El flujo se canalizó hacia dicho estado después de los operativos ya mencionados. Los números lo dicen todo: Las aprehensiones en la franja fronteriza de Arizona aumentaron en un 351 por ciento entre 1994 y 2000.

Todavía en el año 2005, en la frontera entre Sonora y Arizona la Patrulla Fronteriza aprehendió a más de medio millón de indocumentados. A 561,727 migrantes, para ser específicos, suma que se desglosa entre el Sector Tucsón (426,538 individuos) y el Sector Yuma (135,189), lo que significa que en la frontera arizonense, en promedio, 46,810 indocumentados fueron detenidos mensualmente en el año de referencia.

Cabría aquí comentar que si bien el número de detenciones puede ser usado como un indicador —imperfecto— del flujo migratorio, sería conveniente examinar más a fondo la premisa de que la disminución en el número de arrestos indica que la aplicación de la ley, el *enforcement* en la línea, está disuadiendo al migrante. El dato en sí refleja el número de aprehensiones, más que de personas, las cuales muy frecuentemente intentan varias veces cruzar la frontera y varias veces son detenidas en el intento, además de que ese dato se ve afectado por factores diversos como el número de agentes en servicio, la manera como han sido posicionados, las tácticas usadas por los «coyotes», etc., de ahí que se dude de que ese tipo de estadística represente el flujo real de individuos. No hay que olvidar también que un considerable número de los migrantes que intentan internarse a territorio estadounidense, logran su cometido. Aquí las estimaciones varían enormemente. Hay quienes hablan de proporciones de tres a uno (tres «ilegales» que escapan de la «migra» por cada aprehendido); otros calculan que de cada diez migrantes que intentan el cruce, sólo seis son detenidos.

En Arizona se da la paradoja de que pese a que disminuyó la cantidad de aprehendidos por la Patrulla Fronteriza, se disparó terriblemente el número de migrantes muertos. Según el conteo del periódico *Arizona Daily Star*, en el año fiscal 2003, doscientos cinco indocumentados murieron en las más crueles circunstancias, la mayoría por insolación/deshidratación. Lógico, la mayor parte de dichos decesos tiene lugar en los cuatro meses del mortal verano. En el año fiscal 2004, 221 migrantes perdieron la vida en circunstancias de cruce.

En el año fiscal 2005, es decir en el lapso comprendido entre el primero de octubre de 2004 y el 30 de septiembre de 2005, en la frontera entre México y Estados Unidos murieron cuatrocientos sesenta migrantes en circunstancias de cruce, la mayor parte de ellos mexicanos provenientes de los estados de México, Guanajuato, Veracruz, Oaxaca y Chiapas. La cifra rompió el récord existente de 383 indocumentados fallecidos en 2000, según estadísticas dadas a conocer por la Patrulla Fronteriza, cuyos conteos tienden siempre —dicen las ONG— a la baja. Más de la mitad de esas cuatrocientas sesenta tragedias humanas tuvieron lugar en los intentos de internación por los desiertos de Arizona, en donde se registraron temperaturas superiores a los 38 grados centígrados por más de 30 días consecutivos. En esos infiernos entregaron las existencias doscientos sesenta y dos migrantes, otro récord. Para dar una idea de como explotó la estadística de decesos de los «sin papeles» en Arizona, habría que mencionar que en el año fiscal 2001 el número de muertos en el Sector Tucsón fue de setenta y nueve.

La cifra de indocumentados muertos que maneja la Secretaría de Relaciones Exteriores, de 1995 al 13 de marzo de 2005, es de 3,218, estadística que a juicio de las organizaciones no gubernamentales estadounidenses pro derechos humanos es menor que la real. En cualesquier circunstancias, se trata de una subestimación, ya que 3,218 son los muertos que nos constan, porque han aparecido los restos mortales de los infortunados. El número de cuerpos de migrantes esparcidos por desiertos y montañas en espera de ser encontrados accidentalmente, no se conoce, pero se supone que es considerable. La exposición a factores climáticos extremos, hipotermia, deshidratación e insolación, lo que los forenses de Estados Unidos denominan *exposure,* es la principal causa de los saldos mortales.

La Cancillería contabiliza quinientos dieciséis migrantes fallecidos en el intento por ingresar indocumentadamente a Estados Unidos, ciento diecisiete de los cuales no han sido identificados. Casi 80 del total de los 516 migrantes muertos eran mujeres. Ésta es la más reciente estadística disponible y revela que el 2005 ha sido el más mortífero de los años desde que la Patrulla Fronteriza instrumentó la Operación Gatekeeper hace once años. El 2005 sentó mortal récord. Sólo se le aproxima el 2000, en el cual se registraron 499 decesos en circunstancias de cruce.

Los incrementos en el número de muertos exponen con mayor exactitud la intensidad del flujo migratorio que las cifras de detenciones. En todo caso, las estadísticas de aprehensiones y decesos deberían modificarse proporcionalmente; en otras palabras, si no hay una correlación entre el número de aprehendidos y el número de muertos, podría pensarse que el primero de los indicadores no refleja a cabalidad la intensidad de la corriente de migrantes.

El primero de octubre de 2005 se cumplieron once años desde la implantación de la Operación *Gatekeeper* en California. En ese lapso se calcula que 3,600 migrantes irregulares murieron tratando de cruzar la frontera.

Tratar de exponer, mediante la acumulación de tétricas estadísticas, la magnitud de la tragedia humana que significan millares de vidas sacrificadas en intentos por encontrar un trabajo para sobrevivir, es ejercicio fallido. La repetición de cifras —tantos muertos por aquí, tantos muertos por allá— acaba por perder significado, y los números, entes abstractos a los que muchas veces no podemos relacionar con el trauma de la pérdida de un ser querido, tienden a insensibilizarnos, de tal forma que la desaparición de *tres mil seiscientos seres humanos* —así, con todas las letras y en cursivas— pierde sentido, no registra como información, y se diluye el mensaje que debería sobrecogernos, aterrorizarnos, hacernos llorar, lanzarnos a la protesta, porque *tres mil seiscientos migrantes muertos* no es una cifra más, es un número obsceno.

¿Ha funcionado la prevención a través de la disuasión? No.

«Consecuencias no intencionales»

Hubo por supuesto, más bien hay, «consecuencias no intencionales» de la estrategia de contención del flujo migratorio, puesta en efecto por la Patrulla Fronteriza de Estados Unidos. La más notoria, el número de muertos registrado.

Otras *unintended consequences*:

- El aumento en las cuotas de los «coyotes». Todavía en 1999 un «coyote» cobraba ciento cincuenta dólares por cruzar a un indocumentado por Douglas, Arizona, «brinco» y «raite» hasta Phoenix incluidos, es decir, por cruzarlo y por transportarlo hasta la capital arizonense. Ya para el 2000, la cuota iba a la altura de los mil trescientos dólares y en 2003 los precios oscilaban entre los mil quinientos y los mil ochocientos dólares. En la frontera entre Tijuana y San Ysidro, California; en el corredor arizonense Naco-Douglas; en el área entre Caléxico y El Centro, California, se está dando el fenómeno de que los «pollos» o migrantes le pagan al «pollero» por cruzarlos a través de la frontera y aparte le pagan al «raitero» algunos cientos de dólares más por trasladarlos en automóviles desde los «cargaderos» —los lugares en territorio estadounidense en donde abordarán los vehículos—, en los condados de San Diego, de Imperial, de Cochise, para llegar hasta Los Ángeles, a los valles agrícolas del centro y norte californiano; a Phoenix, Las Vegas, etc. De esa manera, entre «coyote» y «raitero» se llevan mínimo dos mil dólares, según tarifas de inicios de 2005.
- El florecimiento del negocio del coyotaje. Más que nunca los «polleros» resultan indispensables ante la severidad de la vigilancia de la Patrulla Fronteriza en esta estrategia de concentración de recursos en determinados sectores. Los migrantes, desconocedores del peligroso entorno por el que se ven obligados a transitar, requieren de los servicios del «guía» y están dispuestos a pagar los altos precios de ese singular servicio. Desde la perspectiva de la Patrulla Fronteriza, el «coyote» encarna todos

los males, resulta ser el chivo expiatorio ideal en todas las tragedias y muy frecuentemente sí es un auténtico malvado, pero no es el único culpable de las tragedias y como dice el reverendo Robin Hoover, fundador de *Humane Borders* en Arizona, son las nuevas estrategias de la Patrulla Fronteriza las que lo han hecho imprescindible.

• Desaparición de la circularidad del flujo. La nueva estrategia en la frontera ha determinado una alta tasa de indocumentados que se quedan permanentemente en Estados Unidos, pasando a formar parte del creciente número de migrantes sin documentos que viven en ese país. Y es que las dificultades y peligros del cruce, los altos costos de los «polleros», impiden, o por lo menos desalientan, el regreso del migrante a México, uno de los tradicionales aspectos de dicha circularidad. En este contexto, podría pensarse que la estrategia de contención del flujo en la línea divisoria retiene al indocumentado en Estados Unidos.

Yuma: catorce muertos son muchos muertos

Una persona al garete en el desierto en verano y con escasa agua, es probable que se encuentre en dificultades en el corto lapso de una hora y de seguro afrontará serios problemas en el término de cuatro. Cuando la temperatura corporal de un individuo llega a los ciento cinco grados Fahrenheit (40.5 grados centígrados), el cuerpo simplemente es incapaz de enfriarse a sí mismo. Exhausto o postrado por el calor, el ser humano se siente desvanecer, sufre de náuseas, palpitaciones, vómitos y dolor de cabeza; suda profusamente, se desorienta y sus músculos se acalambran. El siguiente paso es la insolación/deshidratación, caracterizada por la cesación del sudor, temperaturas corporales altas en extremo, pulso acelerado, piel seca y caliente, ausencia de líquidos en los ojos, las fosas nasales y otros órganos, músculos flácidos, delirio, colapso, coma y finalmente la muerte al derrumbarse el mecanismo de autorregulación de la temperatura corporal, producto de la exposición del individuo a altas temperaturas ambientales. Neurológicamente hay un sobrecalentamiento. Literalmente el cerebro se cuece y la muerte en esas condiciones es horrorosa.

De la investigación del autor

Cuando en la mañana del miércoles 23 de mayo de 2001 los rescatistas dieron con el primer grupo de migrantes extraviado en el candente desierto del suroeste de Arizona, nueve mexicanos estaban muertos, sus cuerpos acurrucados en la suave arena; dos más permanecían sentados a corta distancia, las miradas perdidas, sin tratar de protegerse de los rayos solares, apenas con vida. El resto de los sobrevivientes estaba en cuclillas, tratando vanamente de guarecerse del terrible sol bajo la casi inexistente sombra de escuetos arbustos, sin entender que en verano el suelo del desierto registra temperaturas hasta de sesenta y seis grados centígrados. En derredor del macabro escenario se advertían en desorden prendas de vestir de las que las víctimas, en su desesperación, se habían despojado, y contenedores de plástico para agua... vacíos.

Al filo de las dos de la tarde de ese mismo día, dos cuerpos más fueron encontrados a unas once millas del primer hallazgo. Al caer el sol, los miembros del grupo de rescate —agentes de la Patrulla Fronteriza y alguaciles del Departamento del Sheriff del Condado de Yuma— encontraron otro cadáver y rayando el alba del día siguiente hallaron a un hombre muerto y a otro a punto de expirar.

De los moribundos uno dejó de existir camino al hospital.

Catorce muertos en total.

El inicio del drama

A mediados de mayo de 2001, treinta y tantos mexicanos, la mayor parte originarios de Veracruz, pagaron cada uno mil cuatrocientos dólares a un grupo de cuatro enganchadores para ser introducidos ilegalmente a Estados Unidos. La idea era cruzar la frontera al oeste de Lukeville, Arizona, conectar con «el raite», es decir, con los vehículos que presuntamente los esperarían al norte de la población de Ajo, y de ahí dirigirse a Phoenix, de donde partirían a sus destinos finales, Chicago y Florida.

Algunos de los indocumentados eran parientes y el grupo incluía a un par de nativos del estado de Guerrero y a varios menores de edad. Todos ellos emprendieron el largo trayecto desde sus lugares de origen en el Golfo de México y en la costa suroccidental del Pacífico, hasta la árida y quemante estepa de Sonoita, en el estado de Sonora.

Sonoita es el fin del mundo, o por lo menos lo parece. Se trata de un caserío desparramado en un erial, en medio de nada. Bueno... en medio del desierto de Altar. Es frontera con Lukeville, Arizona, otro de esos sitios mortales por necesidad, consistente esencialmente en un puerto de entrada al vecino país del norte.

Es de imaginarse el *shock* que experimentaron los veracruzanos oriundos de villorrios situados en las verdes estribaciones montañosas de su estado natal, en donde exóticas flores surgen de las oquedades rocosas de ese fértil territorio, al bajarse del autobús en la descarnada llanura del noroeste sonorense. Pese a proceder de tierra caliente, seguramente que no iban preparados para el sol abrasador y los cuarenta y tantos grados centígrados usuales del verano de Sonora que por Plutarco Elías Calles —así se llama oficialmente Sonoita— empieza desde abril.

En Sonoita, el traficante de indocumentados de mayor rango, el coyote mayor, pues, un fulano de nombre Evodio Manilla Cabrera, apodado El Negro, hospeda a los migrantes en una casa de huéspedes, en donde la paisanada permanece hasta el sábado 19 de mayo.

Conducidos por otros tres «guías» de la misma banda, una treintena de migrantes —un niño de diez años y un adolescente de quince incluidos—, aborda esa misma mañana un autobús que viaja hacia el oeste. Los infortunados y sus «guías» se bajan en plena carre-

tera, a la altura de una solitaria casa-restaurante a la vera de la cinta
asfáltica en un paisaje lunar de roca volcánica conocido como Los
Vidrios, unos cuantos kilómetros al sur de la línea divisoria.

Julio Verne no pudo haber concebido en su literatura fantasiosa
un paraje más desolado.

Un vehículo tipo *van* los espera y «polleros» y «pollos» lo abordan, cruzando hacia territorio estadounidense.

Es el inicio de la tragedia que tiene como punto de referencia a
Yuma, la población relativamente cercana de mayor importancia en
el área.

El cruce se produce por el Valle de San Cristóbal la tarde del 19 de
mayo, cuando la temperatura sigue siendo de unos treinta y ocho grados centígrados. Después de hora y media de trayecto, la furgoneta
hace alto y descienden los migrantes. Los coyotes los instruyen para
que empiecen la marcha, mintiéndoles deliberadamente al afirmar que
sólo tendrán que caminar un par de horas para alcanzar la carretera
más próxima, en este caso el *freeway* 8. En realidad, del lugar de cruce
al punto más próximo de la mencionada carretera, hay ciento diez
kilómetros de distancia.

Los indocumentados dan comienzo al mortal recorrido con un
total desconocimiento de lo que es el desierto en verano, sin entender lo que significan temperaturas de casi cincuenta grados centígrados y sin haber experimentado jamás un sol que literalmente calcina.
Van vestidos con pantalones de mezclilla, camisetas, algunos se cubren
con gorras beisboleras, otros sin protección en las cabezas y muchos
calzan sandalias. No llevan agua suficiente, y no la pueden llevar porque con temperaturas que superan los cuarenta grados es humana-
mente imposible cargar con suficiente agua para el tipo de marcha
que los paisanos tendrán que llevar a cabo como consecuencia del
engaño de los traficantes.

El área desértica que se extiende a uno y otro
donde los veracruzanos ingresaron a Estados
perecen catorce de ellos— es conocida como
Históricamente es una ruta de muerte en la que desde hace varios
siglos los viandantes perecen con regularidad; una región compara-
ble en muchos aspectos al inclemente desierto del Sahara. Se trata de
un trayecto de superficies arenosas cortadas por extintos ríos de lava
volcánica, utilizado a finales del siglo XVIII por Eusebio Francisco Ki-
no y los misioneros jesuitas, por ser el camino más corto entre el
norte de México y los asentamientos de California, exento además
de los ataques de los apaches.

Los antecedentes no pueden ser más negros: en julio de 1980
trece indocumentados salvadoreños, abandonados por el «guía», murieron por ese rumbo. Y ahí cerca, en junio de 1996, cinco paisanos
fallecieron insolados. Todavía se recuerda, por el lado mexicano, la
muerte de cinco trabajadores que, laborando en el tendido de la vía
del ferrocarril Sonora-Baja California, se extraviaron en el desierto
de Altar. La tragedia fue el tema de la película *Viento negro*. A poco
más de tres años de la tragedia de Yuma, otros cinco migrantes mexicanos, provenientes todos del mismo pueblo de Guerrero, morirían
también insolados en agosto de 2004, en las cercanías de Gila Bend,
una población arizonense ubicada en los aledaños de El Camino del
Diablo.

Los signos para los migrantes mexicanos en mayo de 2001 son
ominosos.

...nce individuos sobrevivieron la odisea. Severamente deshidratados, sufriendo deficiencias renales, quemados por el sol y cubiertos de espinas, fueron internados en un hospital de Yuma. De sus declaraciones se desprende que:

La treintena de mexicanos inició la caminata el sábado 19 de mayo cuando el termómetro registraba cuarenta y seis grados centígrados. Para las primeras horas del domingo 20 ya casi no traían agua, por lo que uno de los «guías» y tres migrantes decidieron regresar.

El lunes 21 temprano, ya agotado el líquido, los dos traficantes restantes, uno de ellos llamado Jesús López Ramos, de apenas diecinueve años de edad, y el otro al que sólo se le recuerda como Lauro, se ofrecieron para ir por agua y todavía esquilmaron por última vez a sus víctimas, colectando noventa dólares entre ellos para adquirirla. Nunca regresaron, ya que ellos mismos sufrieron las consecuencias de sus acciones: Lauro murió en el trayecto y López Ramos fue rescatado, a punto de expirar, cuando desorientado, caminaba en círculos por el desierto.

Para el anochecer de ese mismo día 21, dos de los migrantes habían fallecido por lo que el resto decidió reanudar la marcha, dividiéndose el conjunto en varios grupos. Los infortunados caminaron todo el martes 22 y en el trayecto fueron dejando cadáveres de compañeros y familiares.

Un veracruzano sobrevivió bebiendo su propia orina y masticando cactáceas para extraer la humedad.

El miércoles 23 el drama se conoció cuando agentes de la Patrulla Fronteriza se toparon con cuatro de los sobrevivientes, quienes informaron de lo acontecido. Se organizó de inmediato una intensa búsqueda, se recuperaron los cuerpos y se rescató a quienes apenitas conservaban la existencia. Para la tarde de ese día, veintiséis indocumentados habían sido localizados, trece de ellos muertos. El decimocuarto dejó de existir cuando se le conducía al hospital de Yuma.

Posteriores testimonios de quienes escaparon con vida sobrecogen el espíritu: José Huerta dijo que nunca olvidaría las lágrimas en los ojos de su sobrino, de apenas dieciséis años, momentos antes de expirar. Otro hombre clamaba por Dios y pedía a su madre ya para entregar la existencia, y uno más profirió escalofriante grito al ver morir a su hijo. Minutos después el padre también moriría.

CONSECUENCIAS DE LA TRAGEDIA

Yuma fue el detonador de muchas cosas.

Yuma fue un sacudimiento binacional de conciencias.

Yuma sacó a la superficie lo que todos los activistas de derechos humanos venían señalando con índice de fuego desde hacía muchos años: que las estrategias en materia de contención del flujo migratorio puestas en efecto por el gobierno estadounidense son realmente las causantes de las pérdidas de vidas de seres humanos cuyo único delito ha sido cruzar una frontera carentes de la documentación apropiada.

Yuma dejó en claro que esas políticas de control de la línea divisoria, instrumentadas por la Patrulla Fronteriza, fueron diseñadas con el objeto de canalizar el cruce de indocumentados a través de lugares de alta peligrosidad en un fútil intento por disuadir a hombres, mujeres y niños que sólo van en busca de trabajo, entendiéndose de antemano que provocarían tragedias, como en efecto ha ocurrido.

Este punto de vista no es privativo de las ONG; lo ha expuesto también con meridiana claridad en su reporte de agosto de 2001 la United States General Accounting Office, más conocida como GAO, una oficina surgida por mandato del Congreso de Estados Unidos, que evaluó los últimos siete años de políticas fronterizas puestas en vigor por el Servicio de Inmigración y Naturalización.

Yuma fue el asesinato colectivo de catorce mexicanos —los autores materiales fueron los coyotes—, que dio al traste con las renovadas promesas de un esfuerzo compartido para evitar los dramas en los cruces y dejó sobre el tapete, a la vista de un horrorizado mundo, los perfiles trágicos de la diáspora mexicana.

Catorce muertos son muchos muertos.

Vinieron después de la tragedia las explicaciones oficiales, la desesperada búsqueda de chivos expiatorios por parte de las autoridades, los que por supuesto acabaron siendo los siempre convenientes malvados, los coyotes, ¿quiénes más?

Y contra ellos, lógico, se enderezaron las baterías de grueso calibre. El mundo oficial los satanizó, abjuró de ellos como miembros del género humano y los quiso quemar como a los herejes el Santo Oficio; se habló inclusive de la posibilidad de pena de muerte para el único «pollero» que por haber sido él mismo una de las víctimas de la odisea, cayó en manos de la justicia.

Hubo la imprescindible conferencia de prensa en Yuma ante la presión de los medios, en la que comparecieron altos funcionarios del Immigration and Naturalization Service y de la mexicana Secretaría de Relaciones Exteriores; surgió un comunicado conjunto en el que se prometió por enésima ocasión una acción concertada entre México y Estados Unidos para acabar con el tráfico de indocumentados y para proceder contra los responsables de las catorce muertes; John

Ashcroft, en ese entonces procurador de Justicia de la Unión Americana, y Jorge Castañeda, a la sazón canciller mexicano, fustigaron las actividades criminales de los traficantes de seres humanos, «las que ya no serán toleradas», Ashcroft *dixit*.

Se adelantó inclusive el proyecto de establecer un consulado mexicano en Yuma, el cual fue apresuradamente inaugurado en octubre de 2001; se intensificaron las campañas de protección preventiva y se llegó a hablar de que desde su territorio, el gobierno de México impediría el acceso de migrantes a los sectores fronterizos considerados de alto riesgo, lo que hubiera sido violatorio de la Constitución mexicana. Hasta Juan Hernández, el folclórico coordinador de una controvertida —y ya desaparecida— oficina presidencial «para mexicanos en el exterior», hizo su aparición en escena para la obligada foto al lado de alguno de los sobrevivientes hospitalizados en Yuma.

Muchos intentos de tapar el pozo una vez ahogado el niño. Y es que el caso había alcanzado una impresionante visibilidad.

Ni una palabra se dijo en torno a las políticas migratorias que de alguna manera propiciaron los catorce muertos de Yuma y la pérdida de cuatrocientas noventa y una vidas a lo largo de la frontera norte, en 2000.

No hubo siquiera alguna atemperada *mea culpa* en círculos oficiales.

Oficialmente la culpabilidad recayó total y absolutamente en los coyotes. No surgió una sola reflexión sobre el hecho de que la canalización del flujo migratorio por lugares progresivamente más peligrosos hace más indispensables que nunca a esos especímenes de una fauna que no se caracteriza precisamente por su humanitarismo.

Los que no se mostraron reticentes para expresar sus puntos de vista en torno a Yuma, fueron los representantes de organizaciones no gubernamentales. Manifestaron algunos, entre otras cosas:

- Isabel García, codirectora de la Arizona Border Rights Coalition de Tucsón: «Pese a que los gobiernos de Estados Unidos y de México pretenden culpar a los traficantes de indocumentados en el caso de la muerte de los catorce migrantes, el culpable real es la política norteamericana de migración. La real acción criminal aquí es la instrumentación de una estrategia que garantiza que matará a personas».
- El reverendo John Fife, pastor de una iglesia presbiteriana en Tucsón y fundador del movimiento Santuario, que ayudó a migrantes centroamericanos cuando huían de las guerras civiles de la región: «Cristo estaría llorando por la crucifixión de personas en el desierto».
- Rick Ufford-Chase, ejecutivo de Border Links, una ONG de Arizona: «La tragedia de Yuma era de esperarse, dadas las políticas migratorias de Estados Unidos. Me indigna que haya gente en Washington que piense que la manera de controlar la inmigración es sentenciando a muerte al individuo que pretende ingresar a este país».
- Claudia E. Smith, abogada californiana y reconocida activista de derechos humanos, en su comparecencia ante la Comisión Interamericana de Derechos Humanos: «La actual estrategia fronteriza puesta en vigor por el gobierno de Estados Unidos es un abuso del derecho de control de la frontera suroeste».

Jesús López Hernández, el joven nativo de Guadalajara avecindado en Sonoita, el único de los coyotes que cayó en manos de la justicia, se declaró culpable de los cargos de tráfico de indocumentados que la fiscalía estadounidense le imputó en el juicio que se le siguió en la Corte Federal del Distrito de Arizona, en la ciudad de Phoenix. El muchacho, quien para entonces había cumplido los veinte años, coyote por vocación —en 2001 había sido arrestado en siete ocasiones por «pollerismo»—, fue sentenciado a dieciséis años de prisión.

Cien dólares por cada migrante entregado en un punto convenido al norte de Ajo, Arizona, era el pago prometido al juvenil «pollero».

Demasiados funerales

En un vuelo especial, los cuerpos de los once veracruzanos que perdieron la vida en el desierto de Arizona salieron de Tucsón el 30 de mayo y arribaron al puerto de Veracruz esa misma noche. Los restos mortales fueron recibidos por el entonces gobernador de la entidad, Miguel Alemán Velasco.

El primero de junio, Raymundo Barreda y su hijo de quince años, Raymundo, bajaron a la tumba de ambos cavada por sus vecinos en la tierra roja del panteón municipal de El Equimite, un tranquilo caserío en las estribaciones de las montañas del sureste de Veracruz. Parientes y amigos lloraron y arrojaron flores sobre los modestos ataúdes. «Su viaje ha terminado», dijo el párroco a los presentes.

El sepelio de los Barreda se verificó simultáneamente con los funerales de los otros nueve veracruzanos, compañeros todos de una misma tragedia, en otros poblados vecinos. En ese mismo momento, Lorenzo Hernández, de treinta y cuatro años de edad, recibía cristiana sepultura en el cementerio de San Pedro, ante la mirada estoica de Vicente, su padre, mientras que Juana, la joven viuda, discutía con Lorenzo Jr., el hijo de doce años, quien acababa de manifestar enfático que se saldría de la escuela para ponerse a trabajar y ayudar así a mantener a la familia.

Demasiados funerales.

Algunos de los cuerpos de las víctimas de este drama fueron encontrados cerca de un caserío, perdido en el desierto arizonense, que se llama Why, lo cual se traduce como «¿Por qué?»

Una excelente pregunta.

FRONTERA MÉXICO–ESTADOS UNIDOS

Violaciones a los derechos humanos
de los migrantes

La Asamblea General de la Organización de las Naciones Unidas, en el artículo 3 de su resolución 217, proclama: «Todo individuo tiene derecho a la vida, a la libertad y a la seguridad de su persona». Acorde a dicho postulado, los derechos humanos de los migrantes indocumentados en el cruce hacia Estados Unidos se ven afectados por los siguientes factores:

1. **La política de contención del flujo migratorio** puesta en efecto por la Patrulla Fronteriza, que lo desplaza a las zonas más peligrosas, con el consiguiente incremento en el número de migrantes muertos. El flujo de personas, como el del agua, cuando topa con un muro de contención busca su salida a uno u otro lado del obstáculo. Por citar el ejemplo arizonense, cuando la Patrulla Fronteriza «aprieta» Nogales, los migrantes se mueven al este hacia Douglas y Naco; «aprietan» este último corredor y el indocumentado busca cruzar al oeste, por Sásabe o Lukeville, o bien al este, por el rumbo de Palomas, Chihuahua. El cruce por la zona desértica de la reservación de la Nación Tohono O'odham en Arizona, donde se han produci-

do las escalofriantes cifras de muertos de los últimos veranos, sustenta la aseveración anterior. El desplazamiento de la corriente de indocumentados no es una «consecuencia no intencional», de dicha estrategia. De hecho, la intención, hecha pública, de la citada recanalización de la corriente, fue siempre forzar a los «ilegales» a transitar por zonas remotas, de alto riesgo, desérticas y montañosas, alejadas de centros urbanos.

2. **Organismos radicales antiinmigrantes** con matices xenófobos y con mensajes de intolerancia que han aparecido a lo largo de la frontera suroeste de Estados Unidos, enrareciendo el clima en sectores en donde históricamente existen corrientes de opinión proclives a este tipo de prédicas, como el condado de Cochise, por citar un ejemplo. En el sur de Arizona operan ya varios grupos de esta naturaleza, cuyas denominaciones, características y actividades son expuestas en capítulo por separado.

3. **El «vigilantismo» de rancheros de Arizona y Texas.** En Arizona y especialmente en el condado de Cochise, se suscitan las aprehensiones de migrantes por ciudadanos estadounidenses, que armados y con lujo de fuerza han protagonizado docenas de incidentes de esta índole. Estos sucesos llevan implícita una alta carga de peligrosidad y son motivo de reiterada preocupación por parte de las autoridades mexicanas ante la posibilidad de que degeneren en actos de violencia de mayor magnitud.

4. **Violencia institucional.** Entendemos por tal concepto a la violencia perpetrada por elementos de corporaciones del orden, policías municipales, alguaciles del Departamento del Sheriff, agentes de la Patrulla Fronteriza, etc., en contra de migrantes. Los maltratos físicos, verbales, los abusos, las lesiones con arma

50

de fuego, los homicidios, las presumibles violaciones a los derechos de los indocumentados, son denunciados por los consulados mexicanos a las instancias adecuadas. El problema que surge en ciertas áreas, como es el caso de Arizona, es que la Oficina del Inspector General del Departamento de Justicia alega no contar con los recursos suficientes para llevar a cabo investigaciones exhaustivas en cada caso. Se actúa a criterio y en la inmensa mayoría de las denuncias por presuntas violaciones a derechos de connacionales, la respuesta es la misma: no proceden.

5. **Repatriaciones que no son ni seguras ni ordenadas.** Los acuerdos de repatriación de migrantes mexicanos signados por los gobiernos de México y de Estados Unidos hablan siempre de repatriaciones «seguras y ordenadas y con estricto respeto a la dignidad humana», sobre todo en el caso de sectores vulnerables del flujo migratorio como los menores de edad, mujeres embarazadas, indígenas, personas en situación de riesgo. En realidad, los indocumentados mexicanos aprehendidos por la Patrulla Fronteriza de Estados Unidos son devueltos a su territorio de origen sin respeto a horarios previamente establecidos, y sin observar lo pactado en los instrumentos ratificados por los dos países. Hay medidas adoptadas por el gobierno de Estados Unidos que violentan también los derechos fundamentales de migrantes detenidos, como ocurrió con el programa de Repatriación Lateral que se puso en efecto en el mes de septiembre de 2003 y que consistió en el envío de los indocumentados aprehendidos, en aviones, de Tucsón, Arizona, a puntos fronterizos del estado de Texas. Los migrantes capturados en Sásabe, Nogales, Naco y Douglas, Arizona, fueron con-

centrados en diversos puntos y, esposados —inclusive mujeres y menores de edad—, se les trasladó en autobuses a Tucsón, en donde abordaban aviones, aún con las esposas, para volar, bajo guardia armada, hasta Brownsville, Del Río, Laredo, McAllen y El Paso, Texas, a centenares de kilómetros de distancia de donde habían sido arrestados. La intención fue siempre alejarlos del área preferida de cruce, la frontera entre Sonora y Arizona. Obvio es mencionar los serios problemas que afrontaron estos migrantes abandonados, sin recursos y a enormes distancias de sus lugares de origen. De igual magnitud resultó la problemática creada para las comunidades fronterizas mexicanas que súbitamente se vieron desbordadas por miles de expulsados, lo que originó un serio conflicto social. Durante toda la odisea, desde el momento de la aprehensión hasta el de la expulsión a territorio mexicano, la queja recurrente entre los indocumentados fue que se morían de hambre, pues permanecían sin que se les proporcionase alimento hasta por periodos de treinta y seis horas. Por ningún lado apareció el supuesto humanitarismo que presuntamente originó tal programa de Repatriación Lateral, cuya instrumentación obedeció, dijo la Patrulla Fronteriza, al propósito de evitar las muertes en el desierto durante los meses del tórrido verano. Sin embargo, el programa se puso en marcha al final de dicha estación. Tan solo por Douglas fueron objeto de esta repatriación lateral casi cinco mil indocumentados mexicanos.

En un capítulo dedicado a las violaciones a los derechos humanos de los migrantes, mención aparte merece la resolución promovida por México sobre los mencionados derechos fundamentales de quienes migran, en el marco del 61 periodo de sesiones de la Comisión de Derechos Humanos de la Organización de las Naciones Unidas.

La resolución de referencia condena las manifestaciones y actos de racismo, la discriminación racial, la intolerancia hacia los migrantes y los estereotipos que se les endilgan. Dicha resolución solicita a los países proteger y promover los derechos humanos y las libertades básicas de todos los migrantes, especialmente de mujeres y niños, sin importar estatus migratorio. Reafirma asimismo la obligación de los Estados signatarios de asegurar el pleno respeto a la Convención de Viena sobre Relaciones Consulares, particularmente sobre el derecho de los extranjeros, sin importar calidad migratoria, a comunicarse con un funcionario consular de su país en caso de ser detenidos.

Dos de los párrafos más importantes de la resolución de México versan sobre: 1) la adopción de medidas efectivas para castigar cualquier forma de privación de la libertad de los migrantes por parte de individuos y grupos; y 2) la adopción de medidas para prevenir que particulares o grupos realicen acciones reservadas a funcionarios gubernamentales, así como el castigo a las violaciones a la ley que resulten de dichas conductas.

Ambos párrafos resolutivos enfrentan así frontalmente el problema del vigilantismo.

Cómo se muere en el cruce (1)

Tantas maneras de morir cruzando de México a Estados Unidos, si se es indocumentado. Tantas, Señor...

Leandro Bautista, un cincuentón oriundo de la Ciudad de México, antes de fallecer de sed en una calurosa noche de agosto de 2002 en el desierto sobre el que se asienta la nación indígena Tohono O'odham, cerca de Sells, Arizona, le dijo a su sobrino y acompañante Luis Fierro Sánchez, que no quería morir en esos páramos, que no quería morir de esa manera. Luis lo contemplaba aterrado a la luz de la luna y frenéticamente le golpeaba el pecho en un primitivo intento de resucitación cardiaca, rogándole a Dios que reviviera.

Cuatro jóvenes chiapanecos, cuyas edades oscilan entre los diecinueve y veinte años, perecen ahogados en el Canal Todo Americano, que corre paralelo a la frontera mexicana, a la altura de Caléxico, California, en marzo de 2002. El All American Canal es un consumado asesino. Su tersa superficie oculta veloces corrientes que arrastran inmisericordemente a la muerte a los migrantes que intentan cruzarlo a nado.

———————

Tres guatemaltecos y un mexicano son fulminados por un rayo cuando con otros migrantes se guarecen del aguacero veraniego bajo un árbol, en pleno monte, unos cuantos kilómetros al norte de Douglas, Arizona, en julio de 2002. La descarga eléctrica los mata al instante y lesiona al resto de los compañeros.

———————

Un biólogo mexicano de treinta y seis años de edad, Mario Alberto Díaz, nativo de la Ciudad de México y desempleado, cruza la frontera por el desierto de Sásabe, en Arizona, en pleno verano de 2004, con la intención de buscar trabajo en una planta procesadora de alimentos en Florida. En el trayecto se lastima una rodilla y aun así continúa caminando por dos días con sus noches hasta que se deshidrata y se desmaya. Sus compañeros lo reviven y tratan de convencerlo de que suspenda el viaje y se entregue a la Patrulla Fronteriza para ser auxiliado. Díaz se niega y les enseña una fotografía de su pequeña hija Sonia, de apenas cuatro años de edad, a la cual le prometió que llegaría a su destino. Fue una promesa fallida. Mario Alberto nunca arribó a la tierra prometida. Al segundo día de su ininterrumpida marcha, se colapsa por última vez en un arroyo seco y ya no se incorpora. Tres semanas después su cuerpo fue encontrado.

Librado Tolentino Velazco muere aferrado a su hermano. El consanguíneo lo deposita en la arena candente —el suelo del desierto de la reservación de los Tohono O'odham alcanza en verano temperaturas increíbles— y luego emprende la marcha tratando de encontrar auxilio. A escasos trescientos metros de donde dejó a Librado, tropieza con otro cadáver, el de una mujer que yace de espaldas bajo un mezquite, descalza. Los dos cuerpos fueron recuperados horas después por la policía indígena de la reservación arizonense.

En los lugares desérticos en los que la constante es la falta de agua, las lluvias de verano ocasionan frecuentemente furiosos torrentes que todo lo arrasan a su paso, los temibles *flash floods,* como se les conoce en Estados Unidos. El 5 de agosto de 1997 una lluvia torrencial azotó a Douglas, población del sureste de Arizona que es frontera con Agua Prieta, Sonora. El aguacero originó una veloz corriente de agua que se desbordó por una zanja en territorio estadounidense, localizada a un par de metros de la línea divisoria y paralela a la misma. En esos momentos un grupo de indocumentados saltó la cerca de barrotes de hierro, suponiendo que podrían internarse en el vecino país al amparo de la tormenta. Ocho de ellos trataron de vadear la zanja, siendo arrastrados por la fuerte corriente.

Los ocho murieron ahogados.

Entre Nogales, Sonora, y Nogales, Arizona, dos pueblos fronterizos cara a cara, corre un túnel embovedado que se inicia en el Nogales sonorense y transcurre bajo el centro comercial del Nogales arizonense; el túnel fue construido como desagüe para las aguas broncas producto de las lluvias veraniegas, aun cuando también es usado para otros menesteres por traficantes de indocumentados y por narcos.

El 26 de julio de 2004, un coyote metió al oscuro túnel a un grupo de migrantes, entre los que iban Verónica Dueñas Ramírez, una costurera michoacana, y sus hijas, Laura y Rosa Andrea Domínguez Dueñas, de catorce y doce años de edad, respectivamente. Caminando por el túnel los migrantes escucharon el fragor de embravecidas aguas, generadas por lluvias recientes, que corrían por el embovedado detrás de ellos y trataron de ponerse a salvo. El torrente los arrastró. Por fortuna, los buenos samaritanos que nunca faltan se dieron cuenta de lo que acontecía y dos agentes de la policía de Nogales, Arizona, se lanzaron a la corriente y lograron rescatar a las dos adolescentes. La madre desapareció en las sucias aguas y pereció ahogada. Mamá e hijas se dirigían a Atlanta para reunirse con el esposo y padre, quien en calidad de indocumentado había encontrado ya trabajo y quería tener consigo a su familia. Desafortunadamente, la reunión ocurrió en un escenario de duelo. El progenitor viajó hasta Nogales, Sonora, para recoger a sus hijas y los restos de su compañera.

En los once años comprendidos entre octubre de 1994 y octubre de 2005, se calcula que son 3,600 los indocumentados que han perdido la existencia en su intento por internarse en Estados Unidos desde México. Es decir, podríamos cubrir cada uno de los 3,152 kilómetros de frontera entre los dos países con el cadáver de un migrante, y nos sobrarían cadáveres. Más claro, la estadística de muertos del citado periodo nos da un promedio de trescientos veintisiete decesos por año, casi un indocumentado muerto día tras día durante los últimos once años.

Tres mil seiscientos seres humanos fallecidos en circunstancias de cruce de los que tenemos certeza, porque sus restos, identificados o no, han aparecido. No sabemos cuántos más yacen en algún paraje desértico o montañoso, en espera de que algún viandante tropiece con el cuerpo.

¿Cómo mueren los migrantes que pretenden internarse ilegalmente en país ajeno? De mil maneras. En el caso de la frontera mexicana-estadounidense pierden la vida asfixiados en vagones de ferrocarril o en camiones sellados herméticamente; fallecen ahogados, en accidentes automovilísticos, bajo las ruedas de acero de algún tren, fulminados por los rayos. El frío y la hipotermia los victiman en invierno; caen abatidos por la deshidratación y la insolación en los ardientes veranos.

En el resto del mundo los indocumentados, los «sin papeles», los ilegales, los «clandestinos», los UDA (*Undocumented aliens*) los llama la «migra» estadounidense, mueren al zozobrar las frágiles lanchas neumáticas en las que los africanos pretenden arribar a las costas españolas; electrocutados los afganos, kurdos o iraquíes por los cables de alta tensión del Eurotúnel o aplastados al tratar de esconderse entre las plataformas ferroviarias en su intento por arribar a Inglaterra desde Francia, vía el citado túnel submarino. Los naufragios de navíos que pretenden acercarse al litoral italiano, en el Mediterráneo, y las cáscaras de nuez cargadas de asiáticos que se van a pique en el océano Pacífico, aportan también su impresionante cuota de muertos.

El «cómo» es tan largo como variado. Pero «la manera de» es consistentemente uniforme. La muerte del migrante es siempre dolorosa, llena de sufrimiento.

Ése es el caso de la muerte por insolación y/o deshidratación, el «golpe de calor», que los angloparlantes denominan *heatstroke*. Si usted es una persona promedio y camina como cualquier migrante algo así como ocho horas por el desierto en un día de verano al rayo del sol, cargando un galón de agua, es muy probable que a las primeras tres horas ya haya consumido la bebida. Los migrantes a los que se les acaba el agua beben su propia orina, la que los hidrata por algunas horas. Sin el líquido, esto es lo que puede pasar: una vez que la temperatura corporal se eleva a cuarenta y tres grados centígrados, el cerebro se cuece literalmente, y deja de funcionar. Prevalece la confusión, hay dificultad para mover los brazos y el infeliz delira antes de colapsarse. Surgen los ataques cardiacos por pequeñas hemorragias en el corazón. Los pulmones se le llenan de sangre y de otros fluidos corporales, no puede respirar, sobrevienen calambres y finalmente muere dolorosamente.

Y hay por supuesto, las tragedias inverosímiles, las que se antojan kafkianas, como la ocurrida en marzo de 2006, en la jurisdicción de Yuma, Arizona. Un mexicano, Juan Cruz Torralva, y su hija Lourdes Cruz Morales, de 12 años de edad, cruzan la frontera, son advertidos casi de inmediato por la «migra» y en la persecución un vehículo de la Patrulla Fronteriza accidentalmente atropella a ambos. La menor muere y el padre resulta lesionado. Y aquí es donde el caso adquiere perfiles de comedia del absurdo: El señor Cruz Torralva es hospitalizado durante tres días y cuando es dado de alta ¡se le arresta! bajo el cargo de que al internarse en calidad de indocumentado por el desierto, «puso la vida de su hija en inminente peligro». Cuando el infortunado individuo requería realmente de consuelo por la tragedia que estaba viviendo, es arrojado a la cárcel en donde permanece por cinco días, hasta que el Procurador de Justicia del Condado de Yuma se desiste de someter a proceso al pobre hombre. Y es así como el compatriota recobra su libertad y regresa a México en donde en su momento, recibe el cuerpo de su hija, repatriado por las autoridades consulares.

La diáspora tiene dramas de no creerse.

El parto de los montes,
¿o pariendo en el monte?

De cordones umbilicales y credenciales para votar

¿Sabe usted para qué sirve la credencial para votar que se emite en México? Para sufragar, por supuesto, en los comicios mexicanos… y para otras cosas.

La noche del 22 de enero de 2004 y la madrugada del día siguiente, 23, fueron de intenso frío en el área fronteriza de Douglas, Arizona. La temperatura descendió a menos de cero grados centígrados y los techos de las casas y de los automóviles se cubrieron de gruesas capas de hielo.

En ese helado escenario cruza la frontera hacia Estados Unidos un grupo de diez indocumentados, la mayor parte de ellos procedentes del estado de Guanajuato. El grupo incluía a Erica Janet Rico Córdova, una muchacha de dieciocho años de edad, originaria de la población de Comonfort, la cual iba en avanzado estado de gravidez, aun cuando nunca informó a sus compañeros de tal circunstancia, además de que el embarazo no se le advertía, quizás por la holgada ropa que portaba.

El cruce se produce en las primeras horas del 22. Los indocumentados caminan todo el día hasta que, al anochecer, hacen un alto para descansar. En ese momento la chica empieza a quejarse de «dolores estomacales» y sus compañeros le ofrecen unas pastillas para «el dolor de estómago». Al agravarse el malestar y darse las primeras manifestaciones de hemorragia, la joven no tiene más remedio que confesar su embarazo. Todo el mundo se alarma pensando que va a abortar, y pese a ello, los migrantes deciden continuar la marcha, pues no es cuestión de sacrificar su buena fortuna —se internaron en territorio ajeno sin ser aprehendidos— por la chava en apuros.

Del grupo, sólo dos guanajuatenses, ambos también de Comonfort, sienten el peso de la conciencia y optan por permanecer al lado de Erica. Es así como Rubén Yerbabuena Chávez y Francisco Bárcenas Rayas interrumpen su viaje a Atlanta, Georgia, para no dejar sola a la paisana en pleno monte.

Para entonces ya es de noche, el frío cala y la hemorragia continúa. Los tres guanajuatenses reconocen que están en situación de emergencia, que la joven necesita atención médica y que en consecuencia hay que salir a la carretera, la cual ubican a regular distancia por los fanales de los automóviles en tránsito.

Empiezan a caminar, pues, rumbo a la cinta asfáltica. Ya para entonces Rubén y Francisco cargan por trechos a Erica, cada uno tomándola de un brazo. De pronto, la muchacha empieza a mostrar síntomas de que se le viene el parto encima y les dice que no puede seguir. La sientan en el suelo, le bajan el *pant* deportivo para percatarse de la intensidad de la hemorragia y advierten que a la muchacha se le «reventó la fuente». Apenas alcanzaron a tender una playera en el suelo para recostar a la parturienta cuando ésta «avienta al bebé», según las palabras de los improvisados parteros.

Rubén se quita su chamarra y en ella envuelve a la recién nacida; mientras tanto, la muchacha les grita que corten el cordón umbilical y los azorados migrantes se ven uno al otro preguntándose con la mirada que con qué; se revisan los bolsillos en busca de algún instrumento cortante y Francisco acaba por sacar su credencial de elector, que como todas las de su tipo, es de plástico, con aristas más o menos agudas, y con ella secciona el cordón umbilical.

Yerbabuena, quien tirita incontroladamente pues se ha quedado en camiseta en el intenso frío, como puede procede a limpiar a la muchacha. El *pant* deportivo, completamente ensangrentado, ha quedado inservible, por lo que Francisco se despoja de uno de los dos pantalones que porta —es costumbre de los migrantes, en invierno, el uso de dos pantalones, uno encima del otro— y se lo coloca a la joven.

La odisea, inconclusa aún, tiene lugar al filo de las dos de la madrugada del día 23, en medio de temperaturas bajo cero. Media hora después del alumbramiento, la chica urge a sus acompañantes para que empiecen a caminar todos rumbo a la carretera.

A poco de iniciada la marcha, Erica tira la placenta. Arriban a la carretera 80 y la extraña caravana, de la que forman parte una joven mujer que camina con mucha dificultad y un varón en playera que tiembla de frío y que carga un pequeño bulto envuelto en una chaqueta, empieza a caminar por el acotamiento. El trío, ahora convertido en cuarteta, camina horas enteras, sin que uno solo de los escasos automovilistas que a esas horas transitan se pare a proporcionarles auxilio. No es sino hasta bien entrada la mañana cuando por fin se detiene una unidad de la Patrulla Fronteriza. El agente que desciende ve con sospecha, y con la mano en la cacha de la pistola aún enfundada, al fantasmagórico grupo de tres agotados seres humanos, uno de los cuales trae entre sus brazos un pequeño bulto. Se acerca y hurga entre los pliegues de la chaqueta y casi se va de espaldas cuando descubre la carita de una recién nacida.

El agente se lleva a madre e hija al hospital de Douglas y a los dos samaritanos a la estación de la Patrulla Fronteriza, de donde después de narrar lo sucedido, son regresados a territorio mexicano.

Francisco y Rubén intentaron posteriormente, y por tercera ocasión, ingresar a Estados Unidos. Fueron nuevamente detenidos y deportados.

La odisea que vivieron madre e hija no tuvo mayores efectos negativos. Erica Janet Rico Córdova y Cassandra Lizet Rico —ese es el nombre que le impusieron a la bebita— salieron del hospital de Douglas en perfecto estado de salud. El padre de Erica, Javier Rico Flores, y su nueva esposa, residentes legales en Houston, Texas, lograron que se les concediese la custodia de la nieta, ciudadana estadounidense por haber nacido en territorio de Estados Unidos, todo ello con el consentimiento de la mamá de la nena.

Erica, la madre, fue regresada a México.

Las credenciales de elector mexicanas sirven para algo más que para votar.

A BORDO DE UN HELICÓPTERO

Elva Hernández jamás imaginó que iba a dar a luz a su tercer hijo a bordo de un helicóptero en pleno vuelo sobre el desierto de Arizona.

La mujer de veintinueve años, nativa de Jalapa, Veracruz, en avanzado estado de gravidez y en compañía de su esposo, Primitivo Bautista, de sus dos hijos mayores, Alejandro, de catorce años, y Daniel, de doce, y de su sobrina Luz María Hernández, de doce años, arribó a la frontera entre Sonora y Arizona en mayo de 2005, estableciendo contacto con un coyote con el que se arreglaron para que los llevara hasta Chicago, mediante el pago de nueve mil dólares. Cuatro mil quinientos dólares fueron entregados de inmediato, conviniéndose que el saldo sería liquidado una vez que arribaran a su destino.

Durante cinco semanas, la familia trató infructuosamente de internarse a Estados Unidos. Fueron seis los intentos fallidos por Nogales, Naco, Agua Prieta y San Luis Río Colorado, habiendo sido detenidos y devueltos a territorio mexicano.

En la mañana del 28 de mayo, la agotada familia, formando parte de un grupo que incluía a nueve indocumentados más, llevó a cabo el séptimo intento por Sásabe, Sonora. Elva estaba ya en su séptimo mes de embarazo.

El desierto de Sásabe a finales de mayo es ya un horno crematorio. Después de muchas horas de caminata bajo el candente sol, la familia Bautista Hernández empezó a mostrar síntomas de deshidratación; las plantas de los pies de todos ellos ardían, y a manera de macabra advertencia de lo que podía pasarles, los caminantes tropezaron con el cuerpo sin vida de un migrante. Esa noche hicieron alto para descansar, y reanudaron la marcha en la madrugada del día 29. En el trayecto, para mayor abundancia, les llovió. En la mañana de ese mismo día Elva empezó a sentir contracciones y dolores de parto y ya no pudo continuar caminando. El coyote aconsejó a la familia que saliera hasta la carretera para pedir ayuda y acto seguido, llevándose al resto del grupo, los abandonó en pleno desierto.

Los dos hijos mayores partieron a buscar auxilio mientras que el resto de la familia permanecía con Elva. Después de horas de caminar, los adolescentes salieron a un camino de terracería y fueron advertidos por agentes de la Patrulla Fronteriza, a los que contaron lo sucedido. Un helicóptero de la corporación emprendió de inmediato la búsqueda, localizando a la familia Bautista Hernández con la in-

65

formación proporcionada por Alejandro. Los agentes de la Patrulla Fronteriza llamaron a otro helicóptero destinado a emergencias médicas y a mitad de la mañana la mujer iba ya en vuelo hacia el University Medical Center de Tucsón.

La parturienta no alcanzó a llegar al hospital. Elva Hernández dio a luz a un varoncito prematuro a los pocos minutos de haber despegado. Le tocó al paramédico Mike Burns, uno de los tripulantes del helicóptero, hacer las funciones de partero y recibir a Christian —ese es el nombre que se le impuso al bebito—, que por cierto es ciudadano estadounidense en función de su nacimiento en territorio de la Unión Americana… bueno, a bordo de una nave con matrícula estadounidense, y de acuerdo a la decimocuarta enmienda de la Constitución de Estados Unidos de América. Madre y bebé arribaron finalmente a la institución hospitalaria citada, en donde fueron atendidos.

Elva, el recién nacido y el resto de la familia regresaron a Veracruz, cumpliendo así con la manda ofrecida a la Virgen de Guadalupe en medio del desierto para que les salvara la vida.

JAMES JUÁREZ PÉREZ

James Juárez Pérez nació al anochecer de un templado día de abril, a bordo de una ambulancia.

Tuvo suerte. De puro milagro no vino al mundo en pleno monte, entre choyas, pedruscos y alguna curiosa lagartija. La madre que lo parió seguramente que exhaló un profundo suspiro de alivio al ser introducida a la ambulancia que la trasladaría al Community Hospital de Sierra Vista, Arizona, en donde se suponía daría a luz; sin embargo, el vientre materno no dio más de sí y en el mismo vehículo, con los paramédicos haciendo de comadronas, tuvo lugar el parto.

Procedente de Comonfort, Guanajuato, Norma Patricia Pérez Pérez arribó a mediados de abril de 2001 a Naco, Sonora, en avanzado estado de gravidez. Atrás dejó al esposo, músico de oficio, y a sus dos pequeños hijos, de seis y tres años, en su intento por alcanzar mejores niveles de vida, sueño de tantos mexicanos que cruzan la frontera norte.

La muchacha, de veinticuatro años de edad y muy bragada, tenía como meta arribar a Carolina del Norte, en donde viven familiares. El plan era internarse en territorio estadounidense, llegar a Phoenix y desde ese lugar volar a Atlanta, en donde la esperarían los parientes.

Dijo alguien por ahí que son los migrantes los más arriesgados, los más fuertes, por lo menos de ánimo; de hecho los más ambiciosos elementos de nuestra sociedad. Se les ha calificado de héroes y en verdad hay algunos que sí lo son, aun cuando con un innegable matiz de insensatez ciertos héroes y heroínas, como es el caso de Norma Patricia, quien a punto de ser madre por tercera ocasión, con la barrigota por delante, se avienta la hombrada, válgase la incongruencia, de viajar desde Guanajuato hasta la frontera, se las arregla para eludir a los «bajadores» —asaltantes de migrantes—, se brinca el alambre y, como el resto de los paisas, se lanza a la aventura.

La muchacha llega un martes a Naco, Sonora; al día siguiente se incorpora a un grupo de veintitrés migrantes y pese a su estado físico, cruza su particular Rubicón, en este caso la línea divisoria, con la intención de arribar a Phoenix, la primera etapa del periplo. La misma noche del miércoles el «coyote» estiba la «carga» en un destartalado vehículo; «el raite» dura tan solo tres horas, al cabo de las cuales los paisanos son bajados cerca de Willcox, Arizona, y... a caminar.

Habría que entender que si la mujer deja tras de sí a marido e hijos y sola emprende la epopeya en su ¿octavo? mes de embarazo, no se iba a arredrar ante el trayecto a pie por el desierto. Es así como, dando bandazos como barco en mar gruesa, camina junto con el resto de los compañeros.

La naturaleza acaba por imponerse y para la mañana del jueves, Norma Patricia empieza a sentir contracciones. Asustada ¡finalmente!, decide separarse del grupo para salir a la carretera cercana y pedir ayuda, porque sabe que se le viene el parto. La suerte la favorece y acierta a pasar por esos andurriales una unidad de la Patrulla Fronteriza. La sorpresa para al agente debió de haber sido mayúscula; de súbito, del monte sale una aparición morenita, chaparrita y panzona, que desesperada le hace señas de que se detenga. El «migra» se da cuenta de la situación —las crisis superan barreras idiomáticas— y solicita de emergencia la ambulancia que va a hacer las veces de sala de maternidad.

Madre e hijo salen del apuro sin complicación alguna.

Norma Patricia decide que su tercer vástago lleve el castizo nombre de James.

Hay un pelo en la sopa: El hospital de Sierra Vista se niega a proporcionar la constancia de nacimiento del bebito, el *certificate of live birth* que de hecho acredita su nacionalidad estadounidense, aduciendo que el niño no nació en el nosocomio, sino a bordo de una ambulancia. Es decir, a ellos, que los esculquen...

Total que la bronca de obtener la documentación probatoria de nacionalidad le queda al consulado mexicano de Douglas.

La representación consular recibió a la madre mexicana y al infante de doble nacionalidad cuando fueron regresados por la «migra» a la frontera de Agua Prieta. De ahí ambos abordaron un autobús que los llevó a Hermosillo, Sonora, en donde tomaron el avión en el que regresaron a Guanajuato.

De momento, la odisea había terminado.

Vaya usted a saber si Norma Patricia canceló en definitiva sus aspiraciones.

... o si se volvió a brincar el alambre.

NONATA

No todos los finales son felices.

En una bella tarde de abril de 2001 en la que se percibe ya la renovación de la vida que es la primavera, el cuerpecito de Ariana Guadalupe Ortega Sánchez bajó a su tumba en el panteón municipal de Naco, Sonora.

Un reducido cortejo fúnebre integrado por los jóvenes padres de la infante, por el alcalde de la citada población, por el cónsul mexicano en Douglas y por un par de doñas que se santiguaron antes de acercarse al lugar, fueron mudos testigos del colofón de uno de tantos dramas de la migración.

El silencio sólo era roto por los sollozos de la madre y las paletadas de tierra que caían sobre el pequeño ataúd.

María Guadalupe Ortega Sánchez es una joven mujer que no sabe leer ni escribir, que ignora la fecha exacta de su nacimiento y que por esas fechas suponía que andaba por los veintitrés años de edad.

La chica es originaria de La Paz, Baja California Sur, y después de vivir un par de años en Naco, Sonora, en compañía de un muchacho defeño, decide con su pareja internarse a Estados Unidos en busca de trabajo.

Hay un pequeño inconveniente: la joven paceña se encuentra en su noveno —¡noveno, vive Dios!— mes de gravidez.

María Guadalupe y Adrián —así se llama el compañero— logran cruzar sin ser detectados a Naco, Arizona, la noche del 11 de abril, con la peregrina idea de llevar a cabo un recorrido que se antoja para desquiciados, habida cuenta de que la inminente mamá, que apenas se mueve, pretende cruzar a pie el desierto que separa a ese puerto fronterizo de la primera escala en su viaje al norte, en este caso la población de Sierra Vista, distante algo así como unos treinta y dos kilómetros.

Y sucede lo que tenía que suceder, quizás antes de lo previsto. La muchacha no sale aún del desolado Naco arizonense cuando en una de las oscuras calles se le «rompe la fuente», se desploma y ahí, en plena calle, empieza el parto. El pánico se apodera del acompañante y, desesperado, empieza a tocar las puertas de las viviendas cercanas hasta que de una de ellas asoma una vecina, quien al darse cuenta de lo que acontece, llama una ambulancia.

La parturienta es trasladada al hospital Copper Queen de Bisbee, Arizona, en donde se le practica sin pérdida de tiempo una operación cesárea.

La niña nace muerta.

La mujer está desolada. La bebita era su primogénita. La desesperación de la frustrada madre se acentúa ante la total carencia de recursos de la pareja. Entre ambos no traen un quinto y no poseen más que la ropa que los cubre. No sabe la muchacha cómo le va a hacer para sepultar a la niña, a la cual le puso por nombre Ariana Guadalupe y a la que le da sus mismos apellidos.

Por fortuna, todo el mundo se solidariza y una funeraria en Douglas se hace cargo de los gastos de preparación del cuerpecito y aporta el ataúd, mientras que el ayuntamiento de Naco, Sonora, dona el lote que recibirá los mortales restos en el panteón municipal del lugar, en donde María Guadalupe ha decidido inhumar a su nenita. El consulado mexicano del área lleva a cabo todo el papeleo y en uno de los vehículos consulares el cuerpecito cruza la frontera hasta Naco, Sonora. Elementos del Instituto Nacional de Migración y de Aduanas en la frontera sonorense obvian trámites y la menor recibe cristiana sepultura en esa tarde de abril de efluvios primaverales.

Adrián y María Guadalupe ya no quieren quedarse en Naco. Deciden tratar de rehacer sus vidas en la Ciudad de México. El consulado de México aporta los pasajes y culmina así una tragedia más.

ENTRE SAHUAROS Y PALOVERDES

Otro más que nace en el mero monte.

Como muchas de sus antecesoras de la etnia pápago, Martina Nido Bacasegua dio a luz entre breñales.

La historia se repite.

Martina, de veintinueve años, originaria de Sásabe, Sonora, comunidad en los linderos de la reservación indígena Tohono O'Odham, en compañía de su esposo, Luis Manuel García Ramírez, cruza la frontera al oeste de Naco al anochecer del primero de septiembre de 2001, «en avanzado estado de gravidez», para usar la terminología oficial.

Tan avanzado que al par de horas de caminar por el monte, esa misma noche se le viene el mundo encima a la señora Nido y sin más, en pleno desierto, que todavía guarda el infernal calor del día, entre sahuaros, paloverdes y varas de ocotillo, *madame* entra en parto y prácticamente sola —el marido está petrificado— pare un robusto varoncito.

La súbita aparición del heredero pone en acción a Luis Manuel, quien sale disparado en busca de ayuda, localiza a un agente de la Patrulla Fronteriza, quien solicita la proverbial ambulancia y mamá y bebé van a dar al hospital de Bisbee, donde el personal médico constata que no hay gran cosa que hacer, todo salió razonablemente bien y madre e hijo —Pablo de nombre, y de doble nacionalidad— se encuentran en perfecto estado de salud. Tanto así que un par de días después son deportados.

Un *happy ending,* alabado sea el Alabado, para darle cerrojazo a este capítulo.

Los coyotes

Pueden poner 10,000 cercas y la migración no va a parar.

FRANCISCO JAVIER GARCÍA,
alcalde de Altar, Sonora

¡Ah!, los «coyotes»…

Esos malvados tan convenientes a la hora de asignar culpabilidades en torno a la cuestión más impactante y dramática del flujo migratorio: la muerte de indocumentados.

Si el lector escucha los pronunciamientos oficiales tanto de autoridades estadounidenses como de las mexicanas en cuanto a la migración, «el eje del mal», para usar una figura retórica tan en boga, lo es el traficante de seres humanos, el «coyote», el «pollero», el «guía», denominaciones que tienen sus matices de acuerdo a la labor específica que desempeñan estos malandros, según se hable del enganchador o «talón», que es el que se encarga de conseguir los clientes; del «brincador», el que interna a territorio prohibido a los «pollos», o del «raitero», quien tiene la responsabilidad de movilizar a los migrantes a bordo de automóviles, una vez que los paisanos cruzan.

La verdad es que el negocio del coyotaje en la frontera entre México y Estados Unidos ha florecido progresivamente desde el surgimiento de las nuevas estrategias de contención del flujo migratorio puestas en efecto por las autoridades de la Unión Americana, por allá a mediados de la década de los noventa, a través de una gama de *ope-*

rativos —*Gatekeeper* el principal de ellos— que desplazaron el cruce de migrantes en situación irregular, a lugares de alto riesgo. La teoría fue que si se lograba el control de los cuatro corredores por los que cruzaba el ochenta por ciento de los indocumentados —el área metropolitana de San Diego, el corredor Sonora-Arizona, el sector de El Paso, Texas y el sur del Valle del Río Bravo—, la agreste geografía se constituiría en disuasivo.

La realidad fue otra muy distinta.

Con las nuevas políticas de control fronterizo, más que nunca los polleros resultaron indispensables ante la severidad de la vigilancia de la Patrulla Fronteriza en esa nueva tónica de concentración de recursos humanos y materiales en sectores específicos. Los migrantes, desconocedores del peligroso entorno por el que se ven obligados a cruzar, requieren del guía y están dispuestos a pagar los altos precios por ese singular servicio.

Desde la perspectiva de la Patrulla Fronteriza y de las propias autoridades mexicanas, el coyote encarna todos los males y resulta ser el chivo expiatorio ideal en las tragedias, pero lo cierto es que son las nuevas políticas de la Patrulla Fronteriza las que lo han hecho imprescindible.

Independientemente de que con frecuencia el coyote sí es un auténtico malvado, hay que admitir el hecho de que más migrantes estarían muriendo si los contrabandistas de personas no los estuvieran guiando por desiertos y montañas.

Los coyotes tienen su nicho en la mitología de la cultura fronteriza. En el mejor de los casos son vistos como un mal necesario. Hace años se publicó en los periódicos de Tijuana una lista de los traficantes de indocumentados más buscados. Lo curioso de esa circunstancia es que los más buscados eran de hecho los más exitosos y en consecuencia los que gozaban de mayor demanda. La lista sirvió sólo para ratificar su estatus de élite en el mundo del pollerismo bajacaliforniano.

Hay inclusive en ciertas comunidades de frontera una aceptación tácita de la realidad del tráfico de indocumentados. Por citar un par de ejemplos: en Agua Prieta, Sonora, a los paisanos migrantes los llaman «chúntaros» y siendo el tráfico de ilegales un hecho innegable en dicha frontera, no extrañó que en un lote de autos usados en el centro de la población, apareciera un letrero sobre el parabrisas de una *van* de medio uso, el tipo de vehículo usado por los coyotes para movilizar su «carga», en el que se leía a manera de reclamo publicitario: «Motor recién reparado, buenas llantas, magníficas condiciones, lista para **chuntarear**». Y en Sásabe, Sonora, el principal negocio de abarrotes se llama «El Coyote».

Dice Víctor Clark Alfaro, del Centro Binacional pro Derechos Humanos de Tijuana, que hay coyotes que son leyenda y cuyas hazañas circulan a manera de cantares de gesta, de boca en boca, y en canciones populares. A tres de estos especímenes se les atribuye haber conducido a la mitad de la población de San Martín Hidalgo, Jalisco, hasta el área de San Luis Obispo, en California. Algo similar ocurre en Waukegan, Illinois, población ubicada al norte de Chicago, en donde reside la gran mayoría de los oriundos de Tonatico, estado de México.

¿De quién cree usted que dependen los migrantes que residen en Estados Unidos para reunirse con sus familiares? De los coyotes. La reunificación familiar sigue siendo la principal motivación del tráfico de menores a través de los puertos de entrada estadounidenses y vía las áreas rurales.

Una de tantas escenas: Es de día y en la Plaza Azueta de Agua Prieta, numerosos indocumentados con todas las señas de que esa

75

misma noche «van pa'dentro», es decir, que intentarán internarse en Estados Unidos, matan el tiempo reunidos en grupitos y haciendo cola ante los teléfonos públicos. Varios «polleros» los han estado observando y una de ellos, una joven mujer de minifalda blanca, escoltada por un par de sujetos, se acerca a los paisas y les dice que puede conducirlos hasta el aeropuerto de Phoenix para que de ahí se desprendan a sus metas finales.

—Cuesta más, pero es más seguro —les garantiza.

El gancho final para convencerlos es el ofrecimiento de no cobrarles hasta que no arriben. Minutos después los conduce hasta un hotel situado a unas cuantas cuadras. La chica es la enganchadora —la «talona», dirían en Tijuana—. El siguiente eslabón en la cadena del tráfico de personas es el «brincador», el que los va a guiar en el cruce; se aparece por los hoteles y casas de huéspedes, en restaurantes y en las terminales de autobuses. El «brincador» o guía normalmente es un residente del área que conoce el terreno, por dónde cruzar, a qué hora la «migra» cambia de turno, las mejores rutas. Los guías usan teléfonos celulares para mantenerse en contacto con los operadores de casas de seguridad y con los conductores de vehículos —los «raiteros»— que van a recibir a los «pollos».

En el caso de la frontera entre Sonora y Arizona, la más socorrida de los 3,200 kilómetros de línea divisoria entre México y Estados Unidos, Phoenix es el primer punto de arribo a la tierra prometida. El más importante también porque la capital arizonense es un vital nudo de comunicaciones, con vuelos a casi todos los destinos a donde se dirigen los indocumentados en el país del norte.

El trayecto a Phoenix puede significar varias escalas en casas de seguridad. Una banda de traficantes de indocumentados de Naco, Sonora, estuvo moviendo migrantes utilizando una red de casas de seguridad en las poblaciones arizonenses de Naco, Bisbee, Sierra Vista y Tucsón. La escala final son otras casas de seguridad en Phoenix, la capital del estado.

Hay pueblos que viven del tráfico de indocumentados. El «pollerismo» constituye de hecho la principal fuente de vida de esas comunidades y al «pollero» se le contempla como un respetable *entrepreneur*. Altar, Sásabe, Naco, en el estado de Sonora, son poblaciones de ese tipo. Palomas, en Chihuahua, adquiere cada día mayor popularidad como punto de internamiento hacia la Unión Americana. De hecho hay un importante corrimiento del flujo de indocumentados hacia la frontera entre Chihuahua y Nuevo México. Hay otras comunidades, como Agua Prieta y Cananea, ambas sonorenses, en las que «la chuntareada» es un importante factor económico.

Altar es el punto de partida de los que van a cruzar por el desierto del oeste, es decir, por Sásabe y la reservación indígena de la nación Tohono. Se trata de una comunidad de diecisiete mil habitantes en el noroeste de Sonora, perdida en los linderos del desierto de Altar. Ahí todo está ligado al indocumentado; la vida misma del poblado en los últimos años gira en torno al migrante. Las hospederías —casi todas modestas casas de huéspedes— suman más del centenar y los puestos de comida proliferan en similares proporciones. La plaza, llena de paisas, frente al templo de Nuestra Señora de Guadalupe, es el corazón del lugar y a su derredor se da una frenética actividad, con autobuses y automóviles del transporte colectivo del aeropuerto de Hermosillo que arriban cada quince minutos. Bajan oleadas de migrantes sobre los que revolotean como aves de presa los coyotes, tratando de llegar a un arreglo. Calles de por medio hay casas de cambio, teléfonos públicos, taquerías y tiendas que ofrecen los productos indispensables para la travesía «p'al norte»: gorras de beisbol, mochilas, co-

bijas, zapatos tenis, galones de agua. Por una de las calles dos mujeres empujan una carreta de mano desde la que venden café, atole y
pan de dulce.

Se calcula que un millar de migrantes pasa a diario por el pueblo y es aquí donde entran en función las casas de huéspedes, pues
tanta gente, en su momento, tiene que dormir. Se trata de barracas
con camastros de madera en donde los migrantes duermen hacinados en una atmósfera impregnada de polvo, pañales sucios, tufos de
humanidades carentes de baño. Un aire de desesperación flota en el
ambiente en estos improvisados dormitorios de a dos dólares la noche por persona.

Francisco Javier García, alcalde de Altar en 2003, afirmaba enfáti-
camente que «... la migración soluciona nuestros problemas económicos. Los transportes, las casas de huéspedes, los negocios de llamadas telefónicas, todo converge para ayudar a nuestra economía. ¿Qué
pasaría con Altar si no hubiese migración? Seríamos un pueblo muy
pobre».

De vuelta a la plaza. En un extremo, una colección indescripti-
ble de aporreados vehículos de la más variada y sospechosa catadura
—decrépitas furgonetas, camiones de altas redilas tubulares usados
para el transporte de ganado, unidades que en su momento fueron
transportes escolares y que aún conservan el clásico color amarillo,
camionetas *pick-up*, sedanes, una ex carroza fúnebre, etc.—, es abor-
dada por esa marea de mexicanos, centroamericanos, sudamericanos
y quién sabe cuántas otras nacionalidades, iniciándose el trayecto de
dos horas por un polvoriento camino de terracería, hasta Sásabe, en
la mera frontera con Estados Unidos.

Hay que ver los milagros que operan los conductores de dichos
vehículos, amafiados con los coyotes, para introducir el mayor número

de seres humanos en los armatostes rodantes. Desafían, con éxito, las leyes de la física. Este autor ha sido testigo de cómo de una vagoneta, una *van* como se las denomina en la frontera, Ford, tipo Econoline, modelo setenta y tantos, que en sus mejores tiempos debió de haber sido usada para reparto de mercancías, descendieron treinta y dos aspirantes a indocumentados, entre varones, mujeres y niños. Cómo pudieron ser retacados en el limitado interior de la *van,* es algo inexplicable. Lo que sí se explica es el alto número de víctimas cuando uno de estos ataúdes rodantes se accidenta.

Jesús, así, sin apellido, es un joven coyote como de veinticuatro años de edad, del rumbo de Altar. Lleva ya cinco años contrabandeando indocumentados. Se duele de ser acusado de propiciar la muerte de migrantes y dice que, efectivamente, se corre mucho peligro en el desierto, pero que lo último que el pollero desea es que se le muera un «pollo», lo que ocurre con frecuencia en el caso de guías novatos. Los coyotes experimentados, afirma, hacen alto cuando advierten cansados a sus migrantes y prefieren regresar si la situación se torna de emergencia. Con tono desafiante, Jesús afirma que si creen que eliminando a los coyotes la gente va a dejar de cruzar ilegalmente, se equivocan.

—Van a intentar cruzar el desierto ellos solos. Y van a morir —concluye.

La Patrulla Fronteriza considera que en cuanto a la inmigración ilegal en Arizona, se da un fenómeno que ha sido calificado de «puerta revolvente». Es decir, los traficantes ofrecen, a manera de incentivo, hasta tres intentos de cruce por el mismo precio. En otras palabras, si Juan Pérez es aprehendido en la primera intentona, tiene derecho a dos más sin cargo extra. Una auténtica puerta revolvente, en efecto, pues es frecuente que ese mismo Juan Pérez, que cruzó anoche, haya sido detenido esta madrugada y devuelto a territorio mexicano bajo la figura de salida voluntaria este mediodía, para que la noche de hoy intente cruzar de nuevo. Y el ciclo puede repetirse una y otra vez. El síndrome de las naves quemadas.

La Policía Federal Preventiva mexicana llevó a cabo en agosto de 2002 una operación contra el tráfico de indocumentados en los municipios sonorenses de Altar, Sásabe, Caborca y Sonoita, que produjo la detención de trece traficantes, entre ellos tres implicados en el caso de los catorce muertos de Yuma. La labor de los «polleros» asumió un bajo perfil durante los escasos días que las fuerzas federales permanecieron en el área. En cuanto se marcharon, el negocio se reanudó normalmente. Como dirían los estadounidenses: *business as usual.*

El *operativo* de la PFP tardó un año de investigaciones y dejó en claro que en Sonora, en ese momento, se habían detectado cuatro grandes bandas de traficantes de seres humanos, de las que se derivaban cien organizaciones más dedicadas a ese ilícito. Tres de las macroorganizaciones operaban desde el norte de México, coordinadas con los centenares de «células» esparcidas por el territorio mexicano a partir del río Suchiate, en la frontera sur.

Las características del tráfico de indocumentados en grande escala son anonadantes. El negocio es tanto o más productivo que el mismo narcotráfico, con menos riesgos. De hecho, autoridades federales de Estados Unidos evalúan la posibilidad de hacer más severas las penas corporales para los traficantes de indocumentados, según manifestó la U.S. Sentencing Commission de Washington.

Las nuevas directrices de sentencias *(sentencing guidelines)* tendrían por objeto combatir la reciente tendencia de narcotraficantes que incursionan en el tráfico de seres humanos, asumiéndose que el cambio de «giro» es motivado por las condenas más benignas que las cortes federales imponen a los coyotes en comparación con las que determinan para quienes contrabandean enervantes. La intención de la Comisión de Sentencias de Estados Unidos sería, en consecuencia, hacer menos atractivo este cambio de actividad delictuosa.

En México también se han dado intentonas similares. Legisladores de las tres principales fracciones partidarias en la Cámara de Diputados anunciaron en 2003 un proyecto de ley orientado a endurecer las penas contra los polleros y, simultáneamente, facilitar la presentación de denuncias contra ellos. En la república mexicana el tráfico de personas es, hasta el momento, un delito que se persigue mediante querella y la idea del proyecto de ley que va a presentarse en el Congreso de la Unión es que se persiga de oficio.

Funciona ya un acuerdo de cooperación entre México y Estados Unidos denominado OASISS, por sus siglas en inglés —Operation Against Smugglers and Traffickers Initiative on Safety and Security—, iniciativa a la que también se le conoce en el vecino país del norte como Guide Identification Prosecution Program. Mediante este programa, los traficantes de indocumentados que no van a ser sometidos a proceso en Estados Unidos son entregados a las autoridades mexicanas para la correspondiente acción legal. En otras palabras, en México a estos presuntos traficantes, bajo la premisa de que la comisión del delito de que se les acusa se inició en nuestro país, se les fincan responsabilidades por violaciones a la Ley General de Población.

Hasta principios de 2004, un individuo encontrado culpable en la Corte Federal de Tucsón de contrabandear doscientas cincuenta libras de marihuana afrontaba aproximadamente seis años de prisión, mientras que un pollero sorprendido al introducir veinte indocumentados contemplaba algo así como dos años tras las rejas. Similarmente, cruzar hacia Estados Unidos a más de cien migrantes en una sola ocasión, es probable que significase para el traficante una penalidad menor a los cuatro años de cárcel. En Arizona, la Oficina del Procurador Federal presenta cargos por delitos menores (*misdemeanors*) contra traficantes que cruzan a menos de doce indocumentados por primera vez.

Un reportaje de la revista *Proceso* consignaba que Sonora, con sus casi seiscientos kilómetros de frontera desértica con Arizona, es la entidad considerada por las autoridades federales como una de las principales puertas de entrada a Estados Unidos de indocumentados nacionales y extranjeros, y agregaba que «el costo por llegar a destinos estadounidenses oscila entre los dos mil quinientos y los cinco mil dólares».

En marzo de 2004, la Procuraduría General de la República puso al descubierto una red de traficantes que trabajaba en complicidad con servidores públicos. Cuarenta y cuatro personas, entre agentes del Instituto Nacional de Migración, del Grupo Beta, policías y ex funcionarios, fueron aprehendidos.

Y en Cleveland, Ohio, 25 miembros de una banda de traficantes con base en Arizona fueron consignados en marzo de 2006 bajo el cargo de haber introducido a la Unión Americana, desde 1997 y por Nogales, Arizona, a numerosos mexicanos, a los que llevaban posteriormente a Phoenix. Los traficantes ganaron millones de dólares transportando indocumentados desde la frontera hasta Ohio, California, Florida, Nevada, Michigan, Illinois e Indiana, cobrando por el servicio entre 1,800 y 2,000 dólares por cabeza. Manuel Valdez Gómez, quien operaba un negocio de venta y reparación de automóviles en Phoenix, fue señalado como el jefe de la banda. Los coyotes proveían a los indocumentados de documentos falsos, alojándolos en numerosas casas de seguridad.

El periodista Jorge Fernández Menéndez, experto en la investigación de la delincuencia organizada, escribió en una de sus columnas en el periódico capitalino *Milenio:* «Para operar el tráfico de gente se requiere una red de complicidades mucho mayor que para otras actividades del crimen organizado. Es necesaria la complicidad de quienes controlan las fronteras, sean organizaciones policiales (federales y locales) o militares, de los miembros de los grupos Beta, de quienes tienen control sobre carreteras, estaciones de ferrocarril y sobre todo los aeropuertos. Se necesitan casas o generalmente hoteles para alojar algunos días a los «pollos». Se requieren contactos en las principales instituciones migratorias para que otorguen documentación apócrifa para los migrantes. Estamos hablando siempre de grandes redes que no pueden funcionar sin la complicidad de las instituciones del Estado encargadas precisamente de controlar la propia migración».[3]

Lo cierto es que un negocio tan cuantioso produce ganancias estratosféricas —la diócesis de Ciudad Juárez, Chihuahua, las calculaba en 2003 en más de diez mil millones de dólares anuales, mientras que el FBI ha estimado que el tráfico de personas deja ganancias de entre seis y nueve mil millones de dólares al año—, un «negocio» que genera también, sobre todo últimas fechas, una alarmante dosis de violencia.

En este momento México ocupa un prominente lugar en el mapa geopolítico de la migración, ya que un considerable número de inmigrantes de Asia, África, Europa Oriental, América Latina y el Caribe, pretende ingresar a Estados Unidos por territorio de la república mexicana.

Las bandas de traficantes se disputan con las armas a los migrantes. En lo individual los coyotes dirimen agravios del «negocio» matándose entre ellos mismos. Los mismos indocumentados resultan víctimas en estos enfrentamientos entre mafiosos. Joseph Arpaio, sheriff del condado de Maricopa, Arizona, sustenta la hipótesis de que doce ejecuciones de presumibles indocumentados perpetradas en las cercanías de Phoenix de marzo de 2002 a inicios de 2003 podrían ser atribuibles a estos traficantes de seres humanos. La visita que el presidente de México, Vicente Fox, realizó a Phoenix en noviembre de 2003 se vio ensombrecida por una batalla campal protagonizada por grupos rivales de coyotes que se disputaban un «cargamento» de ilegales, confrontación que ocurrió desde automóviles que circulaban a toda velocidad por la carretera 10, entre Casa Grande, Arizona, y Phoenix, y que dejó un saldo de cuatro migrantes muertos. El incidente tuvo lugar en el momento en que el avión del mandatario mexicano tocaba tierra en la capital arizonense.

Algunos coyotes prácticamente secuestran a los ilegales reteniéndolos por la fuerza en las casas de seguridad, hasta que los familiares entregan las sumas de dinero convenidas. El fenómeno se recrudece especialmente en Phoenix, en donde las detenciones de docenas de migrantes hacinados en domicilios son ya sucesos cotidianos.

En Los Ángeles, la policía rescató en abril de 2004 a ochenta y ocho migrantes, mexicanos y ecuatorianos, que habían cruzado por Arizona y que permanecían cautivos en un pequeño *bungalow* deshabitado del rumbo de Watts. Las puertas del domicilio habían sido aseguradas con cadenas y las ventanas clausuradas con tablas de madera y barras de hierro. En el interior, hombres, mujeres y niños esperaban que sus parientes pagaran el rescate de nueve mil dólares por cada uno. Los coyotes habían cortado la corriente eléctrica para evitar escapatorias.

¿Todos los coyotes son mexicanos? No, los hay de varias nacionalidades. Ecuatorianos, centroamericanos, de Medio Oriente, estadounidenses inclusive, como Rubén Patrick Valdez, quien abandonó a cuarenta mexicanos —dos de los cuales murieron deshidratados— en la caja de un tractocamión. Hasta un sargento de la Fuerza Aérea de Estados Unidos, Claude Melvin Jones, adscrito a la base aérea Davis-Monthan, en Tucsón, le entró al negocio. A los ilegales con los que traficaba los transportaba en la cajuela de su automóvil.

La «migra», cuya misión es detener a los indocumentados, ¿es inmune a la tentación del dinero fácil producto del tráfico de seres humanos? No. Agentes de la Patrulla Fronteriza han sido detenidos por aprovechar su investidura oficial para cruzar migrantes. Varios de estos casos son abordados en el capítulo intitulado «La migra: violencia institucional y baleados».

Y en Tijuana se da un peculiar contubernio entre polleros mexicanos y traficantes estadounidenses. Hay coyotes «nuestros» que se amafian con conductores de vehículos del país vecino, para que sean éstos, en las cajuelas, en espacios acondicionados bajo los tableros, en compartimientos que semejan ataúdes soldados a la parte baja del chasís de los automóviles, los que crucen por los puertos de entrada de San Ysidro o de Mesa de Otay, a los paisas. ¿Qué tan productivo es el negocio para los traficantes estadounidenses? Un conductor, cruzando «pollos» tres veces a la semana, puede ganar hasta cien mil dólares al año. La tentación, pues, es mucha para veteranos de guerra sin hogar, madres solteras, señores de la tercera edad, estudiantes universitarios y, en general, gente necesitada de dinero, que muy frecuentemente se la juega en las garitas.

Para dar una idea de lo frecuente de este tipo de sociedad delictiva binacional, habría que mencionar que en el año fiscal 2005 hubo más de cuatro mil aprehensiones de conductores de Estados Unidos descubiertos con indocumentados a bordo de sus vehículos en los puertos de entrada de San Ysidro y Otay.[4]

Hasta un sastre iraní fue arrestado cuando trataba de cruzar por Nogales, Arizona, a tres de sus paisanos

El coyote es, indudablemente, un delincuente, porque al margen de su discutible utilidad, comete un delito al traficar con seres humanos, y si bien no es válido generalizar, sí es cierto que existen traficantes que son auténticos desalmados y culpables de muertes de migrantes a los que engañaron deliberadamente y luego abandonaron en circunstancias de sumo peligro. Estos son los sujetos que le dicen al indocumentado que va a caminar sólo un par de horas por el desierto para llegar a tal destino, cuando en realidad la distancia se cubre en un día entero de caminata bajo el inclemente sol. Entre este tipo de coyotes prevalece la máxima de que «el que se rezaga se queda». Habría que reconocer también que en la gran mayoría de las veces el coyote tiene un incentivo válido para entregar a sus clientes sanos y salvos, ya que reciben el pago al arribo al destino final.

Dice Wayne Cornelius, prestigiado académico del Center for U.S.-Mexico Studies de la Universidad de California San Diego, que «contratar a un coyote es una estrategia racional para reducir riesgos».

El pollerismo no es un servicio humanitario, ni mucho menos, pero tampoco debe suponerse que la culpa de los dramas que se viven en el cruce es en su totalidad del coyote. Las muertes de migrantes en la frontera entre México y Estados Unidos deben atribuirse fundamentalmente a la vigencia de las políticas migratorias instrumentadas por las autoridades estadounidenses.

El coyote, ¿un mal necesario?

La migración en el mundo

En materia de migración no hay nada nuevo bajo el sol en nuestro planeta. Las circunstancias en que se produce el flujo de seres humanos que se movilizan de un país a otro en busca de un mejor futuro; los dramas que protagonizan; ese enorme caudal de sufrimiento asociado con los migrantes irregulares, todo se repite, independientemente de la ubicación geográfica. Las reacciones de racismo, de intolerancia, radicalismo y nativismo que despierta el indocumentado son también muy similares, trátese de sociedades primitivas de tipo rural con añoranzas de un pasado no muy lejano de *Far West*, como las de Arizona, o de sofisticadas sociedades de grandes urbes como Madrid, París o Frankfurt. Cuestión de matices.

La tragedia griega que se vive a diario en la diáspora de mexicanos indocumentados hacia Estados Unidos tiene su equivalente en esas mortales epopeyas que protagonizan magrebíes y subsaharianos, turcos y kurdos, bosnios y albaneses, ucranianos, búlgaros y rumanos, tratando de arribar a la tierra prometida, en estos últimos casos los países de la Unión Europea.

Los migrantes mexicanos y centroamericanos que mueren en los candentes desiertos, las heladas montañas y las veloces corrientes de agua, en la frontera estadounidense, tienen sus contrapartes en aquellos que perecen en el estrecho de Gibraltar, en aguas aledañas a las islas Canarias o frente a las costas italianas.

La muerte es frecuentemente el trágico resultado de la migración sin documentos que pretende acceder al paraíso —representado por una plaza de trabajo o un mejor salario— a través de lugares de alto riesgo.

Siendo México en este momento la mayor fuente de migrantes en el mundo, este libro se centra en el éxodo de mexicanos hacia Estados Unidos y, específicamente, en el drama del cruce fronterizo.

Sin embargo, porque el fenómeno migratorio en el mundo tiene idénticas causales —siempre de carácter económico—; porque los objetivos son los mismos —la búsqueda de empleo y de mejores condiciones salariales—, y porque las consecuencias son similares —rechazo, discriminación, violaciones a derechos humanos y con frecuencia la muerte—, se aborda aquí, si bien someramente, lo que ocurre con el flujo migratorio en el orbe.

Europa suda y se acongoja en este momento al enfrentar el ¿problema?, ¿fenómeno? de la inmigración. La ONU ha advertido al viejo continente de la imperiosa necesidad de abrirse a la inmigración en aras de mantener los índices de crecimiento y de asegurar las pensiones de una población que tiende a envejecer. Es más, a esta necesidad se le ha puesto número: se requieren cuarenta y cuatro millones de inmigrantes por lo menos hasta 2050. Se calcula que unos tres millones de indocumentados viven en la Unión Europea y otras estimaciones hablan de que anualmente ingresan a ese territorio medio millón de extranjeros «sin papeles», especialmente por el denominado flanco oriental y balcánico, quizás la más importante de las cinco grandes rutas de la migración hacia la UE.

En Europa, la queja recurrente contra los «irregulares» es muy parecida a la que se expresa en Estados Unidos contra los indocumentados mexicanos, en el sentido de que no se integran a la sociedad receptora. Si hablamos de europeos, la acusación que enderezan contra los *sans papiers*, particularmente los de origen musulmán provenientes de Noráfrica y Turquía, se refiere a que insisten en el uso de su lenguaje, en sus propias escuelas y barriadas, en la vigencia de su ley familiar y en la manera como enfrentan a aquellos que desafían al islam.

Si parece que estamos leyendo a Samuel P. Huntington cuando pontifica sobre la amenaza de la inmigración mexicana, que no se asimila al *American way of life,* que sigue hablando español, que conserva las tradiciones de oriundez, que vive en guetos étnicos, etc.

¿Y sabe usted qué responde el inmigrante musulmán en Francia, Alemania, Italia, los Países Bajos? Que sí quiere integrarse, pero no asimilarse.

Integrarse para ellos es la obtención de empleo, pagar impuestos, hacer posible con su contribución la existencia misma del Estado benefactor.

A cambio de ello exigen no tener que asimilarse, es decir, no perder la identidad propia.

España resiente un fenómeno migratorio de nuevo cuño. En la última veintena de años la Madre Patria ha experimentado un proceso de transición, pasando de país de emigración a país de tránsito, para convertirse en el presente en país de asentamiento. Para fines prácticos, España se ha convertido en una nación de inmigración.

Ya para 2002 los extranjeros en España alcanzaban la cifra de 2.67 millones, la mitad de los cuales caían en la clasificación de «sin papeles». De los 2.67 millones de extranjeros, la mitad procede de

Latinoamérica. En ese impresionante flujo migratorio los ecuatorianos desbancaron del primer lugar a los marroquíes.[5]

El estrecho de las Pateras llaman los españoles al estrecho de Gibraltar. Desde la perspectiva ibera, la patera es el símbolo de la inmigración sin documentos.

La patera es una embarcación menor tipo Zódiac, de hule, con un fondo de madera e impulsada por motor fuera de borda con una potencia entre los cuarenta y los sesenta caballos de fuerza. En un esquife de siete a ocho metros de eslora, los patrones de estas cáscaras de nuez, traficantes de indocumentados en la costa africana que son el equivalente de los «coyotes» mexicanos, embarcan hasta cincuenta o sesenta infortunados *harragas,* como llaman en Marruecos a quienes destruyen sus documentos antes de abordar la patera, para no ser identificados en caso de ser capturados por la Guardia Civil.

Las tripulaciones españolas de la Guardia Civil y Salvamento Marítimo tienen que ser muy cuidadosas cuando se acercan a rescatar a los ocupantes de una patera, ya que la reacción de los migrantes es instintiva; en cuanto avistan a los rescatistas se sienten salvados y se levantan, y en ese momento se eleva el centro de gravedad y se pierde la estabilidad del endeble bote, que acaba por volcarse. En otras palabras, incongruentemente, muchos de los naufragios ocurren a la vista de quienes vienen a evitarlos. En las pateras se da un fenómeno singular: cuando naufragan, los ocupantes se van al fondo del mar en cuestión de segundos, como consecuencia de que han venido amontonados en posición fetal muchas horas, mojados por el oleaje, muriéndose de frío y mareados. Cuando la lancha se vuelca, no alcanzan ni siquiera a estirarse y se hunden como piedras.

El estrecho de Gibraltar y en general el mar Mediterráneo y las aguas que bañan el litoral de islas Canarias son la réplica, en términos funestos, del desierto de Arizona, de las montañas Huachuca o del río Bravo. Los anónimos cadáveres de marroquíes o tunecinos que aparecen flotando en las playas andaluzas, canarias o italianas son los cuerpos de los mexicanos y centroamericanos que perecen insolados y/o deshidratados en los arenales de El Camino del Diablo o en los páramos de El Sásabe y Douglas. Mar y desierto convertidos en cementerios de migrantes.

Mahi Binbine, un escritor marroquí, define al estrecho de Gibraltar, el *Fretum Herculeum* de los romanos, como «el mayor abismo del universo, porque, en muy pocos kilómetros, separa a un mundo mísero de un mundo próspero».

El anecdotario de ese brazo de mar tiene en ocasiones tintes tragicómicos: En agosto de 2002 dos indocumentados magrebíes intentaron arribar a costas españolas en una tabla de *surf* de poco más de un par de metros de longitud. Fueron rescatados cuando, exhaustos, se encontraban a la deriva después de haber remado con los brazos veinte kilómetros. Ha habido otros intentos de cruce en motos acuáticas, en rudimentarias balsas fabricadas con bidones y tablones de madera. Hay por otra parte lanchas neumáticas que apantallan, como la interceptada frente a costas andaluzas en el verano de 2002, con setenta migrantes hacinados a bordo, a razón de tres por metro cuadrado, diez mujeres embarazadas incluidas. La descomunal patera tenía nueve metros de eslora y dos y medio de manga, y era impulsada por un motorcito fuera de borda de sesenta caballos que apenas alcanzaba a moverla.

¿De qué color y sabor es la migración indocumentada hacia los países europeos?

Los magrebíes son los principales clientes de las pateras. Las abordan en el litoral entre Tánger y Ceuta o en la costa sahariana de

El Aaiún y enfilan la proa del botecito de goma rumbo a Algeciras o a Canarias. Un respetable porcentaje de ellos muere en la travesía. Los latinoamericanos entran habitualmente a España por vía aérea. Si son ecuatorianos toman el avión en Guayaquil o Quito y arriban a Madrid o a Lisboa. A los peruanos España les exige visado y el problema lo resuelven adquiriendo pasaportes ecuatorianos falsos. Europeos del este se cuelan a la UE por las fronteras alemana o austriaca. Los rumanos frecuentemente usan a Barcelona como lugar de entrada a la Unión Europea, mientras que chinos y paquistaníes, que casi siempre tienen como meta a Gran Bretaña, viajan, los primeros a Hong Kong, Tailandia o Singapur, obtienen pasaportes falsos y vuelan a París. Iraníes, iraquíes y paquistaníes se dirigen a Estambul, paraíso de los pasaportes falsificados, y de ahí vuelan a Bruselas o a Amsterdam.

¿Quiénes se dirigen a España? Migrantes africanos de Marruecos, Mauritania, Senegal, Guinea Bissau y Guinea, vía el Estrecho o las aguas entre el continente africano y Canarias. Y sudamericanos y centroamericanos, por supuesto. Aparentemente lo harán también mexicanos en fecha próxima, en forma legal, de concretarse un acuerdo migratorio entre los gobiernos de México y España.

A últimas fechas se da un impetuoso flujo de migrantes subsaharianos que parten desde las costas de Mauritania con rumbo a Islas Canarias, en un azaroso viaje de 800 kilómetros de mar abierto. El aumento de la vigilancia española y marroquí en el Estrecho de Gibraltar origina que se prefiera la ruta, más larga y más peligrosa, de la costa occidental africana al archipiélago canario. Como en el caso de las políticas de contención de indocumentados en la frontera entre México y Estados Unidos, el sellamiento de las zonas habituales de cruce desplaza al flujo migratorio hacia lugares de alto riesgo. ¿Qué tan trágicas son estas travesías de docenas de migrantes africanos amontonados en los frágiles cayucos? El Centro Nacional de Inteligencia español predijo al finalizar el 2005 la muerte masiva de migrantes que navegan en aguas atlánticas desde Mauritania hasta Canarias. El sobrecogedor vaticinio hablaba de entre 1,200 y 1,700 muertos en esos naufragios en aguas internacionales. De nuevo usando como referente el caso de la migración mexicana con su cauda de migrantes muertos no localizados aún y muchos de ellos no identificados, en cuanto a la migración africana a Canarias se presume que se han producido muchas muertes anónimas de las que nunca se va a tener confirmación.

Capítulo aparte merece el drama que durante octubre de 2005 estuvo escenificándose ante los horrorizados ojos del mundo en la valla que separa a los enclaves españoles de Ceuta y Melilla, del reino de Marruecos, en el noroeste africano. Durante días enteros centenares de desesperados migrantes africanos —subsaharianos y magrebíes la mayor parte— llevaron a cabo furiosas cargas contra la cerca de seis metros de altura, con el propósito de rebasarla e ingresar a territorio español, en busca de la supervivencia que para ellos constituye un trabajo en el continente europeo. Los enfrentamientos contra la Guardia Civil y los legionarios hispanos, y contra las fuerzas armadas marroquíes, produjeron la correspondiente cauda de muertos y heridos, «sin papeles» la mayor parte de las víctimas, por supuesto.

Para mayor abundancia, los migrantes detenidos fueron expulsados por el gobierno de Rabat al Sáhara Occidental, el desierto que separa a Marruecos de Mauritania, sometiendo a hombres, mujeres y niños a las más precarias condiciones y al inminente peligro de muerte, pues se trata de una zona plagada de minas, polvos de los lodos del conflicto armado entre Marruecos y el Frente Polisario. Los independentistas saharauis del citado frente rescataron a los infelices indocumentados.

Los migrantes africanos, seguramente los más pobres del mundo, que pretenden acceder a la tierra prometida, en este caso los países de la Unión Europea, también experimentan el síndrome de las naves quemadas.

¿De qué tamaño es la tragedia de los *sans papiers*, los «sin papeles» en el mundo?

Bueno, ésta es una desordenada y abreviada transcripción de algunas de esas tragedias que sacuden conciencias y contraen vísceras. Listado intencionalmente desparpajado porque quizás el desparpajo dramatice más aún lo que ya de por sí es intolerablemente dramático:

- *En el océano Índico:* más de trescientos cincuenta indocumentados procedentes de Medio Oriente murieron en aguas del mar de Java en el naufragio de un decrépito barco pesquero en octubre de 2001. La nave había zarpado de Sumatra con dirección a Australia, llevando a bordo a cuatrocientos veintiún migrantes iraquíes, afganos, iraníes, palestinos y argelinos. Cuarenta y cuatro personas lograron ser salvadas. La embarcación de madera que transportaba a los centenares de migrantes tenía apenas dieciocho metros de eslora por tres de manga. En plena travesía la máquina se averió, la nave empezó a hacer agua y en diez minutos se fue a pique con doscientos infortunados atrapados bajo cubierta. Más de cien perecieron adicionalmente después de permanecer a flote durante horas. El hundimiento puso en evidencia el tráfico ilegal de personas en el océano Índico. Anualmente, miles de inmigrantes irregulares procedentes de Oriente Medio se dirigen a Australia a través del sureste asiático e Indonesia.
- *En el mar Egeo:* la tripulación de un carguero turco arrojó a las aguas del mar Egeo, ochenta kilómetros al norte de Atenas, a

trescientos cincuenta inmigrantes turcos. Doscientos quince individuos fueron rescatados y a más de cien inmigrantes se les enlistó como desaparecidos. Unidades navales griegas localizaron a la nave tan sólo con el capitán, el segundo de a bordo y el maquinista. Todos ellos admitieron que habían embarcado a los inmigrantes en la costa occidental de Turquía en septiembre de 2001, cobrándoles mil quinientos dólares por cabeza. Después de una semana de navegación, y a la vista de la isla de Eubea, los indocumentados fueron obligados a saltar al agua para que ganaran la costa a nado.

- *Sangatte:* a tres kilómetros de la salida en territorio galo del Eurotúnel, que une a Gran Bretaña con Francia, se localiza el poblado de Sangatte, en Pas–de–Calais. A corta distancia se advierten siete grandes pabellones con los techos ennegrecidos, usados hace tiempo como hangares para los trenes de alta velocidad que atraviesan el canal de la Mancha bajo el mar. Ahí malvivieron centenares de refugiados que tenían como meta en la vida acceder a Inglaterra. Los indocumentados, la mayor parte afganos, kurdos iraquíes, iraníes, albanos, etc., se hacinaban en tiendas de campaña levantadas bajo la techumbre. Ropa tendida por doquier, condiciones sanitarias inenarrables y el lugar en términos generales olía a rayos. ¿Qué hacía esa gente ahí? Formaba parte de la población flotante del centro de acogida de la Cruz Roja habilitado por el gobierno francés. El problema estribó en que el túnel y los modernos trenes se convirtieron en una irresistible tentación para los «clandestinos», muchos de los cuales, junto con sus pequeños hijos, se jugaban la vida tratando de caminar ¡hasta Inglaterra! por las paralelas, en el interior del túnel, o bien saltando sobre alguna de las plataformas ferroviarias al ponerse en marcha; uno de ellos pretendió arribar a la tierra prometida en la nariz de la locomotora. Algunos de los desesperados migrantes murieron electrocutados por los cables de alta tensión o bien aplastados bajo los vagones. Pese a los riesgos, noche a noche se percibía a la columna de indocumentados caminando a la vera de los tres kilómetros de la carretera 243, que une a Sangatte con el túnel. Para septiembre de 2001 se calculaba que por lo menos treinta y cinco mil indocumentados habían intentado de esa manera arribar al Reino Unido. Y algunos lo lograron. En diciembre de ese mismo año, los refugiados tomaron por asalto la terminal francesa del túnel. En dos oleadas sucesivas, cerca de seiscientos inmigrantes violentaron las barreras del cierre y penetraron con la idea, una vez más, de caminar los cincuenta y dos kilómetros que mide el canal de la Mancha entre ambas naciones. Todos los participantes en «el asalto», más simbólico que efectivo, acabaron, faltaba más, en la cárcel.

- «*A bordo todo el mundo se volvió loco*»: el 7 de noviembre de 2003, una lancha neumática con cuarenta y ocho inmigrantes a bordo naufragó en el estrecho de Gibraltar, frente a las costas de Granada. El siniestro marítimo fue más que eso. Fue también una explosión de histeria colectiva que costó diez vidas. Uno de los marroquíes sobrevivientes describió así la dantesca escena: «A bordo todo el mundo se volvió loco». Se presume que cuando los inmigrantes se embarcaron en alguna playa cercana a Alhucemas, ya iban agotados por el frío, el sol y un prolongado ayuno —noviembre es el mes en que los musulmanes observan el Ramadán—; la embarcación empezó a navegar en mar gruesa y en varias ocasiones fueron arropados por grandes olas. A mitad de trayecto, una enorme ola sumergió la Zódiac y el motor fuera de borda dejó de funcionar. El patrón de la lancha cortó con navaja varios bidones de plástico que contenían gasolina, y los utilizó para "achicar" la lancha, es decir, para extraerle el agua. Mareados y exhaustos, cuatro jóvenes se desmayaron. El patrón tiró los cuerpos por la borda, sin cerciorarse de si estaban con vida o no, aduciendo que si las autoridades los sorprendían con cadáveres a bordo, las cosas se les complicarían. Todo el mundo empezó a alucinar: Un menor de edad que no paraba de reír anunció que regresaría a casa caminando, saltó al mar y desapareció. Tres ilegales más, seguramente enloquecidos, también se arrojaron al agua y murieron, y para cuando personal de Salvamento Marítimo rescató a los náufragos, dos fallecidos más yacían en el fondo del bote de goma.

• *Lampedusa:* es una minúscula isla de apenas treinta kilómetros cuadrados de rocas y terrenos áridos perdida en el Mediterráneo. Tiene un par de cementerios, uno para restos humanos y el otro náutico. En este último asoman los cascos y cubiertas semisumergidos de docenas de herrumbradas embarcaciones de todo tipo que aquí navegaron su última singladura. Son los navíos que las oleadas de inmigrantes vomitaron a las playas isleñas. Lampedusa es uno de los portales más accesibles a los países de la cuenca del Mediterráneo; es también el territorio italiano más meridional. Los ciento diez kilómetros entre la islita y la tierra firme norafricana más próxima son la versión mediterránea del brazo de mar que separa a Florida de Cuba. Muchos han perecido en esas aguas, pero como en el caso de los paisanos mexicanos que entregan la vida en el desierto de Arizona, la muerte no los arredra. Tan solo de enero a junio de 2003, más de cuatro mil inmigrantes arribaron —vivos, los muertos ya ni los cuentan— a Lampedusa, que tiene una población de seis mil habitantes; los traficantes cobran a los «pollos» de Túnez y Libia setecientos dólares por llevarlos hasta la isla, en algunas ocasiones retacando hasta ochenta indocumentados en embarcaciones de trece metros de longitud. En el cementerio —para humanos— de Lampedusa, junto a las espectaculares criptas a las que son tan aficionados los italianos, hay una pequeña y pedregosa sección de terreno cubierta de hierbas: es el lote donde son inhumados los inmigrantes desconocidos, los «John y Jane Doe» tunecinos y libios, sobre cuyas sepulturas se planta una cruz de madera en donde se inscribe un número, en vez de un nombre. Replican las tumbas de indigentes (*pauper's graves*) de Holtville, California, o Douglas, Arizona, a donde van a parar los migrantes no identificados de la frontera entre México y Estados Unidos.

• *«Hundiremos el barco para que los rescaten»:* la policía de Sierra Leona abordó un vetusto barco con bandera de Ghana que estaba a punto de zarpar, en el que se hacinaban quinientos migrantes africanos que habían pagado dos mil euros cada uno para realizar el trayecto del puerto de Freetown a islas Canarias. El caso es demostrativo de la terrible inhumanidad que prevalece entre los que trafican con seres humanos. El medio millar de africanos, la mayor parte de los cuales no sabía nadar, tenían casi asegurada la muerte. La mafia que había fletado el deteriorado carguero planeaba hundirlo frente a Canarias para obligar a las autoridades españolas a rescatarlos. Para acelerar el hundimiento, los traficantes habían habilitado unas escotillas en el casco, que abrirían en aguas canarias. Calculaban que la nave se hundiría en cuarenta y cinco minutos, pero antes, la tripulación la abandonaría en la única lancha neumática de a bordo. Contaban con la ley marítima internacional, que si bien permite a las autoridades de determinado país rechazar la entrada a puerto de un barco cargado con irregulares, las obliga a rescatarlos si se da la circunstancia de naufragio. Cuántos de los indocumentados hubieran perecido antes de que arribaran los rescatistas, es una buena pregunta.

- *Repatriaciones a la italiana*: a fines de 2004, Italia empezó a deportar a centenares de indocumentados a Libia, en aviones militares, previo acuerdo entre el primer ministro italiano, Silvio Berlusconi, y el líder libio Moammar Kadafi. Las deportaciones por la vía aérea traen reminiscencias de las repatriaciones de mexicanos que hace Estados Unidos, la lateral y las que se verifican al interior de la república mexicana. Como en el caso de los indocumentados mexicanos que fueron aventados desde Arizona a poblaciones fronterizas de Texas, los migrantes que deporta Italia, casi todos norafricanos, suben esposados a los C-130 de la Fuerza Aérea Italiana.

- *«La solución: hundir las naves que llevan inmigrantes, con cuatro cañonazos»*: un caritativo y cristiano funcionario italiano de nombre Umberto Bossi, ministro para las reformas en el gabinete del presidente Ciampi, ex líder de una agrupación xenófoba, propuso lo que consideraba la solución perfecta para combatir el arribo de indocumentados a la península italiana: En ocasión del aseguramiento por la Guardia de Finanzas italiana de una nave con un millar de kurdos a bordo en aguas del mar de Sicilia, incidente en el cual varios de los pasajeros amenazaron con arrojar al mar a sus niños para evitar ser detenidos, Bossi exigió a su gobierno el dar «una señal enérgica a los traficantes, consistente en hundir con cuatro cañonazos las naves que transportan inmigrantes». No especificó si con los infelices ilegales a bordo o una vez vacías. Como en el caso de los «coyotes», especímenes de la naturaleza de Bossi se encuentran en todo el orbe.

• Otros naufragios:

1. Treinta y cinco ilegales murieron ahogados frente al litoral de Cádiz al naufragar una patera en octubre de 2003. Investigaciones sobre el caso dejaron en claro que la lancha neumática transportaba a cincuenta personas.

2. Una docena de los dieciocho inmigrantes de Ghana y Malí que a bordo de una embarcación de madera zarparon con rumbo a las Canarias en febrero de 2003 perdieron la vida después de quince días de travesía. Los seis sobrevivientes fueron rescatados al sur de la Gran Canaria. Los indocumentados habían pagado quinientos dólares cada uno al patrón de la nave para ser conducidos a territorio español.

3. A punto de ser rescatados por un pesquero italiano, por lo menos cincuenta de los noventa inmigrantes que sobrecargaban un pequeño barco de apenas diez metros de eslora perecieron ahogados. La embarcación, que había salido del norte de África en marzo de 2002, naufragó en aguas del canal de Sicilia. Los indocumentados, casi todos de origen liberiano, habían pagado cada uno cuatro mil cuatrocientos euros (más o menos cinco mil quinientos dólares) a una mafia para que los llevaran a Italia.

4. Trece inmigrantes, subsaharianos y magrebíes, murieron ahogados a la vista de la costa española, a la altura de Tarifa, cuando el patrón que capitaneaba la patera, cuchillo en mano, los obligó a lanzarse al mar en agosto de 2002, pese a que algu-

nas de las víctimas manifestaron que no sabían nadar. Los «coyotes» son iguales de desalmados en todo el mundo.

5. Un mes después, en septiembre de 2002, una barcaza con cien migrantes a bordo se hundió en medio de una tormenta, al sur de Sicilia. Por lo menos treinta de ellos, de nacionalidad liberiana, murieron. El ciudadano egipcio propietario de la barcaza fue detenido por las autoridades italianas.

6. Diecinueve inmigrantes indocumentados se ahogaron al zozobrar la patera en la que trataban de arribar a la isla canaria de Fuerteventura, en enero de 2004. La embarcación fue arrojada por la mar gruesa a una zona acantilada, donde cayeron al agua los veintiocho ocupantes. Nueve subsaharianos lograron salvar la vida. Algunas de las barcas en que viajan los irregulares llevan en la popa, escrita con caracteres árabes, la leyenda «Que Alá nos acompañe en esta aventura».

7. En el verano de 2004, poco más de noventa migrantes dominicanos zarparon a bordo de una embarcación de madera de diez metros de eslora, con destino a Puerto Rico. Cincuenta y cinco de ellos murieron en horribles condiciones después de permanecer al garete durante dos semanas. Sin agua ni comida, los indocumentados empezaron a enloquecer, algunos de ellos saltaron al mar y varios atacaron a una mujer que amamantaba a su hijo para succionar la lecha materna. Otros llegaron a considerar la posibilidad de canibalismo, a lo que la mayoría se opuso. A punto de arribar a la costa boricua después de dos días de navegación, el motor del barquichuelo se descompuso. El patrón abordó otra embarcación de migrantes diciendo que regresaría con auxilio para los dominicanos, y como en el caso de los coyotes que abandonan a los migrantes en los desiertos de Arizona, nunca lo hizo. A la altura del

quinto día de andar al garete, los pasajeros empezaron a morir. Dos de las mujeres lactantes ofrecieron sus pechos a los más débiles, y una más que rehusó hacerlo fue arrojada por la borda por los enloquecidos migrantes.

8. Un pequeño bote de madera construido para transportar a quince personas y en el que viajaban ciento tres ecuatorianos, se hundió en aguas del Pacífico, frente a la costa suroeste de Colombia, el 9 de agosto de 2005. Noventa y cuatro de los ocupantes de la embarcación murieron, y los nueve sobrevivientes, que quedaron flotando asidos a cajas de madera, fueron rescatados por un pesquero de Ecuador. La nave, que llevaba inmigrantes indocumentados que se dirigían a Estados Unidos, sobrecargada como navegaba, fue volcada por una gran ola, hundiéndose de inmediato. La casi totalidad del pasaje pereció, porque se guarecía de la marejada bajo cubierta. El bote pretendía alcanzar el litoral guatemalteco, en donde, después de un trayecto de mil seiscientos kilómetros, desembarcaría a los migrantes. De ahí los coyotes los conducirían a Estados Unidos a través de la república mexicana. Los ecuatorianos pagan a los traficantes entre diez mil y doce mil dólares por ser trasladados hasta Estados Unidos.

9. Cuarenta y cinco migrantes subsaharianos murieron al naufragar el par de pateras en que viajaban en marzo de 2006, en aguas del Sáhara occidental. En el primer naufragio 23 «clandestinos» se ahogaron cuando la embarcación marroquí que pretendía darles salvamento chocó por la fuerte marejada contra la patera a la deriva, a la que partió en dos. 20 de los pasajeros alcanzaron a ser rescatados con vida. En el segundo siniestro marítimo murieron 22 inmigrantes, rescatando las patrulleras de Mauritania a 24 supervivientes. Las dos pateras trataban de arribar a Islas Canarias.

«Vigilantes», evangelistas del miedo

> *Vigilante:* miembro de un comité de voluntarios organizado para suprimir y castigar sumariamente el crimen, cuando el proceso legal aparezca inadecuado.
>
> (DICCIONARIO MERRIAM-WEBSTER)

- Desiderio Gomar Valadez, del estado de Guanajuato, conserva aún la huella del balazo que recibió en pleno rostro un día de abril de 2001, cuando intentaba escapar de un tipo empistolado. El grupo de catorce indocumentados del que Desiderio formaba parte, tratando de guarecerse de la lluvia y del frío reinante, había buscado refugio en una destartalada «traila» —una casa móvil—, en un predio al norte de la población fronteriza de Naco, Arizona. Apenas se sacuden el agua de las ropas cuando el dueño de la que alguna vez fue casa rodante, un estadounidense con una pistola calibre .38 en la diestra, abre la puerta violentamente, lanza desaforados insultos —en inglés— y encañona a los migrantes. Éstos alzan de inmediato las manos en señal de rendición a la vez que suplican —en español— que no dispare. Wayne Lockridge, así se llama el sujeto, jala el gatillo de todas maneras y cae fulminado uno de los «paisas». Acto seguido ocurre un acto de magia: en cuestión de segundos los trece individuos restantes salen despavoridos de la «traila» a través de una pequeña ventana, sin que por fortuna el agresor alcance a disparar de nuevo. Como puede, Desiderio escapa también, y luego de caminar sangrando un kilómetro y medio, pierde el conocimiento y para su fortuna es localizado por agentes de la Patrulla Fronteriza, que lo trasladan al hospital de Bisbee, Arizona, de donde posteriormente, ante la gravedad de su herida, se le conduce en helicóptero a la ciudad de Tucsón. La bala le penetró por el maxilar izquierdo y quedó alojada en la mejilla del mismo lado. El agresor, nativo y residente de esa área fronteriza, tuvo que saber por fuerza que los ocupantes de su propiedad eran migrantes ilegales y, lo más seguro, inofensivos; sin embargo, en vez de detenerlos y notificar a la «migra», abrió fuego. Dijo después a las autoridades que la pistola se le había disparado «accidentalmente».

• Otro guanajuatense, Jesús Vázquez, corrió con peor suerte y terminó su existencia abatido por un impacto de bala calibre .44 disparada por el empleado de un rancho que se ubica al norte de Laredo, Texas. El proyectil hizo blanco en su estómago. El victimario arguyó que disparó su arma al confundirlo con un animal salvaje. Dos de los acompañantes de la víctima alcanzaron a huir a toda carrera.

• En marzo de 2000, en un breñal del condado de Cochise, en Arizona, trece indocumentados descansaban tendidos en el monte, cuando se escucharon dos disparos. Uno de los proyectiles impactó en el estómago a Cipriano Ramírez Anaya, migrante mexicano. En estado sumamente grave, el herido fue trasladado a un hospital de la ciudad de Tucsón, Arizona, y posteriormente a otro de Hermosillo, Sonora, salvando la vida de milagro. El autor de los balazos fue un joven ranchero de nombre Ryan Major, quien afirmó que disparó su rifle calibre 30-

06 tratando de matar a un perro con rabia. El caso fue calificado de accidente por el Departamento del Sheriff.

El vigilantismo y la aparición de milicias armadas en la frontera
entre México y Estados Unidos es un fenómeno ligado directamente
al racismo, a la intolerancia, al nativismo. Si aceptamos la tesis de que
«el racismo cumple la función de categorizar y discriminar a ciertos
grupos religiosos, étnicos y sociales»,[6] llegaremos a la conclusión de
que los migrantes son objeto de los mismos estereotipos y prejuicios,
ya sea contra los *greasers* o *wetbacks* mexicanos, los «moros» en España, los *wops* italianos, los *spics* caribeños en Nueva York. Antiinmigrantes y racistas van tomados de la mano cuando vinculan la inmigración «ilegal» con el terrorismo, el narcotráfico, la delincuencia en
general y la afectación de un sistema de vida, llámese el *American way
of life*, la «identidad europea» (cristiana, demócrata, etc.) o «la raza»,
como dicen los jóvenes españoles.

Profesión de fe antiinmigrante, xenofobia y discriminación de-
vienen, pues, frecuentemente, en una suerte de paso de la muerte,
para usar un término de la charrería mexicana, cuando se salta de la
retórica a la acción, es decir, cuando de las palabras se transita hacia
los hechos, que es cuando surgen los grupos de odio, las organizaciones de «vigilantes» y las milicias armadas.

A lo largo de la frontera suroeste de Estados Unidos han aparecido organismos radicales antiinmigrantes, con matices xenófobos y
con mensajes de intolerancia que enrarecen el clima en sectores en
donde históricamente existen corrientes de opinión proclives a este
tipo de prédicas, como el condado de Cochise, en el sureste de Arizona, por citar un ejemplo.

En Arizona, American Border Patrol opera en el área de Sierra Vista. Se trata de una agrupación dirigida por Glenn Spencer, el fundador de Voice of Citizens Together, un grupúsculo californiano caracterizado por sus posturas antiinmigrantes y antimexicanas. Spencer, desencantado de California, cambió su residencia a Arizona, manifestando que American Border Patrol tiene por objeto recabar información sobre lo que ocurre en la frontera para darla a conocer al público estadounidense. Su mensaje sigue siendo el mismo: el migrante es el origen y la suma de todos los males, el *American way of life* corre terrible peligro, «estamos en estado de sitio ante la mexicanización del suroeste de Estados Unidos», la Unión Americana se tiñe de café (*the browning of the United States*), etcétera. Pese a su proclamada intención de sólo recabar información, American Border Patrol realiza una activa coadyuvancia en la aprehensión de indocumentados, a los que ubica con tecnología de punta —aparatos aéreos no tripulados dotados de cámaras que trasmiten imágenes a centrales móviles, sensores terrestres—, y comunica su localización a la Patrulla Fronteriza. Para dar una idea de las tesis filosóficas que mueven a antiinmigrantes como Spencer, hay que reproducir sus recientes declaraciones a los medios, afirmando que: «México no sólo exporta a sus pobres, sino que también busca revertir el Tratado de Guadalupe Hidalgo de 1848, para colocar bajo su jurisdicción los territorios perdidos en la guerra de 1847, es decir, el suroeste de Estados Unidos. Y a esto lo llaman la reconquista».[7]

Otra organización, de origen texano, denominada Ranch Rescue, integrada por voluntarios armados, sentó sus reales en la región de Douglas, en donde adquirió un rancho al que bautizaron como Camp Thunderbird, que les servía de cuartel general para su proclamada campaña contra la «invasión de ilegales». El rancho, para mayor abundancia, limita con México. Extremadamente violentos, vestidos con ropa de camuflaje y portando armas de alto poder, patrullaban la frontera deteniendo a indocumentados. Acusaron al Ejército Mexicano de incursionar en territorio estadounidense y decían tener la fórmula perfecta para evitar estas incursiones: «Dos balazos en el pecho y uno en la cabeza», para todo soldado mexicano sorprendido en territorio de Estados Unidos».[8] En un insólito giro, el predio fue otorgado a manera de indemnización a dos migrantes indocumentados de origen salvadoreño, según sentenció el juez que presidió el proceso legal instituido contra Casey Nethercott, el líder de Ranch Rescue. Nethercott y otros individuos habían detenido tiempo atrás en Texas a varios inmigrantes, entre ellos a los dos salvadoreños, a los que el ranchero amenazó de muerte y lesionó a pistoletazos. El caso fue llevado a corte; los centroamericanos fueron representados por el Southern Poverty Law Center, de Montgomery, Alabama, con los resultados antes dichos. Justicia divina, fue el comentario general.

El tercero de los grupúsculos que surgen en el enrarecido clima se denomina Civil Homeland Defense, liderado por un ex editor de periódico de nombre Chris Simcox, de origen californiano, como Spencer. La prédica de Simcox es igual de belicosa y violenta, pues de hecho llama «a las armas» a los ciudadanos del sureste arizonense para que protejan a la nación «en tiempo de guerra», promoviendo patrullajes armados a lo largo de la frontera entre Sonora y Arizona, hasta que se resuelva el problema de «la invasión».

Están también grupos como Arizonans for Border Control, que dirige Wes Bramhall, con asiento en Tucsón, liderando al proyecto para implantar el inglés como única lengua en Arizona (*English Only*). Otro más es Border Guardian, encabezado por Laine Lawless, que presta soporte a grupos antiinmigrantes diversos; la ya mencionada agrupación Yuma Patriots, del rumbo de Yuma y, la más reciente aparición en el firmamento radical y antiinmigrante de Arizona: *Mothers Against Illegal Aliens*. Es decir, surgen ya, parodiando a las mamás contra los conductores ebrios (*Mothers Against Drunk Drivers*), las mamás contra los inmigrantes ilegales. La líder es Michelle Dallacroce, una residente de Phoenix, veterana de la Fuerza Aérea de los Estados Unidos y madre de familia caracterizada por su rabioso nativismo. La señora Dallacroce y su organización, integrada por madres y padres de familia, manifiestan su enfática oposición a «los efectos negativos que el flujo de ilegales tiene en los niños estadunidenses». Por lo pronto hicieron su debut en febrero de 2006, con una manifestación a la vera de la carretera 92, al sur de Sierra Vista, portando pancartas de protesta contra los indocumentados en las que se leían leyendas tales como «Legal children are the victims of illegal aliens».

Y como si no fuera suficiente con los grupos radicales regionales, otros más, como Minuteman, acuden a Arizona desde otras entidades para «defender» la soberanía estadunidense aprehendiendo migrantes. Durante el mes de abril de 2005, algunos centenares de voluntarios del denominado Proyecto Minutemen arribaron al condado de Cochise —que como imán atrae a todo tipo de racistas desadaptados— para patrullar el corredor fronterizo Naco-Douglas en busca de indocumentados. Una colección de hombres y mujeres de edad media para arriba, la mayor parte sobrepasados de peso, pero armados y con una profesión de rabiosa fe antiinmigrante rayana en el fanatismo fundamentalista. (Los *Minutemen* reaparecen en esta obra en capítulo por separado.)

Y a todo lo anterior habría que agregar el vigilantismo individual de rancheros de Arizona y Texas.

• El 24 de octubre de 2002, en el semanario del que era editor y director en Tombstone, Arizona, Chris Simcox hizo «un público llamado a las armas», publicando en primera plana una convocatoria para formar una milicia ciudadana con el objeto de patrullar la frontera con México y proteger así a Estados Unidos de «los invasores y terroristas» que amenazan la seguridad nacional y la soberanía de dicha nación. Los «invasores y terroristas» son, por supuesto, los indocumentados mexicanos. El *Tombstone Tumbleweed* —así se llama el hebdomadario— urgía a los residentes del condado de Cochise, Arizona, a formar un comité de «vigilantes» armados que se denominaría Citizen's Border Patrol Militia, con el objeto de interceptar y detener por la fuerza a quienes cruzan la frontera ilegalmente. Meses después, Simcox cambió el nombre de su organización, calificada como racista, radical e intolerante, por el de Civil Homeland Defense, dándole así un matiz de defensora de la seguridad interna de la patria. Tombstone, Arizona, es un pequeño pueblo de no más de mil quinientos habitantes que a finales del siglo XIX hicieron famoso Wyatt Earp y sus hermanos y que vive aún de esa fama; no en vano el principal atractivo del poblado es la escenificación de duelos entre ficticios pistoleros todos los fines de semana. La *pièce de résistance* es la recreación del sanquintín que tuvo lugar en el OK Corral, del que Hollywood ha producido ya tres o cuatro versiones. Hay pues, por ese rumbo, una cultura del *Far West*, de «vigilantismo», un campo propicio para la retórica antiinmigrante de la que Simcox es practicante. Este último, extremando su racismo y paranoia, solicitó a Naciones Unidas el despliegue de fuerzas especiales —los cascos azules— en la frontera con México para «contener los flujos de ilegales».

- Treinta y un indocumentados, la mayor parte de ellos salvadoreños y guatemaltecos, fueron detenidos con lujo de fuerza en el condado de Cochise, Arizona, por un ranchero de nombre Andreas Müeller. Müeller, que se dedica a entrenar perros de ataque, portaba una escopeta y para someter a los asustados migrantes, golpeó a dos de ellos con una lámpara de baterías y a otro le asestó tremendo culatazo. Y para que vieran que la cosa iba en serio, disparó su escopeta a corta distancia de una niña que viajaba con el grupo de indocumentados. Días después, el bueno de Andreas y su esposa, Linda, aprehendieron a trece migrantes más, el ranchero amenazándolos de nuevo con su infaltable escopeta y la cónyuge azuzándoles a los perros del rancho. Uno de los bravos animales lesionó a mordidas al indocumentado Roberto Zavala Campos.

- Dos organizaciones estadounidenses defensoras de derechos humanos, el Southern Poverty Law Center y el Mexican American Legal Defense and Educational Fund, presentaron en mayo del 2003 una demanda en contra de Ranch Rescue, y del dueño de un rancho localizado en el suroeste del estado de Texas. En la querella se hace constar que seis indocumentados, dos salvadoreños y cuatro mexicanos, que se habían internado en territorio de Estados Unidos, fueron aprehendidos por varios individuos vestidos con ropa caqui y armados con rifles de asalto, que se ostentaron como soldados estadounidenses. Los aprehensores llevaban un fiero perro Rottweiler. Uno de los salvadoreños fue agredido brutalmente a pistoletazos en la cabeza y a uno de los mexicanos le robaron tres mil dólares que traía escondidos en el calzado.

- En la Corte del condado de Yuma, Arizona, el juez sentenció a Matthew Hoffman a cuatro meses de cárcel e impuso un mes de reclusión a David Dumas, un par de jóvenes que semanas antes habían detenido, armados con pistolas, a una mujer migrante, a sus tres pequeños hijos y a un adolescente de dieciséis años, a quienes amenazaron y esposaron. Lo oprobioso del caso —el esposamiento de tres niños causó furor— polarizó las posiciones de racistas y defensores de derechos humanos, que se enfrentaron en el exterior de la Corte el día en que se dictaron las sentencias. Esta es la primera —y la única— ocasión en que se procede legalmente contra «vigilantes» en el estado de Arizona.

• También en Yuma y en fecha tan reciente como enero de 2006, una organización de «vigilantes» denominada Yuma Patriots llevaba aprehendidos a diecinueve migrantes mexicanos que se habían internado sin documentos a territorio estadounidense, en las cercanías del puerto de entrada de San Luis, Arizona.

Hay fronteras y regiones de asentamiento de migrantes en donde el racismo, con su cauda de «vigilantismo», deja de ser un fenómeno coyuntural para convertirse en un fenómeno estructural. Esto sucede más frecuentemente en lugares en donde prevalecen las sociedades primarias, de tipo rural, algo «primitivas», podríamos decir, sin ánimo ofensivo, como ocurre en el sureste de Arizona, que cuenta entre sus principales actividades económicas a la ganadería y en donde prevalece la cultura de la deificación de la propiedad privada, constituyendo la defensa de la misma dogma que no admite discusión. Es una región con una larga tradición de «vigilantismo», de actos violentos contra los «otros», contra los que son diferentes, a los que por su otredad se les considera como enemigos, colgándoseles el sanbenito de «delincuentes», sobre todo a inmigrantes ilegales.

En Douglas, Arizona, en año tan reciente como 1930, el alcalde y la Cámara de Comercio promocionaban el turismo, un turismo espe-

111

cial, interesado en la cacería de apaches. Turistas que quisiesen incorporarse a una expedición de rescate de Gerardo Fimbres, un chiquillo de siete años secuestrado tres años antes por una banda de la apachería. El mensaje subyacente en la promoción era la persecución y muerte de los aguerridos indígenas ¡en México! El proyecto abortó cuando autoridades de ambos lados de la frontera se pusieron nerviosas ante la idea de gringos armados incursionando en territorio mexicano.[9]

Setenta años después circularon, otra vez en Douglas, volantes en los que una fantasmal organización denominada Neighborhood Ranch Watch, pretendía convertir a turistas en mercenarios, invitándolos a cazar migrantes ilegales a lo largo de la frontera mexicana-estadounidense, todo ello de acuerdo a la «promoción», que también apareció en Internet, bajo la atractiva leyenda de *fun in the Arizona sun,* «diversión bajo el sol de Arizona».

Hay un paralelismo entre la Expedición Fimbres y Neighborhood Ranch Watch. En ambas descabelladas proposiciones la línea conductora es: «Te invitamos a cazar seres humanos como entretenimiento». El paralelismo se extiende a la perspectiva de algunos anglosajones que en 1930 todavía veían al apache como animal que debía ser cazado y exterminado. Siete décadas después, en algunos lugares del condado de Cochise, se oyen expresiones tales como que el migrante es una plaga, una alimaña cuya invasión tiene que ser detenida.

Es difícil encontrar mejores ejemplos de la tradición histórica de «vigilantismo» en el sureste de Arizona, que los dos casos anteriores.

Y lógico, ahí proliferan los grupúsculos de «vigilantes» y las milicias armadas. No es por casualidad que de los veinticinco condados estadounidenses que colindan con la frontera mexicana, es el de Cochise el que tiene el mayor número de organismos antiinmigrantes. De toda la Unión Americana, agregaría el autor.

- Roger Barnett posee un rancho al norte de Douglas, Arizona, que en su porción meridional casi limita con la línea divisoria con México. La familia Barnett alardea de haber detenido en los últimos años, siempre portando armas y con lujo de fuerza, a más de diez mil indocumentados. Lo cierto es que del total de incidentes en los que particulares armados han aprehendido a migrantes irregulares en el condado de Cochise, documentado por el consulado de México en Douglas, un sesenta y dos por ciento han sido protagonizados por los Barnett. La familia es extremadamente proclive a la publicidad y en sus incursiones en busca de indocumentados se hace acompañar por medios televisivos e impresos, ABC, NBC, *U.S.A. Today*, *Arizona Republic*, *Arizona Daily Star*, etc., y muy frecuentemente, los mismos captores y sus invitados —porque también llevan invitados— filman videos y toman fotografías de los detenidos, seguramente para el álbum familiar. He aquí varios de botones de muestra:

a) Roger Barnett aprehendió al migrante mexicano Rodrigo Quiroz Acosta, en enero de 2003, cuando éste caminaba por el acotamiento de la carretera 80, que conduce a Nuevo México. El mexicano vio que en sentido contrario transitaba a gran velocidad un vehículo que a punto estuvo de atropellarlo. Del auto se bajó un individuo corpulento con trazas de ranchero (Barnett) y sin más, empezó a agredirlo a puñetazos y puntapiés; insatisfecho, tomó una lámpara de baterías y con ella golpeó la cabeza del migrante. Del vehículo descendió la mujer que lo acompañaba, que se interpuso entre ambos para evitar que el enfurecido sujeto siguiera apaleando al migrante, el cual aprovechó el respiro para huir a toda carrera, internándose en el monte. El ranchero no se dio por

113

vencido, bajó una cuatrimoto que traía en la caja del *pick-up* y fue tras el aterrorizado ilegal, al que dio alcance en un lomerío. Por fortuna, en ese momento aparecieron agentes de la Patrulla Fronteriza que se hicieron cargo del perseguido.

b) En diciembre de 2003, dos individuos vestidos con ropa de camuflaje, portando cada uno un rifle AR-15 y una escopeta y acompañados de un perro, salieron al paso de un grupo de doce migrantes que incluía a cuatro mujeres y tres niños, en un paraje al norte de Douglas, Arizona. Los individuos así armados se bajaron de un vehículo tipo *pick-up* en cuya caja traían un par de cuatrimotos, y ordenaron a los indocumentados que se detuvieran. Atemorizados por el despliegue de armas, los migrantes huyeron a toda carrera, siendo entonces cuando los frustrados aprehensores accionaron sus armas, primero los rifles y después las escopetas. Cada individuo hizo por lo menos veinte disparos sin que por fortuna se produjeran víctimas. Los indocumentados no pararon hasta que arribaron a territorio mexicano. Por la descripción de quienes les dispararon, por el *modus operandi* y porque el incidente se produjo en terrenos del rancho de Roger Barnett, la presunción general fue que en el incidente participaron miembros de la familia de ese apellido. Roger Barnett ha encabezado también manifestaciones contra la inmigración frente al consulado de México en Douglas.

c) Una veintena de migrantes mexicanos, seis mujeres incluidas, fue detenida por Roger Barnett y esposa, cerca de la carretera 80, el 7 de marzo de 2004. El ranchero iba a bordo de una cuatrimoto, acompañado del infaltable perro. En cuanto los vio, desenfundó la pistola y les apuntó con el ar-

114

ma, la cual movía amenazadoramente en abanico para cubrirlos a todos, insultándolos en todo momento, mientras que el perro circulaba gruñendo entre los indocumentados. A una de las migrantes, Ana María Vicente Camilo, que se encontraba sentada, le espetó: «Levántate, perra». Aparentemente la chica no lo hizo con la celeridad deseada y Barnett la pateó en dos ocasiones. Uno de los puntapiés le hizo añicos una estatuilla religiosa que cargaba. La Patrulla Fronteriza apareció poco después y se los llevó detenidos. Todos los ilegales manifestaron haberse sentido atemorizados por la violencia exhibida.

¿Consecuencia del anterior estado de cosas? La impunidad.

Pese a que en cada actuación de «vigilantes» y particulares armados que realizan detenciones de indocumentados en Arizona, los consulados mexicanos demandan por escrito las investigaciones correspondientes de las autoridades condales, estatales y federales, ni una sola de esas exigencias de justicia ha prosperado. Tan sólo el consulado de México en Douglas ha contabilizado en los últimos años, hasta marzo de 2006, sesenta y siete casos de aprehensiones de indocumentados realizadas por ciudadanos estadounidenses que no pertenecen a corporaciones del orden, y a los sesenta y siete escritos que exigían acción legal se ha contestado invariablemente con un «…no hay delito que perseguir». Como dicen en México, un nadar de muertito explicable —que no justificable— sobre todo en el caso de procuradores de condado de elección popular que piensan siempre en términos de los próximos comicios y de la posible respuesta de sus *constituents*, sus electores, la mayor parte miembros de esa sociedad rural de la que se habla.

La única excepción a esta situación en Arizona, ya la mencionábamos párrafos atrás, ocurrió en el condado de Yuma, en donde dos jóvenes racistas fueron sentenciados con algunos días de cárcel por la detención y esposamiento de una mujer, un adolescente y tres niños.

No en vano ONG reconocidas por su lucha contra la intolerancia y la xenofobia, como el Southern Poverty Law Center, han etiquetado a las organizaciones de «vigilantes» en el sureste de Arizona como *hate groups*, es decir, grupos de odio.

El reverendo Robin Hoover, presidente de Fronteras Humanas, califica a «vigilantes» y miembros de milicias armadas como «evangelistas del miedo».

Coincidimos con él.

¿Qué pasa con los muertos?
¿Y con los deudos?

Señor, ¿qué pasa con los muertos?

¿A dónde van los restos mortales de quienes fallecen en su intento por cruzar la frontera?

Si son identificados y si la frontera es la que comparten México y Estados Unidos, hay un *modus operandi* perfectamente definido y llevado a cabo casi siempre por las representaciones consulares mexicanas.

La idiosincrasia de la familia mexicana no contempla la posibilidad de que el ser querido repose en otro lugar que no sea el solar nativo. Los mexicanos van a querer repatriar siempre a sus fallecidos, nada de que se les dé sepultura en el lugar donde cayeron. Para ello recurren al auxilio de sus consulados en la Unión Americana. Es la Secretaría de Relaciones Exteriores la que carga, literalmente, con el muerto.

Las representaciones consulares son coadyuvantes en la identificación del cadáver encontrado en el desierto, en las estribaciones de la montaña, en corrientes de agua, por algún vaquero, excursionista, agente de la Patrulla Fronteriza. Los cónsules trabajan coordinadamente con las agencias policiacas, con los médicos forenses; se hacen

117

cargo de los documentos que los fallecidos traen entre sus ropas o en las mochilas. Recaban los infaltables minúsculos papelitos en los que, a veces a lápiz, aparecen apuntados números telefónicos de la familia que quedó atrás en Guanajuato, Guerrero, Puebla, o de los parientes y amigos con los que ya no se van a reunir en Chicago, Los Ángeles, Atlanta. Benditas sean las credenciales de elector mexicanas. Si no fuera por ellas, muchos de los muertos en el cruce permanecerían en calidad de desconocidos y su morada final sería en todo caso la fosa común extranjera, muy lejos de la tierra de origen. Es impresionante el número de mexicanos que portan credencial para votar, que trae la fotografía, el domicilio y la fecha de nacimiento del votante. Para muchos paisanos, de hecho ése es el único documento de identificación.

Cuando el migrante que perdió la vida en algún remoto paraje no trae documento alguno que lo identifique, cuando no hay testigos presenciales de su fallecimiento —algún compañero de viaje o el mismo «coyote»—, los consulados hacen un cruce de los datos aportados por familiares en las solicitudes de búsqueda de algún ser querido, con la información en poder de los forenses y con las características del occiso, y cuando se tiene razonable certeza respecto a la identidad del ser humano que dejó de existir, viene lo traumático, lo desgastante, el momento que todo funcionario consular teme: la notificación de la muerte del infortunado individuo.

Hay una secuela y secuencia en las reacciones por parte de las víctimas de una tragedia de esta naturaleza, un patrón que casi no varía.

El funcionario consular aspira hondo, toma el teléfono, marca determinado número en algún poblado de uno de los tantos estados mexicanos expulsores de migrantes y alguien responde al otro lado del hilo telefónico.

El funcionario se identifica y pregunta:

—¿Es usted fulano o fulana de tal?

Si la respuesta es afirmativa, el funcionario prosigue:

—¿Es usted la esposa (mamá, hija, hermana) de Juan Pérez?

Desde que fulano o fulana escucha que habla alguien de algún consulado mexicano, se pone en guardia y para cuando le preguntan sobre su relación familiar con «Juan Pérez», casi es audible por el teléfono el vuelco que le da el corazón.

El funcionario traga saliva y continúa:

—Mire usted señor(a), con mucha pena le informo que su esposo (hijo, hermano), murió en tales o cuales circunstancias al cruzar hacia Estados Unidos y…

Entra en ese momento la etapa de la incredulidad mezclada con la agresividad de quien, angustiado(a) por lo que está oyendo, no sólo se niega a creer la infausta nueva, sino que se siente agredido(a) por la misma. Y casi le grita, con toda la rabia del mundo, al funcionario, palabras más, palabras menos:

—Óigame, está usted equivocado, si hace unos cuantos días Juan me habló por teléfono desde Matamoros (Nuevo Laredo, Ciudad Juárez, Nogales) para decirme que todo marchaba bien, que ya iba a cruzar y que pronto tendría noticias de él desde Chicago (Los Ángeles, Atlanta). Ese muerto de que habla debe ser otro, ¿por qué mete usté la pata de esa manera y cómo se atreve a molestarme para…

El funcionario la escucha pacientemente y la deja desahogarse. Y vuelve a la carga, porque es su obligación.

—Señora, entendemos su dolor, pero déjeme decirle, tenemos documentos que identifican al señor Juan Pérez y ¿de dónde cree que obtuvimos su número telefónico?

Poco a poco cede la autodefensa del automático rechazo a lo que desgarra el corazón, y un asomo de duda empieza a reptar. Para cuando el funcionario describe la media filiación, alguna señal física del fallecido, como cicatrices o tatuajes; para cuando da santo y seña de la peculiar hebilla del cinturón del occiso o de la estampita religiosa que traía en la cartera, la persona al otro lado del hilo telefónico comienza a admitir que, en efecto, ha perdido para siempre al ser querido.

Y en ese momento entra en juego la siguiente etapa, sobre todo en el caso de mujeres: el colapso nervioso. La ahora viuda o huérfana, hermana o madre, «se quiebra». Lanza el teléfono al aire, se desploma entre desgarradores ayes de dolor y, víctima del *shock*, no es de momento interlocutora válida para los detalles que tienen que ultimarse.

El funcionario consular espera en la línea con paciencia a que alguien recoja el aparato. Y nunca falta la hermana, la comadre, la vecina, que se acomiden a tomar la bocina. Y con ellos inicialmente se da el diálogo tendiente a la repatriación de los mortales restos.

Las reacciones anteriormente mencionadas traen a mente el relato de una madre estadounidense a la que se le notifica que su joven hijo murió en combate en Irak.

Cuenta la madre que cuando responde al toquido en la puerta y ve a un par de solemnes oficiales de las fuerzas armadas en uniforme de parada, sabe de inmediato de qué se trata. Y negándose a la realidad, piensa que mientras no les permita entrar a la casa, no le van a poder comunicar la infausta nueva y, en consecuencia, la tragedia no existe.

El militar que trae la penosa encomienda insiste:

—Señora, necesitamos pasar y hablar con usted

Y la mujer sigue aferrada a la irrealidad, y repite, una y otra vez:

—Lo siento, pero no pueden pasar.

Algo parecido a lo que sucede inicialmente con los deudos de los migrantes muertos.

Y el siempre presente problema —por lo menos hasta 2004— de cómo costear dicha repatriación. Enviar un cuerpo por vía aérea desde alguna ciudad estadounidense cercana a la frontera hasta alguna de las principales ciudades de México tiene un costo que oscila entre los dos mil y los tres mil dólares, incluyéndose en dicha suma los trámites, la preparación del cadáver, el féretro y la transportación. Y las familias de los migrantes muertos son invariablemente de escasos o inexistentes recursos. Todavía hasta el año citado los consulados mexicanos aportaban determinada cantidad para la repatriación y tenían que hacer labor de cabildeo con los gobiernos municipales y estatales del lugar de origen del desaparecido, con las oficinas estatales de auxilio al migrante, con la parentela de Juan Pérez, la que vive en Estados Unidos y que se supone está más solvente que la que se quedó en México. Y así, finalmente se acababa el dinero y el compatriota era regresado a la tierra que lo había visto nacer y que lo recibía de nuevo amorosamente. A partir de 2004 las cosas cambiaron: el gobierno de México decidió que, por decoro, se pagaría el total de los gastos de repatriación del indocumentado fallecido. Si las condiciones prevalecientes en la nación mexicana ocasionaron la salida del migrante en busca de su supervivencia, lo menos que el país podía hacer era costear el retorno de sus restos mortales.

La cultura funeraria mexicana no admite todavía, en términos generales, la cremación. Son contados los casos en que nuestra gente está de acuerdo en la incineración de restos. Hay ocasiones en que lo que se repatría son de hecho huesos y restos de tejidos epidérmicos, pues el occiso permaneció a la intemperie meses enteros antes de ser descubierto. Aun así, los familiares en México quieren intactos dichos despojos. No permiten que se incineren.

¿Y los que no son identificados?

Si son inidentificables porque carecen de facciones y rasgos físicos —a veces es difícil definir el sexo del occiso— como consecuencia del lapso que permanecieron sujetos a la acción de los elementos y de los animales depredadores; si no traen un solo documento encima, si no existe el testimonio de algún acompañante, ¿cómo se sabe en principio que se trata de migrantes «ilegales»? Bueno, por detalles que no pasa por alto el observador avezado. Los indocumentados que cruzan en invierno por las montañas acostumbran ponerse un pantalón encima de otro. En los dobladillos de la ropa interior, en los calcetines, guardan dinero para no ser despojados en caso de asaltos. Cerca de donde yace el cuerpo quedan muy frecuentemente el recipiente de plástico en el que llevaban el agua y alguna mochila. Y los restos aparecen en las brechas, veredas, márgenes y cauces de arroyos secos, en pleno desierto, en las rutas habituales de quienes migran en busca de un futuro mejor.

Si los restos no son identificados, van a parar a la fosa común y ésta es una de las grandes tragedias del drama migratorio que merecen más atención que la que hasta ahora se les ha prestado.

Desde que la Patrulla Fronteriza puso en marcha los *operativos* a lo largo de la frontera con México, con la intención de «sellar» los tradicionales lugares de cruce, allá por 1993, son ya centenares —¿millares?— las ocasiones en que funcionarios consulares de México, sobre todo en Arizona, aspiran hondo, toman el teléfono y empiezan:

—Con mucha pena le informo que su esposo (hijo, hermano, etc.) murió en tales o cuales circunstancias al cruzar hacia…

Demasiadas llamadas telefónicas.

¿Y qué sucede con los migrantes capturados?

Si la frontera de Arizona con Sonora es el embudo por donde se canaliza mayoritariamente el flujo de migrantes indocumentados a lo largo de la línea divisoria entre México y Estados Unidos, el sureste de la primera entidad citada es el área específica que registra el mayor número de cruces, por lo menos hasta el verano de 2005. Y es que en el sureste se localiza el condado de Cochise, con sus ciento treinta y cinco kilómetros de frontera con México, y ahí también se ubica el corredor Naco-Douglas, y frente a Cochise, del lado mexicano, se define un triángulo cuyos tres vértices son Agua Prieta, Cananea y Naco.

El triángulo de referencia, en el noreste sonorense, es, junto con el binomio Altar-Sásabe, la zona de arribo y concentración de los indocumentados que fluyen de todo México y Centroamérica, así como de otras partes del mundo. Es el punto de partida, también, de los que «van pa'dentro», para adentro de la Unión Americana.

Las estadísticas de aprehensiones que realiza la Patrulla Fronteriza es uno de los referentes de cómo se comporta el flujo de la inmigración irregular. En los primeros siete meses de 2005, en el Sector Tucsón de la Patrulla Fronteriza, que a excepción del condado de

Yuma incluye a todo Arizona, habían sido detenidos 300,866 migrantes. Una tercera parte de ellos —99,269— fueron aprehendidos por personal de las estaciones Douglas, Naco y Willcox, de dicha corporación, que se localizan en el condado de Cochise. De hecho, las tres estaciones promediaron 14,285 aprehensiones de indocumentados por mes, de enero al 31 de julio del año de referencia. Casi quince mil migrantes, la abrumadora mayoría mexicanos, expulsados cada mes, nada más por las fronteras de Agua Prieta y Naco, Sonora.

Todo lo anterior influyó seguramente en la declaratoria local de emergencia que se dio en el condado de Cochise a finales de agosto de 2005.

¿Qué pasa con estos seres humanos capturados?

El proceso de deportación de un migrante detenido empieza de hecho en el campo, momentos después de la detención. Es ahí donde los capturados tienen que proporcionar sus nombres, fechas de nacimiento, lugares de origen, nombres de los padres, etc. Los agentes anotan otros detalles como el lugar y la hora de la aprehensión, el número de integrantes del grupo arrestado.

Los indocumentados tienen tres opciones: 1) comparecer ante un juez de migración para exponer argumentos que justifiquen su permanencia en Estados Unidos; 2) solicitar asilo político bajo la premisa del supuesto peligro que corren de ser regresados al lugar de procedencia y, 3) la salida voluntaria. Esta última es la más popular de las opciones. El 99.9 por ciento de los migrantes que tienen oportunidad de hacerlo se acogen a dicha alternativa, pues ello implica que son devueltos a territorio mexicano con la posibilidad de volver a intentar el ingreso al vecino país del norte.

Es en función de la tercera opción como la gran mayoría de los centroamericanos aprehendidos proclaman ser mexicanos, porque si

124

admiten ser guatemaltecos, salvadoreños, hondureños, etc., los ponen bajo la custodia de sus respectivos consulados generales, la mayor parte de ellos localizados en Los Ángeles, California (salvo El Salvador, que acaba de abrir un consulado general en Nogales, Arizona), y acaban por ser deportados a sus lugares de origen, con lo que pierden la muy considerable inversión que hicieron para salir de sus naciones, atravesar todo México y cruzar hacia la Unión Americana.

Aquí se dan situaciones que podrían tener ribetes humorísticos, si no fuera por el drama que encierran. La Patrulla Fronteriza acude al personal de los consulados mexicanos en la frontera para que ayude a determinar si tales o cuales migrantes son realmente mexicanos. A propósito, México no acepta la repatriación de migrantes que no sean de su nacionalidad.

Y en alguna de las celdas de alguna de las estaciones de la PF, comienza el duelo de preguntas y respuestas.

—¿De dónde es usted? —inquiere el empleado consular.

—De Chihuahua —responde un individuo, que a diferencia de los chihuahuenses, apenas levanta el metro y medio de estatura.

—¿De qué parte de Chihuahua? —se insiste.

—De Puebla, Chihuahua —aclara.

—¿Cómo se llama el gobernador de Chihuahua? —se le pregunta por no dejar.

Aquí hay dos frecuentes y posibles respuestas:

a) —Vicente Fox.

b) —No sé porque nunca he salido de mi pueblo.

Aun confrontados con la evidencia de no ser nacionales mexicanos, los desesperados migrantes se obstinan en proclamarse como tales y juran que son «de un ranchito de Chiapas», o de «Tabasco, Veracruz». Muchas veces al funcionario consular se le apachurra el

corazón porque entiende la angustia de ese particular centroameri-
cano o sudamericano que, latinoamericano al fin, es también hermano.

Pero volviendo al procesamiento de los indocumentados reclui-
dos en las celdas de las estaciones, los agentes vuelcan la información
recabada en la base de datos de sus sistemas de cómputo; toman la
fotografía del detenido y escanean sus huellas digitales. Si de la con-
sulta a la base de datos se desprende que el detenido tiene cuentas
pendientes con la justicia de alguna entidad estadounidense, se infor-
ma a la autoridad correspondiente, y si se decide la extradición a ese
estado, el Departamento del Sheriff se hace cargo del detenido. Si
hay antecedente de deportaciones previas, el indocumentado com-
parece ante un juez de migración que decide su suerte. Si no hay récord, el migrante puede acogerse a la figura de salida voluntaria (*vo-
luntary departure*) y es entonces regresado a suelo mexicano, de ser esa
su nacionalidad.

Para esto último, la Patrulla Fronteriza tiene un «techo» de más
o menos diez aprehensiones previas, aunque esta cifra varía de estación a estación. Es decir, todavía con una decena de arrestos en su
haber, el indocumentado puede esperar ser devuelto a territorio de
México. Más allá de la decena o docena de detenciones, la PF empieza a sospechar que a la mejor el fulano es coyote y su suerte entonces pende de un hilo. Hay una regla de oro en todo lo anteriormente
descrito: no separar a los miembros de una familia, sobre todo si en
la misma hay menores de edad.

Llegan las vagonetas de la Patrulla Fronteriza hasta la delimitación con México y ahí descargan a los agotados migrantes. Los agentes permanecen vigilantes para que los mexicanos regresen a su país. Y se despiden de ellos en un champurrado español:

—Adiós, buena suerte.

—Hasta más tarde —contestan sarcásticos los paisanos.

El intercambio de palabras refleja la realidad imperante. La frontera es una puerta revolvente. Los indocumentados son expulsados a Ciudad Juárez, Nogales, San Luis Río Colorado, Tijuana, Agua Prieta, y de inmediato contactan a los coyotes con algunos de los cuales existe el compromiso de varios intentos de cruce, para ganarse la paga. Hay ocasiones en que un paisano es aprehendido por determinado «migra» que inicia su turno, y es devuelto a territorio mexicano. Antes de que termine el turno del aprehensor, el mismo «migra» vuelve a detener al mismo paisano.

De esa manera un indocumentado puede acumular, si trae el santo de espaldas, media docena de aprehensiones en el curso de dos o tres días.

Los programas de repatriación por vía aérea, el lateral (a Texas) y los realizados al interior de la república mexicana, han sido originados por las autoridades estadounidenses como un remedio a esa puerta revolvente.

A propósito del síndrome de las naves quemadas.

Lo cierto es que en este estado de cosas se establece un círculo vicioso. Tome usted por caso el de una chica morelense, madre soltera, que deambula por la Plaza Azueta de Agua Prieta. Ha intentado cruzar tres veces y tres veces ha sido detenida y expulsada. Su intención es llegar a Nueva Jersey, en donde piensa trabajar en un restaurante para poder mantener a su pequeño hijo de un año de edad. Pero se encuentra atrapada en Agua Prieta. Gastó ya cinco mil pesos en llegar a la frontera y necesita otros cinco mil para regresar a casa o para intentar de nuevo la internación al país vecino. Y no los tiene. Vaya, de hecho no tiene ni para comer. Ha pasado horas debatiendo consigo misma si habla por teléfono con su familia, con la que está en conflicto, para que le mande dinero.

Los polleritos son los que hacen su agosto. Dos chavos, no mayores de diecisiete años, uno de Chihuahua y el otro de Ciudad Obregón, se embolsan algunos centenares de dólares *freelancing,* es decir, como coyotes de oportunidad. Cruzando paisanos han sido ya detenidos varias veces, pero se entremezclan con los «clientes» y hasta el momento no han sido catalogados como traficantes.

En el consulado mexicano en Douglas, la gente del Departamento de Protección recuerda aún el caso de la poblana Pascuala Pérez Díaz. En pleno verano cruza la joven mujer por Naco con otros migrantes, camina como poseída y al cabo de dos días de cruentas marchas, se deshidrata y cae. Para su fortuna, el grupo es sorprendido por la Patrulla Fronteriza y ella va a parar al hospital de Bisbee, en donde en cuanto la reviven, la botan. La recoge el personal consular y la lleva al hospital municipal de Agua Prieta para que acabe de reponerse, porque de plano se ve muy mal. La chica, toda temblorosa, enfatiza que va a intentar de nuevo el cruce. Se le hace ver el terrible riesgo que corre en el estado en que se encuentra, pero la mujer está aferrada en reunirse con sus hermanos, que la esperan en Estados Unidos. Días después los empleados consulares regresan al hospital aguapretense y la joven se ha ido. Nunca se supo si había intentado de nuevo el cruce, si llegó a su destino o si acabó tirada en el desierto.

De ese tamaño es la necesidad.

Un sistema fuera de control

> Un chiste malo: «*Cientos de estadounidenses se interesaron en patrullar la frontera con México para impedir la inmigración ilegal... desafortunadamente se pagaba tan poco que los únicos que aceptaron el trabajo fueron inmigrantes ilegales*».
>
> JAY LENO EN *THE TONIGHT SHOW*

A la relación bilateral entre Estados Unidos y México le asoma, a manera de faldilla, una contradicción básica. Ambas naciones han sido capaces de articular un mercado binacional en el que fluyen más o menos libremente los bienes, los servicios y los capitales, pero no los trabajadores. Más claro, ha habido una integración de todos los mercados, excepto el laboral.

El reforzamiento de la frontera de ninguna manera ha disuadido al migrante indocumentado; en 2004 el Consejo Nacional de Población cuantificó en cuatrocientos mil el número de mexicanos que emigraron hacia Estados Unidos y ya se mencionó en capítulo anterior que en 2005 la Patrulla Fronteriza capturó en Arizona a poco más de medio millón de «ilegales». Pero esa cornucopia desbordada de elementos humanos y recursos materiales sí ha tenido sorprendentes consecuencias. Ha asentado a los «ilegales» en los destinos de arribo porque con tanta «migra» y siendo tan alto el riesgo de aprehensión o muerte, está de pensarse el regresar a México para visitar a la familia y enfrentar de nuevo la bronca de cruzar la frontera. Deciden entonces los paisanos traer a los familiares más cercanos y es a causa de lo anterior —la reunificación familiar y la pérdida de la circularidad del flujo— que el número de indocumentados que residen en Estados Unidos se ha disparado estratosféricamente.

La criminalización de empleadores que ofrecen plazas de trabajo a indocumentados origina que los patrones contraten ahora a través de intermediarios. Los subcontratistas llevan a cabo el papeleo y arrostran los riesgos legales inherentes y, a cambio, se quedan con una considerable porción de los salarios de los migrantes, contribuyendo con ello a la disminución de los sueldos de quienes hacen el trabajo.

En lo que coinciden las facciones en pro y en contra de la inmigración en el vecino país del norte, es en el hecho irrefutable de que las políticas migratorias, las estrategias de contención del flujo, el *enforcement,* que es la aplicación de la ley de inmigración, nomás no han funcionado. El sistema está fuera de control.

A propósito de *enforcement,* el sociólogo de la Universidad de Princeton Douglas Massey manifiesta en un estudio que publica el Instituto Cato, que el endurecimiento en la aplicación de la ley ha tenido inesperados resultados, alguno de ellos trágico, como el aumento en el número de migrantes muertos. Otro más es el decremento en la tasa de aprehensiones. Según Massey, porque el migrante cruza por lugares más remotos, la Patrulla Fronteriza captura ahora a uno de cada veinte indocumentados, mientras que en los años ochenta detenía a uno de cada tres; en costo esto significa, según el sociólogo, que el gobierno estadounidense gasta en los actuales tiempos mil setecientos dólares por cada ilegal capturado, contra diez dólares por aprehendido en 1986.

He aquí algunas reflexiones en torno a posibles soluciones para ordenar este desorden, valga la redundancia:

- Como premisa fundamental, encauzar el flujo migratorio por canales legales y controlables mediante programas temporales de trabajo.
- Independientemente de que tres de cada cuatro mexicanos que emigran a Estados Unidos lo hacen ilegalmente, el hecho es que preferirían ingresar legalmente. Pero, ¿cómo hacerlo si Estados Unidos concede algo así como cinco mil visas anuales para trabajadores no calificados, pese a que la economía de dicho país requiere de centenares de miles de trabajadores para servicios, procesamiento de alimentos, labores agrícolas, de construcción, etc.?
- Hay que enfrentar realidades. Y una de ellas son los once/doce millones de indocumentados —las cifras varían de acuerdo a quien las maneja— que ya residen en Estados Unidos, en donde han formado familias, poseen casas, muchos tienen negocios; individuos que han armado sus existencias en el vecino país. ¿Qué hacer con ellos? Porque, a propósito de realidades, es irreal pensar en deportar a once millones de personas. En la propuesta migratoria de los senadores John McCain y Edward Kennedy se aborda esta faceta de la regularización, y de ello se habla en otro capítulo.

EL *CATCH-22* EUROPEO

Europa enfrenta un conflicto de monumentales proporciones. Los veinticinco estados miembros de la Unión Europea no le encuentran la cuadratura al círculo en cuanto a la integración de los nuevos inmigrantes, muy especialmente los musulmanes, para hacer realidad el mantra de la UE de «Unidad en la diversidad», equivalente al lema estadounidense de «Vida, libertad y la búsqueda de la felicidad» (*Life, liberty and the pursuit of happiness*), consignado en la Declaración de Independencia.

En el Viejo Continente, como en Estados Unidos, las empresas pretenden reducir sus costos de producción contratando inmigrantes a los que pagan poco, para de esa manera competir en el mercado mundial. Sin embargo, y he aquí la contradicción, no deja de preocupar a los europeos el hecho de que la oleada de inmigrantes se quede con las escasas vacantes en los sectores industrial y de servicios, en un mercado laboral con un alto índice de desempleo, ello al margen de que la mano de obra inmigrante, muy barata, deprime los salarios en general.

Y como no hay nada nuevo bajo el sol, a semejanza de los estadounidenses, a los europeos les da taquicardia de pensar que los inmigrantes constituyen una pesada carga para su sistema de seguridad social.

Por otra parte, la verdad es que Europa encara también el problema —más aún que Estados Unidos— de una bajísima tasa de fertilidad, la más baja del mundo. Se afirma que «Europa se está convirtiendo en un enorme asilo».[10]

Y es aquí, como en la novela del mismo título de Joseph Heller, que surge el *catch-22* europeo: por una parte Europa necesita desesperadamente de los inmigrantes para sobrevivir y competir, y por otro lado, son esos centenares de miles de inmigrantes los que amenazan con desbordar el precario sistema de seguridad social y, lo que quizás preocupa más, afectar la identidad cultural, el equivalente europeo del *American way of life*.

Recientemente se han dejado oír voces exponiendo la tesis de que México, uno de los principales países expulsores de migrantes en el mundo, tiene que dejar claro, en el contexto del «problema» —así lo llaman en EU— migratorio, qué está dispuesto a hacer para coadyuvar en la solución del «fenómeno» —así lo llaman los mexicanos— de la migración, que incide en ambas naciones.

En declaraciones de altos funcionarios mexicanos, en foros, en artículos periodísticos, se aborda con mayor frecuencia la necesidad de una aportación propositiva de la parte mexicana, que desemboque en acciones específicas, contribuyendo así al objetivo de alcanzar una reforma migratoria con el corolario de un acuerdo que regularice y ordene la emigración hacia Estados Unidos.

Dice Rafael Fernández de Castro, un experto en el tema, que «… México tiene que cambiar su imagen, pues es considerado en el Capitolio y en las oficinas del Ejecutivo [estadounidense] como una especie de "gorrón", que exige se hagan cambios y se mejore el clima migratorio sin ofrecer nada a cambio». Cita el especialista los comentarios de funcionarios estadounidenses en el sentido de que «México tiene que insistir en un discurso y una política económica de creación de empleos y crecimiento económico».[11]

El embajador Gustavo Iruegas, una de las mentes más lúcidas del Servicio Exterior Mexicano, expresa que «… produce escozor, para México, el trato vejatorio que se les da a nuestros connacionales, y para los estadounidenses, la pretensión mexicana de que entrar a Estados Unidos sin permiso es prácticamente un derecho».[12]

El propio secretario de Relaciones Exteriores de México, Luis Ernesto Derbez, plantea discutir una nueva agenda de política exterior, «ya que no hay una visión de conjunto de lo que queremos». El canciller mexicano considera necesaria una discusión nacional sobre el tema, y al referirse a los cuatrocientos mil mexicanos que emigran anualmente hacia el norte, enfatizó con insólita franqueza: «Fundamentalmente le estamos exigiendo a Estados Unidos que les dé cobijo y garantía, pero lo que no estamos definiendo los mexicanos es qué estamos haciendo para que se queden en México».[13]

Haría falta, en efecto, una autoevaluación de nuestro enfoque en torno a la migración para determinar qué es lo que vamos a aportar al debate en el que continuamente exigimos.

Negociación en la que sólo se demanda, no es negociación.

El drama de los no identificados

«México lindo y querido,
si muero lejos de ti,
que digan que estoy dormido
y que me traigan aquí»[14]

Según organizaciones no gubernamentales estadounidenses, una tercera parte de los aproximadamente tres mil seiscientos migrantes muertos al tratar de internarse en Estados Unidos desde México en los últimos once años, a partir de la instauración de la Operación *Gatekeeper* en California, no ha sido identificada. Mil doscientos —en números redondos— seres humanos, la mayor parte mexicanos, cuyos deudos no tienen siquiera el consuelo de poder musitar una oración ante sus mortales restos. Más de un millar de John Does y Jane Does, individuos anónimos con los que los mexicanos tenemos una deuda aún no saldada.

Lo anterior a su vez implica que centenares de familias viven día a día el trauma, la angustia de no saber el paradero del ser querido. Existen con la terrible presunción, nunca transformada en certeza, de que el esposo, el hijo, el hermano, el pariente, perdieron la vida en el cruce. Estos infortunados, a diferencia de otros dolientes, no poseen siquiera el consuelo de saber qué fue lo que pasó. No han podido dar cristiana sepultura en el solar nativo a los restos de quienes fueron parte integral de sus vidas. Para ellos no hay descanso posible.

Es un estado de cosas que por humanitarismo y sentido de decoro nacional, habida cuenta de que la enorme mayoría de los no identificados son mexicanos, tiene que enfrentar la nación mexicana.

Y hay que decirlo claramente, sin ambages: devolverles los nombres que llevaron en vida a los centenares de migrantes que yacen en fosas comunes a lo largo del suroeste de Estados Unidos, es una exigencia moral. Y el hecho de que no se haga todo lo posible por rescatarlos del anonimato constituye, a juicio de la Corte Interamericana de Derechos Humanos, una violación a los derechos humanos de familiares a los que se niega el consuelo de sepultar dignamente a sus seres queridos.

¿Qué tan dramático y trascendente es el tema de los no identificados para los cientos de angustiadas familias mexicanas que no saben qué pasó con el pariente que se fue «al otro lado», aun cuando se presume que pudo haber quedado muerto en el cruce?

«… las vidas de esas familias permanecen en un estado de suspenso… necesitan certeza, prueba tangible de la muerte de su migrante, necesitan la conclusión que se deriva del reconocimiento de la pérdida y de la inhumación en sí… necesitan darle apropiada sepultura al cuerpo o a los restos esqueléticos —un imperativo en casi todas las culturas y religiones—, necesitan del arraigado gesto ritual consistente en un breve, íntimo momento con su muerto —mirarle el rostro cuando es posible, tocar el ataúd, permanecer en presencia de los despojos por un corto lapso— … sobre todo en México, en donde prevalecen elaborados rituales que vinculan a vivos y muertos».

«… la imposibilidad de dar adecuada sepultura al ser querido origina un sentimiento de rabia y culpa. El dolor se convierte en algo crónico… por otra parte, las familias de indocumentados que no aparecen y de los que se presume han muerto, enfrentan problemas económicos, sociales y legales. Para dichas familias es imposible definir quién es dueño de qué cosa, y las mujeres, posibles viudas, no pueden casarse de nuevo para rehacer sus vidas. En términos generales, mientras que los cuerpos o restos esqueléticos permanecen sin ser identificados ni reclamados, las familias a su vez deambulan por un escenario emocional. Alguien dijo por ahí: los sobrevivientes simplemente no pueden vivir con los cuerpos de los muertos flotando en el limbo».[15]

Los conceptos anteriores aparecen consignados en una disertación de Claudia Smith, la incansable luchadora por los derechos humanos de los migrantes, que ha hecho de la causa de los no identificados, un apostolado.

¿A dónde van los muertos... no identificados, Señor, a dónde van?

Si es el condado de Imperial, en California, van a dar al lote de indigentes —*pauper's grave*— del cementerio Terrace Park de Holtville, a dieciséis kilómetros al norte de Mexicali. Se trata de una desolada superficie de dos hectáreas de tierra aterronada, sin pasto, sin flores, sin lápidas, separada del resto del verdeante y bien cuidado panteón lleno de monumentos mortuorios, por un seto que tapa la vista de una sección que los mismos estadounidenses describen como *godforsaken*, «dejada de la mano de Dios». Ahí están enterrados trescientos cincuenta no identificados, el noventa y cinco por ciento de los cuales son indocumentados, la enorme mayoría mexicanos. En cada tumba aparece un ladrillo con el nombre de John Doe, si fue varón, o Jane Doe, si se trata una fémina.

El condado de Imperial empezó a usar el cementerio de Holtville después de que el lote de indigentes en el panteón de El Centro rebasó su capacidad.

David Benavídez, empleado de la agencia funeraria que se encarga de las inhumaciones de desconocidos, acostumbra musitar una

137

oración por aquellos a los que conduce hasta su última morada. Y mientras que los panteoneros echan paladas de tierra sobre los austeros ataúdes de aserrín prensado con asideros de plástico, un número de la oficina del médico forense inscrito en la tapa del féretro, Benavídez entona: «*The Lord is my shepherd, I shall not want... He leads me beside the still waters... goodness and mercy shall follow me...*»[16]

La suprema ironía: una oración en inglés para los —a todas luces— migrantes mexicanos que nunca entendieron dicho idioma.

En los otros sepulcros de no identificados se advierten pequeñas cruces blancas con la leyenda de «no olvidado» o «no olvidada», colocadas por activistas de derechos humanos durante la Semana Santa de 2003. ¿Por qué las cruces y por qué en Semana Mayor? En Mateo 27: 3–8, las Sagradas Escrituras relatan que el primer Campo del Alfarero fue comprado como cementerio para «extranjeros» con las treinta monedas que le pagaron a Judas por su traición.

En el condado de San Diego, California, los migrantes que carecen de identificación —unos cincuenta— son sepultados en el cementerio Mount Hope, de la calle Market, en un delgado corredor de tierra suelta, a un lado de las vías del ferrocarril, sin señalamiento alguno. También ahí, a falta de modestas lápidas de cemento, los mismos activistas han dejado sobre las tumbas cruces blancas de madera con idénticas leyendas.

En el condado de Pima, Arizona, en los años 2003 y 2004, ochenta y un cuerpos de presuntos migrantes no identificados fueron a parar a las fosas comunes de varios cementerios de Tucsón, el Evergreen entre ellos.

En la población de Douglas, en el condado de Cochise, Arizona, de los catorce migrantes sepultados en la tierra rasa del lote de indigentes del cementerio del Calvario, trece son auténticos indocu-

138

mentados que han sido inhumados en cajas de cinc sobre las que con plumón se ha escrito la leyenda de *unidentified male* (o *female*) —varón o mujer no identificado(a)—, la fecha en que los restos mortales fueron encontrados y las iniciales ME de *Medical Examiner*, como es denominado el médico forense en Estados Unidos. En la cabecera de la tumba se coloca una lápida de granito con el consabido John Doe (o Jane Doe), y un número.

La decimocuarta migrante ahí inhumada es la excepción. Ella sí fue identificada: se trata de la brasileña María Aparecida Rodríguez, quien murió a los veintinueve años de edad. Su identificación fue posible porque se le encontró entre sus ropas el pasaporte expedido por el gobierno de Brasil. Se le sepultó en la fosa común junto con los carentes de identidad porque nadie reclamó su cuerpo.

Es ya insoslayable, pues, un mecanismo que contribuya a la solución del ingente problema descrito, y que tenga las siguientes metas:

1. Tratar de establecer en el mayor número de casos posible la identidad de los hasta ahora desconocidos que han perecido en circunstancias de cruce.
2. Reunir los restos mortales así identificados con sus familiares.
3. Definir un esquema que permita la identificación de futuras víctimas antes de que se las sepulte en fosas comunes.

Al respecto, a finales de 2003, el autor de esta obra elaboró una serie de propuestas, algunas de las cuales se enumeran a continuación:

I. Integración de un banco de datos que permita comparar la información proporcionada por las familias de supuestos desaparecidos que son objeto de búsqueda, con los datos que en torno a no identificados poseen las oficinas de los médicos forenses (*medical examiners*) en los veinticinco condados estadounidenses de la frontera con México.

II. Definición de una instancia recopiladora de la información que proporcionan los familiares de migrantes que están siendo buscados, la cual puede fluir en México a través de presidencias municipales, oficinas de auxilio al migrante en entidades federativas que las han instituido, gobiernos estatales, etc. Esa instancia centralizadora, que bien podría ser la Dirección General de Protección y Asuntos Consulares de la Secretaría de Relaciones Exteriores, con el auxilio de los consulados de frontera, se encargaría de llevar a cabo la comparación con los datos proporcionados por los forenses del suroeste estadounidense en torno a los John Does y Jane Does de los que poseen información, y permanecería en contacto con los familiares de migrantes posiblemente muertos, a través de las delegaciones de la SRE en los estados.

III. Resultaría extremadamente benéfico lograr la cooperación del Instituto Federal Electoral para fines de identificación de migrantes muertos. La credencial para votar, que trae la huella digital y la fotografía del empadronado, es el documento de identificación más socorrido por los migrantes mexicanos. La información del IFE es, sin embargo, confidencial, pero puede ser compartida entre organismos públicos como la Secretaría de Relaciones Exteriores.

IV. Uniformar la recolección de datos por parte de consulados mexicanos en la frontera, en torno a migrantes presuntamente desaparecidos y que son objeto de búsqueda, usando para el caso un formato único que estandarice y haga más completa dicha información, y que podría incluir, entre otros, datos tales como el nombre completo del migrante, fecha de nacimiento, lugar de origen, último domicilio, señas personales, descripción de las ropas que portaba en el momento de la presunta desaparición, direcciones y números telefónicos de sus parientes, en qué fecha y desde dónde se tuvo el último contacto con el individuo, cuál era su destino final en Estados Unidos, dirección y/o número telefónico de algún contacto en la Unión Americana.

V. Difundir ampliamente las instancias a las que tienen que acudir los familiares de desaparecidos para proporcionar informes, disuadiéndolos de su traslado a la frontera, en donde poco o nada pueden lograr por sí mismos, para encontrar a sus seres queridos.

VI. Determinar con la mayor precisión, cuando sea posible, por dónde se internó el migrante y en dónde fue visto por última vez con vida, para efectos de cruzar dicha información con las bases de datos de las oficinas de los forenses.

VII. Los consulados de frontera deberán asegurarse de que los restos mortales de no identificados sean conservados en refrigeración *(cold storage)* un mínimo de dos a tres meses antes de que sean inhumados en la fosa común. Los escenarios varían. En el caso del condado de Cochise, en Arizona, los cuerpos no identificados son sepultados en un plazo máximo de treinta días. La ley respectiva de California marca un plazo de un mes para conservar los cuerpos, aun cuando en el condado de San Diego es práctica común «aguantarlos» dos o tres meses. Bajo ninguna circunstancia debe permitirse la cremación de los cuerpos no identificados.

VIII. En los casos de migrantes que hayan sido sepultados sin establecerse sus identidades, y ante evidencia razonable de que pudiese tratarse de determinado individuo, procedería la exhumación, que permitiría la obtención de muestras de ADN, las cuales podrían ser comparadas con las de saliva o de sangre de los familiares.

IX. Habida cuenta de que algunos de los más usuales métodos de identificación como las huellas digitales o registros dentales no funcionan en muchos de los casos de los no identificados, sería conveniente acordar con los médicos forenses la obtención y preservación del mayor caudal de información posible en torno al fallecido.

X. Hay dos clases de identificación, la *circunstancial*, que incluye detalles tales como:

1. Tatuajes
2. Piezas dentales faltantes y las enmarcadas en metal
3. Vestimentas
4. Cambios en la estructura ósea que apunten a fracturas
5. Cicatrices
6. Coloración y abundancia o escasez de cabello
7. Fotografías de aspectos notables del cuerpo
8. Complexión física: peso, estatura, edad aproximada

El otro tipo de identificación, el *positivo*, incluye:

a) ADN (DNA por sus siglas en inglés)
b) Huellas digitales. (Esta última prueba a veces es factible y en ocasiones exige la remoción de la mano para empaparla en una solución y suavizar de esa manera la piel, que se ha momificado con el sol del desierto).

XI. En casos de que no exista otra manera de identificar restos mortales de migrantes, debe irse pensando en la necesidad de recurrir a pruebas de ADN. Los nuevos programas computacionales permiten correlacionar en brevísimo lapso las muestras de sangre de ADN de familiares con las muestras obtenidas de partículas óseas de los fallecidos. Una pregunta pertinente a la luz del considerable costo y la habitual escasez de recursos de las familias de migrantes: ¿quién pagaría por este tipo de pruebas? En el condado de Cochise la prueba de ADN llevada a cabo en el laboratorio de criminología del Departamento de Seguridad Pública de Arizona cuesta entre ochocientos y mil quinientos dólares, a lo que habría que agregar el costo de una prueba similar a los parientes en México. Independientemente de cómo y con quiénes se estructuraría el financiamiento de este tipo de pruebas, que son definitivas para establecer identidades —gobiernos estatales, alcaldías, oficinas de auxilio al migrante, Secretaría de Relaciones Exteriores, etc.—, se tiene que tomar la decisión de realizar, en casos determinados, dicha prueba de ADN, porque se les debe a los familiares de los migrantes muertos esa manifestación de solidaridad.

XII. En la oficina del médico forense del condado de Cochise, Arizona, en algunos casos y cuando es posible, se están preservando las huellas dactilares, así como ropa y acotaciones de peso y estatura. Cuando existe avanzada descomposición de los cuerpos, lo que en el desierto es muy común, conservan también maxilares y pulgares. En uno de los casos la columna vertebral de un John Doe fue extirpada para posibles futuras pruebas de ADN. De otro migrante se conservaron pedazos de huesos y dientes y a una de las fallecidas se le tomaron rayos X de la caja torácica y se conservaron sus maxilares, manos y huesos para posibles muestras de ADN. Pero los procedimientos varían de condado a condado y habría que tratar de estandarizarlos hasta donde fuese posible.

Justo es reconocer que el gobierno de México, a través de la Secretaría de Relaciones Exteriores, está haciendo un loable esfuerzo, iniciado en 2005, para identificar los restos de las personas que murieron en su intento de internarse en Estados Unidos sin documentos y cuya identidad permanece desconocida. La SRE ha contratado a una empresa líder en su ramo para el diseño del Sistema de Identificación de Restos y Localización de Individuos (SIRLI), cuya principal ventaja es ser accesible vía Internet.

El SIRLI es una gran base de datos que por un lado servirá de receptor de solicitudes de localización de connacionales desaparecidos. Los solicitantes podrán introducir información básica del aspecto del individuo, así como fotografías, teléfonos y direcciones de contacto.

Los consulados de México capturarán toda la información de las personas que se presuma sean mexicanas. El SIRLI, que también tendrá capacidad de verificar la base de datos de matrículas consulares de alta seguridad, confrontará las solicitudes de búsqueda con los archivos de forenses, dados de alta por los consulados, y las bases de datos de la documentación expedida por la SRE, y emitirá informes de posibles correlaciones entre los elementos antes mencionados.

El SIRLI contempla la práctica de exámenes de ADN de tipo nuclear, que serán cubiertos por la propia Secretaría de Relaciones Exteriores, y con ello se daría respuesta al interrogante relativo al financiamiento arriba planteado.

En síntesis, el SIRLI es un sistema que tiene como objetivo realizar búsquedas automatizadas para localizar personas a través de las bases de datos de las matrículas consulares y de las que se generarán con la información de individuos no identificados que permanecen hasta el momento en las morgues de los condados estadounidenses.

Si los migrantes muertos en circunstancias de cruce constituyen la máxima expresión del drama de la diáspora hacia el norte, indudablemente que aquellos indocumentados que perdieron la existencia en algún remoto paraje, y que permanecen sin identificar, son el segundo escalón en ese mismo drama.

La trágica ironía en el caso de los no identificados —consigna el *New York Times*— es que paran, al final de cuentas, en la tierra prometida que tanto buscaron, en Estados Unidos, pero en las anónimas fosas comunes para indigentes.[17]

Buscando al ser querido

LUCRECIA

Lucrecia Domínguez, una zacatecana de treinta y cinco años de edad, se fue «p'al norte» con dos de sus cuatro hijos, Jesús y Nora Buenrostro Domínguez, de quince y siete años de edad respectivamente, con la meta, como tanta gente más, de reunir a la familia, separada por la migración. Se internó en Estados Unidos por el desierto de Sásabe en junio de 2005, formando parte de un grupo de migrantes, y después de haber caminado algo así como sesenta kilómetros bajo el inclemente sol, se colapsó para fallecer poco después. Su hijo Jesús permaneció a su lado y la vio morir. A Nora se la llevaron los coyotes —y bien hicieron—, pues ella también hubiera muerto si la dejan. Jesús alcanzó a escuchar los gritos de la niña:

—¡Quiero quedarme con mi mamá! ¡No la dejen ahí!

Jesús permanece casi un día entero junto a la madre. Enciende una fogata tratando de ser advertido, lo que no ocurre y lo peor, el agua se le agota. Finalmente, el chaval decide partir en busca de auxilio y antes de hacerlo coloca una toalla sobre la cara de la mamita para protegerla del sol. Tuvo sin embargo la lucidez necesaria para

147

marcar el sitio donde dejó a la mamá, en la ribera de un arroyo seco, con una botella que semienterró en la arena y una maleta que colocó al lado del cuerpo. Después vagó solo por varios días, deshidratado y desorientado, hasta que agentes de la Patrulla Fronteriza lo encontraron en la proximidad de Arivaca, un pequeño poblado a corta distancia de la frontera con México. Fue un milagro que Jesús no pereciera también.

Nora fue entregada sana y salva por los coyotes a su padre, en Fort Worth, Texas.

Lucrecia Domínguez era una mujerona alegre y robusta. Alta, de casi cien kilos de peso, el padre decía de ella que se cansaba fácilmente. A los quince años había contraído nupcias con Jesús Buenrostro. El marido decide abandonar el pueblo en busca de mejores horizontes y en calidad de indocumentado cruza la frontera y se establece en Texas, desde donde envía el dinero suficiente para que la familia construya una pequeña casa en el poblado de San Martín, en el norte de Zacatecas. Sin embargo Lucrecia resiente la ausencia de su compañero, que se prolonga ya por dos años, y decide reunir a la familia.

Mujer resuelta, hace arreglos con enganchadores locales que le cobran mil seiscientos dólares por cruzarla a ella, una cantidad similar por su hijo Jesús y mil doscientos dólares por Nora, dinero que sería pagado por el esposo cuando todos arribaran a Fort Worth. La mafia de coyotes los condujo hasta Altar, Sonora, de donde partieron a Sásabe, en la línea divisoria. Fue el 19 de junio cuando se internaron en territorio estadounidense en compañía de dieciocho migrantes más y tres coyotes.

El grupo camina de noche; marchan media hora y descansan la siguiente media hora; entre todos cargan a Nora. De día descansan al amparo de la rala sombra que proyectan los matorros. El trayecto lo hacen paralelo a las Montañas de Bavoquivari, sagradas para los Tohono. Al tercer día, los coyotes les dan la mala nueva: van a tener que caminar también de día, pese al terrible calor de cuarenta y tantos grados centígrados. Los vehículos del «raite» —dicen— los recogerán más adelante para llevarlos hasta Phoenix y, en el caso de la familia Domínguez, de dicha capital arizonense volarían hasta Las Vegas, para finalmente dirigirse a Texas.

Lucrecia no aguanta el paso y, deshidratada e incoherente, se desploma. Los coyotes hacen honor a su lema de que «el que se rezaga se queda», y abandonan a la mujer y al adolescente. Para fortuna de la niña, deciden cargar con ella y de esa manera le salvan la vida.

Y es aquí donde la historia adquiere perfiles homéricos. Jesús es deportado y se traslada hasta Zacatecas, en donde le cuenta lo sucedido a su abuelo. Cesáreo Domínguez decide localizar, a como dé lugar, el cuerpo de su hija y retornarlo hasta Sombrerete para darle cristiana sepultura. Sin titubeos, el rudo ex minero, en compañía del nieto y de su amigo José Lerma, se dirige a Nogales, Sonora. A finales de junio ingresa a Estados Unidos y emprende durante casi un mes una búsqueda incierta, en una de las peores temporadas de verano que se recuerdan en la historia de Arizona.

Y durante tres semanas hurga en un área de doscientos sesenta kilómetros cuadrados entre la carretera 286 y las Montañas Bavoquivari. La clásica búsqueda de la proverbial aguja en el pajar.

En su deambular por el inmisericorde desierto, Cesáreo tropieza con cuatro cadáveres de migrantes; toma fotografías de los lugares que recorre y se las enseña al nieto que permanece en el Nogales sonorense, para ver si reconoce los parajes.

Cesáreo y José Lerma se hospedan en un motel de Tucsón desde donde parten, antes de que despunte el alba, al desierto, avituallados con botellas de agua y bolsas de papitas, sin más elementos de soporte técnico que la ciega fe del padre en que va a encontrar los restos de su hija. Y en cuanto llegan a la hornaza que es el Western Desert, caminan horas y horas. En el trayecto se encuentran a grupos de indocumentados a los que regalan botellas de agua, preguntándoles si han encontrado restos humanos en las caminatas. Cada vez que el par de amigos se tropieza con un cadáver, notifican a las autoridades vía teléfono celular y esperan en el sitio hasta que arriban los elementos del Departamento del Sheriff o de la Patrulla Fronteriza, para recoger los restos.

En el drama de Lucrecia y de Cesáreo se da una amplia manifestación de solidaridad que reconforta el espíritu y hace pensar en que no todo está perdido en el género humano.

Poco a poco se corre la voz respecto a la gesta épica de Cesáreo Domínguez y se concita la admiración y el deseo de ayudar. Alguien pone a su disposición un pequeño avión para una búsqueda aérea; un grupo de activistas denominado No More Deaths, que proporciona ayuda a migrantes en situación de riesgo, se suma a la pesquisa; amigos y hasta desconocidos se cotizan para cubrir los cincuenta dólares diarios que cuesta el cuarto del motel, y a Cesáreo y a José Lerma se les ofrecen alimentos gratis en un restaurante de comida mexicana de Tucsón. Un familiar les presta un automóvil para sus recorridos por el desierto y hasta un popular programa radiofónico de Los Ángeles se suma al esfuerzo. El conductor del programa, conocido como El Cucuy, insta a sus radioescuchas a ayudar con dinero e información al atribulado padre.

El nieto, mientras tanto, en Nogales, revisa las fotos que le trae el abuelo y dibuja rudimentarios mapas para tratar de orientarlo.

Por fin y contra todas las expectativas, Cesáreo encuentra los mortales restos de su hija a finales de julio. En uno de los recorridos, el par de amigos va a dar a un arroyo seco, en cuya ribera descubren un cráneo, y cerca, un esqueleto. En los dedos de la mano izquierda relumbran tres anillos. El corazón de Cesáreo da un vuelco. Su hija usaba tres anillos en la mano izquierda. Se acerca más aún y escudriña los zapatos, sujetos todavía al esqueleto. Son marca Roxy. Su hija salió de Zacatecas calzando zapatos Roxy.

Cesáreo recordaba que uno de los anillos que lucía su hija tenía la imagen de la Virgen de Guadalupe. Se inclina y revisa la mano descarnada. El anillo del meñique trae a la Guadalupana.

Y la última evidencia circunstancial: uno de los alguaciles del Departamento del Sheriff, que llega para recoger los restos, encuentra en la arena una prótesis dental superior.

Lucrecia usaba dentadura postiza.

Días después Cesáreo regresó al arroyo para clavar una cruz blanca en el lugar donde su hija murió.

En la iglesia presbiteriana de St. Mark, en Tucsón, Arizona, se lleva a cabo el servicio religioso en memoria de Lucrecia. Setenta personas de rostros sombríos, casi todos ellos voluntarios de No More Deaths, forman un semicírculo en el centro del cual está Cesáreo, quien con la voz entrecortada agradece el auxilio recibido. Salvo los parientes, ninguno de los asistentes conocía a Lucrecia, y aun así quisieron demostrar su solidaridad y su indignación —*outrage*, dijo el pastor de St. Mark— «por las circunstancias innecesariamente letales». La abogada y activista Margo Cowan expresó que todos los presentes se sentían «ofendidos» por los seres humanos que mueren a diario en el desierto. A la fecha del servicio funerario, el total de migrantes fallecidos en Arizona se aproximaba a los doscientos.

Lucrecia Domínguez, en compañía del hijo que no la abandonó, y del padre que la buscó hasta encontrar sus restos, retornó a la tierra que la vio nacer.

RAFA

Rafael Martínez Ruiz murió abatido por temperaturas de cuarenta y tres grados centígrados, a los treinta y cuatro años de edad, bajo un mezquite en un desolado paraje del desierto de la nación indígena Tohono O'odham, en Arizona, posiblemente el 15 de julio de 2003.

Rafa, como se le conocía, era el principal proveedor de su familia en Panindícuaro, Michoacán. Con el dinero ganado en la recolección de frutas y hortalizas en California, había sacado a sus padres de una choza de adobe de dos cuartos y los instaló en la confortable casa que les construyó en el misérrimo villorrio, y enseguida del hogar de los viejos había levantado el suyo.

Rafa exhaló el último suspiro en su decimoctavo cruce a Estados Unidos en calidad de indocumentado. Semanas después, cuando el michoacano no aparecía, sus hermanos empezaron a preocuparse y los temores se confirmaron con el testimonio de uno de los compañeros de aventura, que dijo haberlo visto morir en el desierto. Los acompañantes del infortunado migrante dejaron, colgadas de las ramas del mezquite, tiras de una tela ahulada azul que en su momento fue una cortina de baño, marcando así el lugar donde quedó el cuerpo de Rafael.

Alfredo Martínez Ruiz, uno de los hermanos, decidió tomar la iniciativa y se lanzó a localizar el cuerpo de su consanguíneo, para llevarlo hasta el terruño de origen y darle cristiana sepultura, de tal manera que los hijos de Rafael «pudieran visitar la tumba de su padre».

Con los datos proporcionados por acompañantes del malogrado indocumentado, Alfredo confeccionó un rudimentario mapa que fue su marco de referencia en la pesquisa, y en compañía de su cuñado, Fidel Suárez, inició en septiembre la búsqueda en el denominado desierto del Oeste, hábitat de la tribu Tohono, al sur de la población de Sells, a bordo de un *pick-up* en cuya caja cargó una cuatrimoto. El par de mexicanos sufre las consecuencias del inhóspito terreno —hace un calor de infierno y la vastedad del desierto sobrecoge—, pero perseveran porque Alfredo le prometió a su mamá y a la esposa de Rafa que retornaría a Michoacán con los restos de su hermano.

Varios días transcurren sin resultados y Alfredo decide recurrir a las autoridades tribales. Se entrevista con el jefe de policía de los Tohono O'odham, que les proporciona varios agentes para que los guíen. La Patrulla Fronteriza se suma también al esfuerzo colectivo, por tierra y aire. Los policías indígenas están al mando de una mujer, Marcela Joaquín, experta en estos menesteres, que sin mayores miramientos les dice que las posibilidades de encontrar el cadáver de Rafa son mínimas.

Sin embargo, la determinación de Alfredo triunfa sobre la inmensidad del desierto. Alfredo y familiares y los *rangers* Tohono encuentran finalmente a Rafa. Después de horas de recorrido bajo el inclemente sol, arriban a un bosque de mezquites cuyas ramas han formado un túnel al final del cual encuentran un esqueleto bajo un mezquite de una de cuyas ramas cuelga un trozo de cortina azul. Solo huesos sobresalen de un pantalón café. Alfredo intuye que el esqueleto es todo lo que queda de su hermano y en ese momento vomita y cae de rodillas.

Luego se incorpora y da gracias al Creador por haberle permitido encontrar los restos de Rafael. Y empieza la búsqueda de otros indicios. Hay una mochila cerca, de la que extraen ropa y aspirinas;

el maxilar de Rafa aparece bajo un matorro. El cráneo se ha separado del torso y yace a corta distancia. No encuentran los zapatos del desaparecido y suponen que algún otro migrante pasó por ahí y lo despojó del calzado. Del pantalón de Rafa extraen la cartera que contiene aún unos cuantos pesos, fotos de la familia y una credencial para votar en la que claramente se advierte la fotografía del muchacho. Alfredo recuerda la costumbre de su hermano de ocultar dinero en la pretina del pantalón, la cual descosía para el caso. Pide permiso a las autoridades indígenas y con una navaja descose la cintura del pantalón y extrae cuatro billetes de cien dólares perfectamente doblados.

A Alfredo se le concede la deferencia de que sea él quien coloque los huesos y el cráneo de Rafael en la bolsa de plástico. Antes de abandonar el lugar, los mexicanos improvisan una cruz con ramas, con un marcador azul inscriben el nombre de «Rafa», y la dejan colgando del mezquite al pie del cual murió el migrante.

Es una sombría caminata de regreso al vehículo cargando los restos de Rafael. Una ambulancia posteriormente los conduce a las oficinas del médico forense del condado de Pima.

Rafa ha arribado finalmente a su terruño. Sus restos, hacinados en un ataúd de cartón prensado, sellado, descansan ya en el hogar que él construyera con sus propias manos en Panindícuaro. Encima del modesto féretro se ha colocado una fotografía del desaparecido, y el vecindario que ha acudido a presentar sus respetos externa los pésames de rigor a la mamá, doña Flor; a la esposa, ahora viuda, Gisela; a Alfredo y al resto de los hermanos. Mayra y Giovanni, de diez y cinco años, los hijos de Rafael, contemplan la escena muy serios.

De la casa los restos son llevados, en la caja de un *pick-up*, hasta la iglesia del lugar para la misa de cuerpo presente y de ahí, a su última morada, el cementerio del pueblo.

Rafa ha regresado.

No todas las búsquedas tienen finales exitosos. De hecho, los casos de Lucrecia y Rafa son las excepciones. Lo habitual es la angustia y frustración de recorrer vastas extensiones de terreno sin encontrar indicio alguno del ser querido, del que se tiene la certeza de que quedó en el desierto o la montaña.

Ervin Moisés Martínez Samayoa y su señora esposa viven, desde el verano de 2003, en el limbo. En la más cruel de las indefiniciones. En un angustioso espacio nebuloso y difuso por el que caminan dando tumbos desde que Brenda Isela, la hija de ambos, desapareció en los breñales de la vertiente occidental de las Montañas Huachuca, en Arizona, después de haberse internado en territorio estadounidense sin documentos.

A partir de finales de junio de 2003, la vida del matrimonio Martínez ha sido un infierno. Ha cambiado radicalmente. Los esposos existen, si se le puede llamar existencia, para saber qué fue lo que pasó con la muchacha y, en todo caso, para recuperar sus restos, ya que la presunción general es que murió en circunstancias de cruce.

Brenda Isela Martínez Méndez, una joven de agradable rostro, gruesa de complexión, a los veintidós años partió de su hogar en Ecatepec, estado de México, el 21 de junio del año citado, con destino a la frontera norte. La idea era internarse en Estados Unidos y emprender una nueva vida. La muchacha llega a Cananea, Sonora, el 24 de junio, y un día después cruza la frontera por el rumbo de Naco, Arizona, formando parte de un grupo de diez indocumentados guiados por tres coyotes. Las agotadoras caminatas hacen mella en la chica, cuyo estado físico se deteriora, hasta que de plano admite que no puede seguir marchando con el grupo.

Los coyotes deciden deshacerse del impedimento y uno de ellos, de nombre Francisco Javier González Reyes, la dirige hacia un rancho que se ve a relativa corta distancia de la vereda por la que transitan, indicándole que camine hasta la casa para pedir auxilio. La chica —dijo posteriormente el traficante— así lo hizo y esa fue la última vez que alguien vio con vida a Brenda Isela.

Desde que Ervin tuvo conocimiento de la desaparición de su hija, inició una intensa, exhaustiva, angustiosa búsqueda que hasta el momento ha resultado infructuosa. El padre fue hasta la frontera norte, tocó Cananea, habló con los que le dijeron eran los coyotes, localizó a uno de los acompañantes de Brenda Isela en el fatídico trayecto, lo convenció de que lo guiara por la misma ruta que siguió el grupo, logró que el consulado de México en Douglas le consiguiera un permiso temporal que le permitiera internarse en territorio estadounidense, ya que carece de documentación migratoria, y agentes de la Patrulla Fronteriza lo acompañaron en el rastreo de la muchacha. Recorrieron los terrenos aledaños a las montañas Huachuca y las más usuales rutas de los migrantes, todo ello con la vaga esperanza de tropezar con alguna pista del paradero de su hija. No se encontró rastro alguno.

Ervin no desmaya y sigue tocando todas las puertas posibles: los departamentos del Sheriff de los condados de Cochise y Santa Cruz, en Arizona, la Agencia del Ministerio Público Federal de Agua Prieta para que se iniciase una averiguación en torno a los coyotes que residen en Cananea, el consulado de México en Indianápolis, en donde a solicitud del MP de la federación en Agua Prieta hicieron comparecer y declarar a dos personas que formaban parte del grupo en el que se incluía a Brenda Isela, y que se habían radicado en Kentucky.

El drama de Brenda Isela impactó emocionalmente a todos los involucrados en el caso. La angustia que proyectaba Ervin se transmitía a todo aquel que entraba en contacto con la tragedia. A medida que transcurrieron las semanas y los meses sin noticias de la chica, fue permeando la presunción de que Brenda Isela había muerto, y ya para entonces el matrimonio Martínez lo que pretendía era encontrar los restos del ser querido para trasladarlos a México y darles cristiana sepultura.

Un año después de la desaparición, el consulado de México en Douglas organizó una última, masiva búsqueda de la muchacha. Se enlistó a agentes de las estaciones de Sonoita y de Naco de la Patrulla Fronteriza y a alguaciles del Departamento del Sheriff del condado de Santa Cruz. Participaron también funcionarios de la Agencia del Ministerio Público Federal de Agua Prieta y elementos del consulado. Diecinueve personas, seis vehículos tipo todoterreno, una vagoneta de rescate y cuatro cuatrimotos, fue el apoyo logístico para la operación. En pleno agosto de 2004 se recorrió una amplísima área en terrenos escabrosos del Parque Nacional Coronado.

Infructuosamente.

El caso, pese al tiempo transcurrido, permanece abierto. Ervin Martínez no lo deja morir y sigue tenazmente con una búsqueda en la que las posibilidades de éxito son cada día más remotas. Pero Ervin no desmaya. Tiene inclusive su propia dirección electrónica (buscando_abrenda@hotmail.com), desde la cual continúa presionando ante autoridades, solicitando información y, en ocasiones, recibiéndola.

A estas alturas, lo que la familia Martínez quiere es terminar con la incertidumbre, finiquitar una tragedia que les ha robado la vida.

Y que de hecho no los deja reanudarla.

Clima antiinmigrante en Estados Unidos

En el pedestal de la Estatua de la Libertad en la bahía de Nueva York, se lee el universalmente conocido poema de Emma Lazarus. *The New Colossus* (El nuevo coloso) es un llamado a la inmigración y, de hecho, incontables inmigrantes que cruzaron el Atlántico tuvieron como primera visión de la tierra prometida a la estatua de *Lady Liberty* enarbolando la antorcha.

Ante el clima antiinmigrante que actualmente permea en amplios estratos de la sociedad estadounidense, el autor no puede menos que traer a colación dicho poema:

> *Give me your tired, your poor,*
> *Your huddled masses yearning to breathe free,*
> *The wretched refuse of your teeming shore.*
> *Send these, the homeless, tempest-toss to me,*
> *I lift my lamp beside the golden door!*

(Dame a tus cansados, a tus pobres/ a tus masas apiñadas que anhelan respirar libres/ a los maltrechos rechazados de tus repletas playas/ manda a éstos, los sin hogar, los zarandeados por tempestades a mí/ yo levanto mi lámpara a un lado de la puerta de oro).[18]

La verdad es que si el Senado de los Estados Unidos aprueba la versión original de la Ley Sensenbrenner que pasó con éxito por la Cámara de Representantes, doña Emma Lazarus, de vivir aún, podría ser arrestada por «alentar» a los inmigrantes, algunos de los cuales podrían ser ilegales, una de las causales que señala la H.R. 4437.

Dice el cardenal Roger Mahony, arzobispo de la Diócesis católica de Los Ángeles, California, que «…parece estar de moda en estos días, y es hasta políticamente correcto, culpar a los esforzados inmigrantes, especialmente aquellos que provienen de México y de Centroamérica, de los males económicos y sociales de la nación estadounidense y del estado californiano».[19]

Y efectivamente, hay un fervor antiinmigrante en la Unión Americana que se manifiesta en los programas de comentaristas de radio y televisión, en grupos de ciudadanos que pretenden ejercer por sí mismos el control de la frontera sur aplicando a su arbitrio las leyes de inmigración. La explosión de esta profesión de fe antiinmigrante irrumpe en el Congreso de Estados Unidos y en las legislaturas estatales —la de Arizona es el típico ejemplo—, y origina leyes restrictivas como la Real ID Act, la Proposición 200 o la iniciativa HR 4437, que dictamina, entre otras cosas, la construcción de un nuevo muro en la frontera entre México y la Unión Americana.

Hablamos, por supuesto de congresistas federales como Tom Tancredo, James Sensenbrenner, Lamar Smith, Duncan Hunter, Jon Kyl, J.D. Hayworth y un largo etcétera que incluye a legisladores del estado de Arizona como Randy Graf y Russell Pearce. A manera de botón de muestra: el Representante Hayworth acaba de sacar a la luz pública su libro *Whatever It Takes*, título cuya traducción liberal, y ominosa, podría ser «Cualquiera que sea el precio», en el que propone, para combatir a la inmigración sin documentos, ubicar a las tropas estadou-

nidenses en la frontera, deportar a los 11/12 millones de ilegales que
residen en el país y modificar la décimocuarta Enmienda de la Constitución de Estados Unidos de tal manera que sea negada la ciudadanía estadunidense a los bebés de indocumentados nacidos en
territorio de la Unión Americana.

El Senador Jon Kyl, por su parte, propuso la erección de 86 kilómetros más de cerca metálica en tramos de la frontera entre Arizona
y Sonora, además de duplicar el número de agentes de la Patrulla
Fronteriza mediante la contratación de 12,000 nuevos elementos en el
curso de los próximos cinco años. La propuesta de Kyl, surgida en marzo
de 2006, fue aprobada por el comité judicial del Senado estadounidense. Las aproximadamente 54 millas de la iniciativa de Kyl son
totalmente ajenas a las 700 millas adicionales de valla de 15 pies de altura cuya construcción consigna la Ley Sensenbrenner en tramos de
la frontera entre México y Estados Unidos. Los ochenta y tantos kilómetros de muro metálico propuestos por el senador arizonense tendrían un costo de 700 millones de dólares.

Funcionarios públicos se unen a esta preocupante tendencia y algunos, en el extremo del extremismo, perdón por lo redundante, claman por el cierre de la frontera con México, como el gobernador de
California, Arnold Schwarzenegger, quien además elogia a cazainmigrantes xenófobos como los Minutemen, veta proyectos de ley para
otorgar licencias de conducir a indocumentados y rechaza la ense-
ñanza del español en las escuelas californianas.

La misma gobernadora de Arizona, de filiación demócrata, Janet
Napolitano, que en ocasiones se ha opuesto al radicalismo antiinmigrante, ha dado un giro hacia la derecha y ahora propugna por el
despliegue de tropas de la Guardia Nacional en la frontera con Sonora.

Manifiesta Andrew M. Greeley, autor y sociólogo, catedrático en la

Universidad de Chicago y en la Universidad de Arizona, sacerdote católico además, que un considerable porcentaje de la sociedad estadounidense está perfectamente de acuerdo en negar los elementales derechos humanos a los indocumentados, para los que sienten inclusive una aversión visceral. «El odio para los inmigrantes es tan norteamericano como la leche malteada de chocolate. De los irlandeses dicen que son borrachos supersticiosos, los italianos son criminales natos y los polacos son brutales y estúpidos», comenta Greeley en relación con sus paisanos.

Por supuesto que esta histeria colectiva no es algo nuevo en el vecino país del norte. Hay ahí una larga historia de victimización de quienes arriban de otros confines, por eso, por ser extranjeros, circunstancia que en el presente se agudiza por cuestiones de seguridad y de crecientes déficits consecuencia de la globalización.

Habría que recordar que en la primera parte del siglo XX distinguidos académicos y empresarios californianos, supuestos expertos en eugenesia, como el rector de Stanford David Starr Jordan, y el propietario del periódico *Los Angeles Times,* Harry Chandler, jugaron un papel decisivo en la restricción del flujo de mexicanos hacia Estados Unidos, para prevenir la «mezcla de razas» *(mongrelization)* y la «contaminación» *(defilement)* de «la sangre sajona y gótica de la nación». Y para el caso, esas buenas almas clamaban por la esterilización forzada, el control natal y las reformas a las leyes de inmigración vigentes, a fin de excluir el material genético «inferior».

A propósito de botones de muestra: «Es hora ya de que algunos misiles teledirigidos hagan blanco en el rancho de Vicente Fox. Si eso falla, el siguiente paso es la invasión y la ocupación [de México]». La anterior receta para finiquitar «el problema» de la inmigración indocumentada aparece en un artículo de Donald Pauley, un ingeniero electrónico que dice ser el director ejecutivo del Emigration Party of Nevada, agrupación política de reciente creación. Pauley no batalla mucho para encontrar soluciones y es así como sugiere la institucionalización de una política de *shoot to kill on sight* (tirar a matar a primera vista), aplicable a quienes cruzan la frontera sin papeles. Complementa su sugerencia proponiendo que en cuanto se produzcan los primeros balaceados, se jale al funcionario consular mexicano más cercano para que recoja los cadáveres. Y afirma que al correrse la voz, el flujo de migrantes desaparecerá.

Pauley no es hombre de medias tintas. Ya entrado en materia, aboga por la esterilización de las mujeres mexicanas, por el ofrecimiento de cien dólares de recompensa por indocumentado aprehendido y por la imposición de dos años de cárcel para cualquier agente de corporación policiaca estadounidense que al encontrarse con un indocumentado no lo arreste, y para personal médico y maestros que no reporten a pacientes o alumnos en situación irregular.[20]

Hay una señora en el condado de Orange, California, de nombre Barbara Coe, que ha sido calificada por el *Orange County Weekly* como una de las personas más «aterrorizantes» del citado condado. Escueta y vitriólica, la señora Coe, fundadora del «grupo de odio» denominado Coalición Californiana para la Reforma de Inmigración, es una de las artífices de la Proposición 187, y se refiere a los migrantes indocumentados como «salvajes, violadores de nuestros niños y la basura del planeta». Afirma también haber descubierto un plan mexicano secreto para apoderarse del suroeste estadounidense.

El extremo radicalismo con matices de desequilibrio mental de los Pauleys y las Coes del vecino país, o de los profetas del miedo como Glenn Spencer, que habla de que «…tenemos en nuestras manos una guerra civil fronteriza mexicana que puede estallar mañana», no los hace tan peligrosos como aquellos que teniendo coincidencias con estas líneas de pensamiento, ejercen cierta medida de poder en el ámbito del servicio público y en el campo de la intelectualidad. Hablamos de figuras públicas como el congresista Thomas G. Tancredo, que exige la militarización de la frontera y que encabeza la cruzada contra los «terroristas indocumentados». O como la senadora por Texas Kay Bailey Hutchison, quien presentó un proyecto de ley que concede a autoridades locales y estatales la facultad de detener y procesar a indocumentados; la congresista promueve también un programa de alguaciles voluntarios de frontera; más, pues, cazainmigrantes. No en vano Tancredo, miembro de la Cámara de Representantes, fue uno de los oradores invitados en Tombstone, Arizona, al inicio de las actividades de los Minutemen en dicha entidad, en abril de 2005. Tom Tancredo, por cierto, tuvo apariciones públicas en Arizona —en Benson y Tucsón— en enero de 2006, acompañado de Bay Buchanan, la hija del reconocido radical antiinmigrante y ex candidato presidencial Pat Buchanan, en las que expuso su habitual prédica de que se intensifique el *enforcement* en la línea divisoria y que primero se selle la frontera y luego hablamos de programas de trabajadores huéspedes, «... el indocumentado es una amenaza para la seguridad de Estados Unidos, fuente de violencia» y esto, y lo otro, y lo de más allá.

Y nos referimos también a académicos como Samuel P. Huntington, quien con su libro *Who are we?* (¿Quiénes somos?) le da cobijo intelectual al rancio nacionalismo cultural de las corrientes antiinmigrantes de extrema derecha. Dice Huntington que en esta nueva era el mayor y más inmediato desafío para la tradicional identidad de Estados Unidos surge de la «inmensa y continua inmigración proveniente de América Latina, especialmente de México».

Como decía José Luis Mejías, un columnista mexicano ya desaparecido: «con esos bueyes hay que arar»… en el contexto del clima antiinmigrante en Estados Unidos.

En Arizona

Es en Arizona donde las fuerzas antiinmigrantes están librando la gran batalla contra los indocumentados.

En marzo de 2005 en ese estado se contabilizaban ochocientos cincuenta y un mil inmigrantes. Se calculaba que el cuarenta y seis por ciento de ellos, o sea poco más de trescientos noventa mil individuos, eran «ilegales».

Por Arizona se da más del cincuenta por ciento de la inmigración sin documentos entre México y Estados Unidos y, lógicamente, más de la mitad de las aprehensiones de indocumentados realizadas en la frontera entre ambos países se lleva a cabo en el citado estado.

Es en Arizona donde ocurre el mayor número de fallecimientos de migrantes, en circunstancias de cruce, en toda la Unión Americana.

Al iniciarse 2006, circularon volantes en la mencionada entidad en los que se daba la bienvenida «al estado de los extranjeros ilegales» (*welcome to an illegal alien state*), con la advertencia de que si el lector no había sido víctima de un crimen —presumiblemente perpetrado por algún indocumentado— muy pronto lo sería. En el volante de marras se pedía también que los lugares de empleo y de residencia de los «ilegales» fueran reportados a ICE (Immigration and Customs Enforcement).

La combinación de los factores enunciados, más el hecho de que a la fecha aproximadamente medio millón de indocumentados laboran en la multicitada entidad, generan un sentimiento antiinmigrante que en el ámbito legislativo estatal se manifiesta en forma de una serie de iniciativas de ley contra el inmigrante en situación irregular. La joya de la corona en este aluvión de iniciativas legales golpeadoras lo es indudablemente la Arizona Taxpayer and Citizen Protection Act (Ley de protección al contribuyente y al ciudadano de Arizona), más conocida como la Proposición 200.

Podría calcularse, *grosso modo,* en una cincuentena el número de propuestas de ley antiinmigrantes que ha hecho su aparición ante la legislatura estatal controlada por los republicanos, en el último período de sesiones. Hasta fines de 2005, cinco de ellas habían sido proclamadas, una aprobada (en las elecciones de noviembre de 2004), cuatro habían sido vetadas por la gobernadora, Janet Napolitano, y diez estaban sin resolver, más las que han ido surgiendo en fechas posteriores. En dicha cincuentena se incluyen propuestas para negar licencias de conducir a indocumentados, la 203, que suprime la educación bilingüe dejando al inglés como única lengua oficial (*English Only*); otras que niegan a «ilegales» beneficios de tipo social —pago a desempleados, préstamos gubernamentales, becas, vivienda pública y asistencia alimentaria—, y alguna más que niega también la posibilidad de fianza a los sin papeles en caso de ser aprehendidos. Y por supuesto, la que recicla el viejo anhelo antiinmigrante de que las policías municipales y estatales colaboren con autoridades de inmigración para detener a irregulares. Hay una tan carente de todo sentimiento humanitario, la SCR 1031, que propone negar programas asistenciales de atención infantil como vacunación y educación preescolar a hijos de indocumentados, además de cursos de educación para adultos.

Y el colmo: en febrero de 2006, legisladores del congreso estatal de Artizona, republicanos, por supuesto, lanzaron una nueva iniciativa de ley que convierte en delincuentes a los casatenientes y dueños de edificios de apartamentos que renten sus propiedades a ilegales. La misma propuesta legislativa prohíbe que los indocumentados compren viviendas, y habida cuenta de que en Estados Unidos la enorme mayoría de las operaciones de compra de casas se hacen a crédito, el referido proyecto de ley prohíbe a los bancos que presten dinero a personas que no exhiban un número de seguro social (*social security*), lo que es el caso de los ilegales. Como era de esperarse, la iniciativa enfrentó de inmediato fuerte oposición entre aquellos que se sienten afectados, como los casatenientes y empresas que se dedican a la renta de viviendas, además de la poderosa Asociación de Banqueros de Arizona (Arizona Bankers Association), por lo que el resultado final de esta nueva iniciativa está en el aire.

Hay un legislador estatal, el republicano Russell Pearce, que adelantándose a la HR 4437, propuso en 2005 un nuevo impuesto para financiar la erección de una cerca a lo largo de los quinientos sesenta kilómetros de frontera de Arizona con México, desde Yuma hasta el este de Douglas, una cerca «a prueba de escalamiento». El ejemplo de Pearce cunde y es así como un grupo conservador y antiinmigrante de nombre Let Freedom Ring lanza una campaña por Internet y la televisión promoviendo la construcción de una cerca a lo largo de los tres mil y pico de kilómetros que separan a México de Estados Unidos.

Si le decimos que la xenofobia y el nativismo son contagiosos...

¿Qué tan bravo está el nativismo intolerante de Arizona? Unos cuantos ejemplos: Legisladores estatales republicanos aprobaron en febrero de 2006 un nuevo impuesto que gravaría en 8 por ciento las remesas electrónicas de dinero que los migrantes envían a sus familias en sus lugares de origen. Razona el ya citado Russell Pearce que si los fondos remitidos desde Estados Unidos por los migrantes a sus familiares ascienden anualmente a veinte mil millones de dólares, y si el cinco por ciento de los indocumentados en el vecino país reside en Arizona, ello significaría que dicha entidad podría obtener ochenta millones de dólares del gravamen citado. El ejemplo cundió y ahora la legislatura estatal de Georgia aprobó gravar con el cinco por ciento las remesas de los indocumentados.

Más ejemplos de este fervor legislativo antiinmigrante: En el Senado estatal de Arizona se propuso en febrero de 2006 llevar a cabo un referéndum para evitar que se reconozca y acepte la matrícula consular expedida por las representaciones consulares de México para fines de identificación de connacionales. Y otro proyecto de ley contempla enderezar cargos por *trespassing* —allanamiento— a quienes se encuentren en calidad de indocumentados en territorio de Estados Unidos. Agréguele a lo anterior la siempre ambicionada militarización de la frontera de la entidad con Sonora, mediante el uso de la Guardia Nacional. La idea tiene visos de concretarse al surgir la inicitiva HB 2701, que prevé destinar cinco millones de dólares para dicha movilización.

De ese color tiñe el verde en Arizona.

LA PROPOSICIÓN 200

La Proposición 200 es una iniciativa de ley patrocinada por Protect Arizona Now que, en términos generales, hace obligatoria una serie de verificaciones de identidades así como requerimientos de denuncias de solicitantes de servicios asistenciales estatales y locales que no tengan derecho a ellos. Más claro, en su parte medular la 200 niega servicios de asistencia social a indocumentados. La iniciativa fue aprobada mayoritariamente por el voto popular en Arizona en los comicios del 2 de noviembre de 2004, y en lo específico pone en vigor las siguientes circunstancias:

1. Requiere de todo individuo prueba de ciudadanía estadounidense para registrarse como votante, y la exhibición de identificación para poder votar.

2. Exige de ciertos empleados estatales y municipales la verificación de identidad y elegibilidad de quienes soliciten beneficios públicos que no sean de índole federal; así como cooperar con otros empleados para verificar el estatus migratorio del solicitante. Se exige también al empleado rehusar identificaciones del estado de Arizona o municipales, a menos que la autoridad emisora de dicha identificación hubiese verificado el estatus migratorio del solicitante. Requiere asimismo del empleado notificar por escrito a las autoridades federales de inmigración de cualquier violación a la ley federal de inmigración por parte de quien solicite beneficios.

3. El servidor público que no reporte alguna percibida violación a la ley federal de inmigración comete un delito menor clase 2 *(class 2 misdemeanor)*. Los supervisores de servidores públicos también incurren en un delito menor clase 2, si tienen conocimiento del incumplimiento de un empleado para reportar alguna violación y de no instruir a dicho empleado para que realice tal reporte. Un delito menor clase 2 conlleva pena de hasta cuatro meses de cárcel y una multa de hasta setecientos cincuenta dólares.

La Proposición 187, aprobada por el votante californiano en 1994, es el antecedente histórico de la Proposición 200.

El verdadero riesgo de la Proposición 200 son sus efectos corolarios. Independientemente de lo negativo de dicha propuesta en términos de la comunidad indocumentada de origen mexicano en Arizona, la legislación, que se ubica en el contexto de una creciente actitud antiinmigrante en sectores de la sociedad estadounidense, entraña serios riesgos por el pésimo antecedente que sienta en materia de leyes provinciales. Es en esa tesitura como la 200 prohíja ya iniciativas similares en el estado de Georgia (Georgians for Immigration Reduction), en Colorado (Defend Colorado Now), en Idaho y en Utah (Utahns for Immigration Reform). En California revive una nueva versión de la Proposición 187 con similares características a las de la original, es decir, prohibiendo a los gobiernos locales y estatal el otorgamiento de servicios a indocumentados; proceden ya los patrocinadores de la nueva 187 a reunir las seiscientas mil firmas que se requieren para incluir la propuesta de ley en los próximos comicios.

Lady Liberty se sonrojaría si viniera a Arizona.

El muro de la vergüenza

Queríamos una fuerza de trabajo, pero llegaron seres humanos.

MAX FRISCH

En el enconado debate que sobre el tema de la inmigración se escenifica en Estados Unidos en los últimos tiempos, hay un solo punto de consenso: la necesidad de incrementar la seguridad en la frontera, percepción sustentada por la creencia de que la porosa delimitación entre México y la Unión Americana hace a esta última nación más vulnerable al terrorismo.

Hasta ahí el consenso. El disenso se da a la hora de enfrentar el problema que representan once millones de indocumentados residiendo ya en el vecino país.

Las naciones expulsoras de migrantes —México y países centroamericanos y sudamericanos— no deben hacerse ilusiones respecto al sentir que en este momento prevalece en amplias capas de la sociedad estadunidense. Hay un indudable rechazo a la inmigración irregular. Esa es la realidad que las encuestas dejan perfectamente clara y que debe ser entendida como paso inicial para tratar de revertir injustas percepciones. De hecho, los políticos del vecino país —funcionarios del Poder Ejecutivo y sobre todo los congresistas— están reaccionando de acuerdo al sentimiento de enojo que perciben en sus electores, en torno a los «ilegales». El caso de los gobernadores demócratas Bill Richardson, de Nuevo México y Janet Napolitano, de Arizona, declarando estados de emergencia en las fronteras de sus entidades con México, son clásicos ejemplos de lo aseverado. Es la reacción, pues, al flujo incontrolado de irregulares el origen de las nuevas y restrictivas legislaciones. No hay que olvidar el clásico aforismo norteamericano de que *in politics, it's perception over reality* (en política, la percepción se impone a la realidad).

A mediados de diciembre de 2005, una encuesta al alimón del Washington Post y ABC News, arrojó como resultados que cuatro de cada cinco estadunidenses pensaban que el gobierno no estaba haciendo lo suficiente para impedir la inmigración indocumentada. El cincuenta y seis por ciento de los encuestados pensaban que los sin papeles ocasionaban más perjuicios que beneficios al país. En la misma muestra de opinión el presidente Bush llegó a su nivel más bajo de aprobación —treinta y tres por ciento— en cuanto al manejo del tema de la inmigración, lo cual se interpretó como un reflejo de la irritación provocada por el percibido fracaso gubernamental para controlar las fronteras.

Otra encuesta, de Gallup, más o menos en las mismas fechas, dejó en claro que el cincuenta y seis por ciento de los entrevistados pensaba que el gobierno federal debía enfocar sus esfuerzos en parar el flujo de migrantes, más que en instrumentar un plan para regularizar a los indocumentados residentes en Estados Unidos.

Y en el muestreo de opinión llevado a cabo por Rasmussen Reports, 49 por ciento de los estadunidenses encuestados estuvieron de acuerdo en denegar la ciudadanía automática a los hijos de indocumentados nacidos en territorio de Estados Unidos, prerrogativa consagrada por la constitución. Cuarenta y uno por ciento votaron a favor de ese derecho de nacimiento. Todavía en abril de 2006, una encuesta de *Los Angeles Times/Bloomberg* dejó en claro que el 42 por ciento de los encuestados apoyaban la construcción de nuevas cercas a lo largo de la frontera entre México y Estados Unidos y estaban de acuerdo en que se clasificara como felones (*felons*), es decir criminales, a los inmigrantes ilegales. El 35 por ciento se oponía a dichas medidas.

De hecho, la propuesta de George Bush de un programa de trabajadores huéspedes fue denunciada por el líder nacional de las fuerzas antiinmigrantes, el congresista Tom Tancredo, como una amnistía disfrazada, y el mismo Representante por Colorado se encargó de torpedear el plan presidencial.

Es en este escenario donde surge la nueva legislación sobre inmigración H.R. 4437, denominada *Border Protection, Antiterrorism, and Illegal Immigration Control Act of 2005* (ley de protección fronteriza, antiterrorismo y de control de inmigración ilegal de 2005), conocida también como la Ley Sensenbrenner, por haber sido F. James Sensenbrenner Jr., un republicano de Wisconsin, miembro de la Cámara de Representantes y líder del comité judicial en dicha cámara baja, quien introdujo la iniciativa de ley, calificada como «la más severa legislación de que se tenga memoria en materia de inmigración».

¿Qué tan severa?

1. La ley convierte en crimen federal el vivir en Estados Unidos ilegalmente. En otras palabras, la presencia indocumentada en el país, hasta hace poco una infracción de tipo civil, se convierte ahora en una felonía (*felony*), es decir un crimen federal.
2. Se dispone la construcción de una nueva barda de aproximadamente setecientas millas de longitud, a levantarse en tramos de la línea divisoria entre Estados Unidos y México, desde Tecate, California, hasta Brownsville, Texas. Este mandato significaría, en el caso de la frontera arizonense, la erección de 361 millas

de nueva cerca, el más largo tramo continuo de las setecientas millas que consigna la iniciativa de ley. Dicho tramo se iniciaría desde un punto diez millas al oeste de Caléxico, California, recorrería toda la frontera con Sonora y terminaría cinco millas al este del puerto de entrada de Douglas. Es dicho sector fronterizo, lógico, el que registra el mayor flujo de indocumentados.

3. La ley amplía en forma considerable el estatuto para combatir a los traficantes de indocumentados. Desafortunadamente en esa tesitura criminaliza la labor humanitaria de grupos religiosos y seculares y de particulares que proporcionan auxilio a los migrantes, convirtiendo a los samaritanos en felones (*felons*), que así enfrentarían penalidades de cárcel hasta por cinco años. Ya en Tucsón y sin necesidad de la nueva ley, dos voluntarios de la ONG humanitaria *No more deaths,* Daniel Strauss y Shanti Sellz, arrostran cargos de transporte ilegal de indocumentados. El crimen cometido por los jóvenes de referencia fue conducir de Arivaca, un poblado al norte de Nogales, a Tucsón, en julio de 2005, a tres migrantes enfermos para que recibieran atención médica.

4. La ley requiere del Departamento de Seguridad Interna que expanda el aun modesto sistema de verificación del *status* migratorio de los empleados en la nación, imponiendo estrictas sanciones a empleadores que contraten a ilegales.

5. La H.R. 4437 prevé el reforzamiento del control fronterizo mediante una cornucopia de elementos tecnológicos que incluye satélites, vehículos aéreos no tripulados, aviones equipados con radar, más sensores, más cámaras, la famosa nueva barda y, por supuesto, en cuanto al recurso humano, más agentes para la Patrulla Fronteriza. Por lo pronto, cinco de las principales

empresas de la industria militar compiten ya por los contratos multimillonarios que se generarán con esta nueva ofensiva antiinmigrante.

La nueva legislación contemplaba originalmente una propuesta para denegar la ciudadanía a los hijos de indocumentados nacidos en territorio estadunidense. La anterior prerrogativa es un derecho de nacimiento consagrado desde 1868 por la catorceava enmienda de la constitución de Estados Unidos. La fracción conservadora en el Congreso norteamericano y los grupos radicales pretendieron echar abajo ese derecho, alegando que la enmienda ha sido malinterpretada y que en su concepción nunca se tuvo la idea de otorgar la ciudadanía automática a hijos de indocumentados nacidos en territorio de la Unión Americana.

Por alguna razón, esta propuesta no apareció en el proyecto de ley votado y aprobado —239 votos contra 182— el 15 de diciembre de 2005 en la Cámara de Representantes, lo cual no quiere decir que no resurja en cualquier otro momento.

La Ley Sensenbrenner versa fundamentalmente sobre aspectos de seguridad en la frontera, la construcción de un nuevo muro, la criminalización de indocumentados viviendo en Estados Unidos y la penalización a empleadores que no verifiquen el *status* migratorio de sus trabajadores, entre otras cosas. Hace caso omiso de programas de trabajadores huéspedes e ignora el tema de la regularización de los millones de indocumentados residiendo en Estados Unidos.

La gobernadora de Arizona es una mujer pragmática… y escéptica. Dijo la señora Napolitano en relación a la nueva barda: «Muéstrenme un muro de cincuenta pies, y yo les mostraré una escalera de cincuenta y un pies». Coincidimos con ella.

Como era de esperarse, la nueva legislación causó furor en la comunidad empresarial estadunidense. La necesidad de un programa de trabajadores huéspedes fue enfatizada por el liderazgo de la Cámara de Comercio y un puñado de republicanos moderados, en cartas dirigidas al Congreso.

Concluyendo: La *Border Protection, Antiterrorism, and Illegal Immigration Control Act of 2005,* es la más restrictiva y punitiva legislación antiinmigrante surgida en las últimas décadas en los Estados Unidos. Las medidas que propone se antojan anacrónicas en el contexto del siglo XXI. Hablar en el nuevo milenio de setecientas millas de muros adicionales en la frontera que comparten dos países que presumen la buena vecindad y que se precian de ser socios comerciales, dos naciones que comparten tres mil kilómetros de una frontera en la que se dan trescientos cincuenta millones de cruces al año en uno y otro sentido, resulta increíble.

Pretender convertir en criminales a once millones de trabajadores indocumentados, no únicamente es ofensivo, sino carente de sentido.

¿Qué, van a ubicar, a detener y a deportar a once millones de seres humanos?

Hasta la logística para ello resulta risible. El columnista conservador George F. Will hizo cálculos y llegó a la conclusión de que para deportar a esos once millones de irregulares, se necesitarían doscientos mil autobuses que pegados defensa con defensa formarían una caravana de San Diego, California, a Alaska.

Incongruentemente, la Ley Sensenbrenner, con todo su restriccionismo y espíritu maligno, produjo sorprendentes buenos resultados. Despertó al gigante dormido. Ocasionó una reacción inesperada de parte de la comunidad inmigrante en Estados Unidos, que asombró al mundo.

Todo se inició con la toma de postura del Arzobispo Primado de Los Angeles, el Cardenal Roger Mahony, quien sin ambages y usando como púlpito el oficio de Miércoles de Ceniza, denunció la «histeria» antiinmigrante que se estaba apoderando de la nación. Mahony no dejó títere con cabeza. Criticó desde el vigilantismo representado por los *Minuteman*, hasta la xenofobia evidente en muchos de los que claman por medidas de seguridad en la frontera. Y lo principal: el líder de cinco millones de católicos en la más grande arquidiócesis estadunidense, manifestó su decisión de instruir a los sacerdotes de su arzobispado para que desobedecieran la ley que penaliza a organizaciones religiosas y seculares por proveer asistencia a los indocumentados.

Mahony estaba siendo consistente no sólo con el evangelio cristiano que habla del imperativo moral de auxiliar a los extraños; estaba siendo también congruente consigo mismo. En 1994 el prelado se opuso terminantemente a la Proposición 187. El desafío de Mahony confirió una dimensión moral a lo que hasta ese momento había sido un debate sobre política y economía.

Y en los días anteriores al debate del tema migratorio en el comité judicial del Senado, el mundo asombrado supo de las multitudinarias manifestaciones de protesta contra la H.R. 4437, escenificadas por centenares de miles de agraviados inmigrantes —ilegales y legales— en los grandes centros urbanos de la Unión Americana. Trescientos mil manifestantes desfilando por las calles de Chicago, cincuenta mil en Denver, veinte mil en Phoenix, treinta mil en Washington y, lo inédito en la historia de estas marchas de protesta: quinientos mil en Los Angeles. Medio millón de pacíficos seres humanos muchos de ellos enfundados en camisetas blancas, portando banderas estadunidenses y mexicanas, coreando el «Sí se puede», con pancartas en las que se leía «*Don't panic, we're hispanic*», a escasas

177

cuarenta y ocho horas de que el comité judicial del Senado iniciara el debate en torno a una posible reforma migratoria.

Efectivamente, el gigante se había despertado. Atrás quedaban los históricos temores del indocumentado que prefiere mantener el bajo perfil, no hacer olas, pasar desapercibido ante el siempre presente peligro de la deportación. Olvidada estaba la indiferencia, y presente y actuante se advertía la indignación del trasterrado por ser criminalizado injustamente. Si parecía un levantamiento de inmigrantes, algo así como el renacimiento del movimiento en pro de los derechos humanos, el *Civil Rights Movement* de los años sesenta que a favor de la comunidad afroamericana encabezara el Reverendo Martin Luther King. Y como en ese movimiento, los inmigrantes también parecían decir, mayoritariamente en español, *«I have a dream»*, porque ellos también acarician un sueño.

Se llega así al lunes 27 de marzo, que quizás en el futuro pueda considerarse como fecha histórica en la lucha por la humanización del flujo migratorio, sobre todo el proveniente de Latinoamérica, de donde surge el setenta y ocho por ciento de los once millones de indocumentados en la Unión Americana. Ese día y ante una fracción parlamentaria republicana profundamente dividida, el comité judicial del Senado aprobó la legalización de once millones de inmigrantes ilegales a los que en última instancia se les concede la posibilidad de obtener la ciudadanía eatadunidense siempre y cuando permanezcan empleados, no tengan antecedentes criminales, aprendan inglés y paguen multas e impuestos atrasados. El mencionado pánel senatorial aprobó también un vasto programa de trabajadores temporales que permitirá a aproximadamente cuatrocientos mil trabajadores ingresar a los Estados Unidos cada año, el más grande programa de ese tipo desde el Programa Bracero que atrajo a más de cuatro millones de campesinos mexicanos a los Estados Unidos entre 1942 y 1960. A estos cuatrocientos mil individuos del presente se les permitirá también aspirar a la ciudadanía.

De acuerdo a la propuesta, los participantes en el programa de trabajadores temporales tendrían que trabajar seis años antes de poder solicitar su «tarjeta verde» (*green card*). Por otra parte, los indocumentados residiendo ya en Estados Unidos también tendrían que trabajar seis años en el vecino país antes de solicitar su residencia permanente; cinco años después de ese lapso podrán «aplicar» —para usar un barbarismo propio del spanglish— para la ciudadanía.

El senador republicano Lindsay Graham calificó todo lo anterior como «un trayecto de once años hasta la ciudadanía».

También se enfatizó la seguridad en la frontera y para el caso aprobaron, entre otros aspectos, duplicar el número de agentes de la Patrulla Fronteriza en el curso de los próximos cinco años.

Hasta el momento de escribir el presente texto, se desconocía el resultado del debate a que se sometería el nuevo proyecto de ley en el pleno del Senado, debate del que podrían surgir enmiendas. De igual manera, la legislación aprobada finalmente por el Senado tendría que ser conciliada con la muy restrictiva Ley Sensenbrenner que salió de la Cámara de Representantes en diciembre de 2005.

Por supuesto que al alborozo suscitado por la aprobación del nuevo proyecto de reforma migratoria en el comité judicial del Senado, se opuso el furioso ataque de los republicanos conservadores, los que calificaron a la iniciativa aprobada como una «amnistía para los violadores de la ley».

El hecho es que la bancada republicana en la Cámara Alta del Congreso estadunidense permanecía profundamente dividida entre legisladores proempresariales, proclives a la regularización de sus empleados y a los programas de trabajadores temporales y, los conservadores «sociales», que batallan para contener el flujo de inmigrantes ilegales.

Cuando aun se debatía en el pleno la propuesta de ley aprobada por el comité judicial del Senado, a finales de marzo de 2006, se visualizaba una colisión legislativa entre la iniciativa aprobada por la Cámara de Representantes, orientada exclusivamente hacia el *enforcement*, es decir, hacia la aplicación irrestricta de la ley, y, la del senado, que incluía un programa de trabajadores temporales.

Se especulaba inclusive —estos párrafos fueron escritos en las fechas arriba citadas— sobre la posibilidad de que se llegara a un punto muerto (*deadlock*) entre ambas cámaras, habida cuenta de las posiciones diametralmente opuestas del Senado y de la Cámara de Representantes y, como consecuencia del enrarecido clima político prevaleciente por las elecciones de medio término. Los más pesimistas vaticinios hablaban de que quizás en el 2006 no se llegase a concretar algún tipo de reforma migratoria. Las corrientes que se oponen a dicha reforma tal y como surgió del comité judicial senatorial, cifran sus esperanzas en la Cámara de Representantes para que no se lleve a cabo. Según el líder de la coalición antiinmigrante en dicho recinto camaral, el Representante Tom Tancredo, ningún proyecto de ley que contemple la amnistía y un masivo incremento de trabajadores extranjeros, sería aprobado por la Cámara de Representantes.

La moneda estaba —o está— en el aire.

De Willcox, Arizona; a Denison, Iowa; a Victoria, Texas

El convoy del ferrocarril Union Pacific consta de cien góndolas que contienen cada una cien toneladas de carbón. El carbón ha sido cargado en Gallup, Nuevo México, y está destinado a una planta generadora de energía eléctrica que se ubica en los aledaños de Willcox, Arizona. Es la helada madrugada del 30 de enero de 2002.

Ya en la planta eléctrica, el convoy es desviado a una espuela de descarga en donde el energético pasa de las góndolas a una banda transmisora. En ese proceso se encuentran los trabajadores cuando advierten que entre el carbón se desliza por la banda un cuerpo humano. De inmediato paran la operación y hurgan en el carro ferroviario.

Aparecen cuatro cuerpos más.

Los cinco individuos, todos indocumentados, todos originarios de Parral, Chihuahua, dos de ellos hermanos, habían muerto de frío.

De la reconstrucción de hechos quedó en claro que los fallecidos eran vecinos, amigos y parientes, y habían salido de Parral el 21 de enero con la intención de «brincarse el alambre» para buscar trabajo en Estados Unidos. Cruzaron por Palomas, Chihuahua, y se dirigieron a Deming, Nuevo México; ahí abordaron un tren de góndolas carboníferas que se dirigía hacia el oeste. Seguramente cansados por la travesía y en plena madrugada, se tendieron sobre el carbón, a cielo abierto. Pudo más la fatiga que las temperaturas bajo cero y se quedaron dormidos, para no despertar jamás.

El desierto de Arizona no perdona; sus extremos matan. De calor en verano, de frío en invierno.

Todos perecieron por hipotermia, dictaminó el forense.

Entre Gerardo Rubén y Gerardo Ramón, los dos hermanos de apellidos Jiménez Martínez, dejaron un total de cinco huérfanos y dos viudas.

A punto estuvo de producirse una sexta víctima. El padre de los Jiménez Martínez, al acudir a la funeraria de Douglas, Arizona, para identificar a sus hijos, sufrió un ataque cardiaco y sólo la rápida intervención de personal médico impidió un fatal desenlace.

Los infortunios no acababan. Cuando los cinco cuerpos eran repatriados por superficie rumbo a Parral desde Agua Prieta, los vehículos tuvieron que regresar a la última población citada porque fuertes nevadas habían obligado a cerrar la carretera a la altura de Janos, Chihuahua.

Hubo que pedir permiso para transitar por territorio estadounidense y finalmente los parralenses arribaron a su última morada en el solar nativo.

DENISON, IOWA

La góndola de ferrocarril usada para el transporte de granos fue colocada en una espuela de carga, a tres kilómetros de Denison, Iowa, un

182

típico pueblo del Medio Oeste estadounidense, el 14 de octubre de 2002, después de haber recorrido más de seiscientos kilómetros a través de cuatro estados de la Unión Americana, en un lapso de cuatro meses.

Cuando los trabajadores abrieron la góndola para inspeccionarla antes de cargarla, descubrieron once cadáveres en el fondo del vagón.

Los cuerpos estaban irreconocibles después de haber permanecido en esa tumba metálica durante cuatro meses. Lo único que quedaba en claro es que la muerte de los once infortunados había ocurrido con toda seguridad lenta, dolorosamente, como consecuencia de un exceso de calor, de la falta de oxígeno, de inanición, o de una combinación de todos esos factores.

Poco a poco fue desenredándose la madeja de una horrorosa tragedia en la que, como de costumbre, las víctimas fueron migrantes indocumentados, nueve de ellos mexicanos, un guatemalteco y un hondureño.

Investigaciones realizadas por las autoridades dejaron en claro que los once migrantes —siete hombres y cuatro mujeres— habían abordado la góndola cuando se encontraba aún en Matamoros, Tamaulipas, el 15 de junio de 2002. Seguramente que el «coyote» introdujo a los migrantes al vagón, el cual fue posteriormente cerrado durante su internación a Estados Unidos vía Brownsville, Texas —la frontera con Matamoros—, y en algún momento de este tortuoso proceso el traficante los «perdió», o lo que es peor, se desentendió de ellos. Probablemente les dijo que en un lapso razonable regresaría, una vez cruzada la frontera, para conducirlos a algún destino específico, quizás en el mismo estado de Texas.

Habría que imaginar el estado de ánimo de hombres y mujeres cuando vieron y oyeron cómo se cerraba herméticamente la cubierta metálica de la góndola. En el oscuro y sofocante interior de esa auténtica tumba, ¿tendrían los infelices alguna premonición de la tragedia que se cernía sobre ellos?

Lo cierto es que algo falló y la góndola con los migrantes, a los que no se les había dotado de agua ni de comida, fue enganchada a un tren de Union Pacific y conducida hasta los patios ferroviarios cercanos a la ciudad de Oklahoma, en donde permaneció estacionada y sellada durante cuatro meses. No fue sino hasta mediados de octubre cuando la góndola se movió de nuevo, ahora rumbo a Denison, para ser cargada con grano. Es evidente que los indocumentados deben de haber fallecido en los primeros días de su encierro, en medio de la más terrible desesperación. El coyote los abandonó a su suerte y al no notificar a las autoridades, no les concedió la más mínima oportunidad de sobrevivir.

La góndolas graneleras se cierran por fuera en la parte superior, por donde reciben el grano, y son descargadas mediante una escotilla en la parte inferior, la cual también es cerrada herméticamente desde fuera. No hay manera de abrir una góndola de ese tipo desde adentro.

Denison, a casi cien kilómetros al noreste de Omaha, Nebraska, es un puntito perdido en la inmensidad de *the plains,* las enormes planicies del Medio Oeste. Dos mil de sus siete mil habitantes son de origen latino, y la tragedia proyectó un palio de dolor y conmiseración. Docenas de vecinos se reunieron en la iglesia del lugar a los pocos días del macabro descubrimiento, para elevar sus oraciones por el eterno descanso de los once desconocidos.

La investigación se prolongó por muchos meses. En enero de 2003 las autoridades mexicanas detuvieron en Aguascalientes a Florencio de Lira, uno de los traficantes. En agosto del mismo año cuatro coyotes más, implicados en lo que se empezó a conocer como la tragedia de Denison, fueron formalmente acusados por fiscales federales estadounidenses. Apresaron a dos de dichos coyotes y contra el otro par se libró orden de aprehensión. De las investigaciones practicadas quedó en claro que cada uno de los once indocumentados había pagado mil dólares por ser cruzado a través de la frontera. Y finalmente, a dos años de distancia de la tragedia, el último de los coyotes, Rogelio Hernández Ramos, fue detenido en junio de 2004, en Aguascalientes, su estado de origen. Rogelio fue el que «enroló» a los primos Roberto Esparza Rico y Omar Esparza Contreras, también hidrocálidos, dos de los once migrantes que murieron en la góndola de ferrocarril. Durante algún tiempo, antes de su arresto, anduvo, contrito, solicitando el perdón de los parientes de las víctimas. Las familias de ambos fallecidos tardaron un año en recuperar los cuerpos para darles cristiana sepultura. Obviamente, jamás perdonaron a Hernández Ramos.

Juan Fernando Licea Cedillo, uno de los dos traficantes apresados en Estados Unidos, se declaró culpable de participar en la operación que condujo a la muerte de los once indocumentados. El individuo, de veintiséis años, afrontaba, en ese momento, cadena perpetua.

¿Antecedente de Denison? En 1987, 18 mexicanos murieron en el interior de un vagón de ferrocarril que había sido estacionado en un ramal de vía en Sierra Blanca, Texas. El único sobreviviente afirmó que el vagón fue cerrado por fuera al cruzar la frontera por El Paso.

Victoria, Texas

Tyrone Williams, un jamaiquino, paró a la vera de la carretera el tractocamión que guiaba, porque advirtió que una de las luces de la caja del vehículo venía colgando. Al bajar, oyó los gritos y los golpes que sobre las paredes internas del contenedor descargaban los seres humanos ahí aprisionados. Escuchó inclusive, sin entenderlos, porque no habla español, los desgarradores alaridos de una mujer que gritaba una y otra vez: «¡El niño!»

El conductor entendió que algo andaba muy mal, abordó de nuevo la unidad y enfiló rápidamente hacia un parador en el camino a unos quince kilómetros de la población de Victoria, Texas, en donde él y su compañera, Fátima Holloway, compraron botellas de agua para «el cargamento». Williams abrió el contenedor del tractocamión para proporcionar el agua y en ese momento supo de qué tamaño era la tragedia y su responsabilidad. Sobre el piso vio los cuerpos sin vida de numerosas personas y, presa del pánico, decidió huir. Eran las dos de la madrugada del 14 de mayo de 2003.

Dejó las puertas abiertas, desenganchó el camión del remolque y escapó junto con su compañera con rumbo a Houston, Texas, en donde fue aprehendido posteriormente.

Cuando las autoridades del Departamento del Sheriff del condado de Victoria arribaron, atestiguaron con horror una de las peores tragedias en la historia de la diáspora indocumentada hacia Estados Unidos: En el interior del contenedor, el cual había sido retacado con alrededor de setenta migrantes —mexicanos y centroamericanos—, yacían diecisiete individuos muertos; algunos más se advertían a punto de expirar; de hecho, uno de los más graves murió poco después en el hospital en donde era atendido, y dos días más tarde, otro infortunado migrante, un hondureño, dejó de existir en otra institución hospitalaria, víctima de las complicaciones de una severa deshidratación, ascendiendo así el saldo a diecinueve decesos, para hacer de la tragedia de Victoria el más mortal de los incidentes suscitados en el tráfico de indocumentados entre México y Estados Unidos.

Todo se inició el 13 de mayo de 2003, cuando Tyrone Williams se disponía a regresar al estado de Nueva York conduciendo un tracto-camión con el remolque vacío. Un par de coyotes le hizo una propo-sición que no pudo resistir: dos mil quinientos dólares para que metie-ra en el remolque a dieciséis indocumentados y los condujera desde el poblado fronterizo de Harlingen hasta Houston, Texas. Williams de-claró que el camión fue «cargado» por los propios traficantes al filo de las diez de la noche del 13 de mayo, no con los dieciséis migrantes acordados originalmente, sino con setenta, incluidos niños y muje-res. En el interior de la caja, la cual fue cerrada por fuera, el calor era sofocante y el oxígeno escaso. No había agua ni aire suficiente y rei-naba la oscuridad. El contenedor se convirtió en una trampa mortal.

Cuatro horas después, en la madrugada del 14, y ya cuando las puertas del remolque habían sido abiertas, los migrantes que aún po-dían hacerlo huyeron a campo traviesa. En las siguientes horas la ma-yor parte de ellos fueron capturados. Las autoridades trasladaron a los afectados por el calor y el sofocamiento a nosocomios cercanos. Se-gún dictamen del médico forense, los decesos ocurrieron como con-secuencia de deshidratación y asfixia.

En las cuatro funestas horas transcurridas entre las diez de la noche del día 13, en que los migrantes fueron introducidos al con-tenedor, y las dos de la madrugada del día 14, en que las puertas fue-ron abiertas, se presume que la temperatura en el interior del remolque alcanzó los setenta y dos grados centígrados; los infortu-nados encerrados en el ataúd rodante, desesperadamente, con las uñas, intentaron arrancar el material aislante que recubría el interior de la caja, en un intento inútil por encontrar algún orificio por el cual poder respirar.

En los meses subsecuentes fueron cayendo los integrantes de la mafia de traficantes que originó la tragedia. Entre ellos estaba la lideresa de la banda, Karla Patricia Chávez, una hondureña de veintiséis años de edad. Ella fue la que supervisó el abordaje del remolque por los setenta migrantes originarios de México, El Salvador, Honduras, Nicaragua y Guatemala; ella fue también la que cobró los mil dólares por indocumentado. Las autoridades establecieron un vínculo entre las tragedias de Denison y Victoria. Es decir, los arrestados por las diecinueve muertes en el tractocamión también estuvieron implicados en el caso de los once migrantes fallecidos en el interior de la góndola granelera.

Tyrone Williams, inmigrante él mismo, fue encontrado culpable de treinta y ocho cargos, se salvó de milagro de la pena de muerte que pendía sobre su cabeza y enfrenta ahora la posibilidad de cadena perpetua.

Uno de los diecinueve muertos de Victoria fue Marco Antonio Villaseñor Acuña, mexicano de cinco años de edad.

Ese era «¡El niño!» por el que a gritos clamaba la mujer —seguramente su madre— en el interior del contenedor.

La «migra»: violencia institucional y baleados

La Patrulla Fronteriza de Estados Unidos —la «migra», pues—, es la némesis de los indocumentados, aunque frecuentemente se convierte en su tabla de salvación cuando se encuentran en peligro.

La corporación se integra con gente joven en su mayor parte, sobre cuyos hombros recae la tarea de hacer cumplir las leyes de inmigración —«enforzar», dicen los «migras» de origen latino, con su muy particular uso del spanglish— en la Unión Americana; son también el primer muro de contención en la frontera con Estados Unidos contra el que topan los migrantes. Hay agentes recién salidos de la *high school*, ya que la Border Patrol no exige educación superior *(college)*. El sueldo es atractivo: a los seis meses del enlistamiento un «migra» puede estar ganando cuarenta y dos mil quinientos dólares al año y los veteranos, con tiempo extra computado, perciben hasta cincuenta mil dólares anuales. Aun así, la corporación enfrenta el problema de un alto porcentaje de agentes que dejan el empleo. Una de las causas es el aburrimiento, consecuencia del tiempo que pasan «sentados sobre las equis» *(sitting on Xs*, dicen ellos). Las nuevas tácticas de vigilancia los obligan frecuentemente a permanecer en posiciones fijas, estacionados frente a un sector de frontera. Eso y el hecho de que los que no son hispanoparlantes tienen que aprender español o lo que pasa por español, en la academia de la Patrulla Fronteriza. Aproximadamente una tercera parte de los agentes en servicio son de origen latino.

De acuerdo al reporte de 2002 de la GAO (United States General Accounting Office), la oficina de monitoreo de la función pública, la Patrulla Fronteriza contaba con ocho mil quinientos agentes a lo largo de la frontera sur. Para instrumentar a cabalidad la denominada Southwest Border Strategy, la autoridad estadounidense calculaba que se requeriría de tres mil doscientos a cinco mil quinientos agentes más, además del adicional soporte tecnológico y de equipo.

¿Posible consecuencia de esta nueva estrategia de reclutamiento de más elementos uniformados para alcanzar metas poco reales? La irremisible alteración de la proporción entre agentes novatos y agentes veteranos, algo que tiene suma importancia desde la perspectiva de las violaciones a los derechos humanos, al rebasarse la capacidad de entrenamiento y supervisión.

¿Qué preveía en 2002 una dependencia del gobierno de Estados Unidos como lo es la GAO, como resultado de todo este enorme esfuerzo logístico? El desplazamiento del flujo migratorio de los lugares de mayor vigilancia a otros sitios, no su interrupción.

Capítulo aparte merece una de las facetas de la Patrulla Fronteriza: El agrupamiento Borstar, que es la unidad de rescate denominada Border Patrol Search, Trauma and Rescue. Borstar rescata migrantes en situación de riesgo; sus elementos, que en el verano abandonan el tradicional uniforme verde olivo y visten pantalones claros y camisas rojas, marchan por el desierto, son expertos «huelleros», como dicen en Sonora, localizan a moribundos y, en el peor de los casos, a quienes han expirado; prestan primeros auxilios y hacen del rescate su principal misión. El número de rescates, a propósito, supera en mucho al número de muertos en los lugares de cruce, aunque esta última estadística tiene mayor visibilidad mediática. El trabajo que realizan los desgasta física y emocionalmente. Para los agentes de Borstar, los infrecuentes nublados en el desierto son la diferencia entre la vida y la muerte, mientras que los días despejados y soleados del verano son siempre malas noticias.

En el año fiscal 2005, agentes del Borstar rescataron a ochocientos cincuenta migrantes, según el Sector Tucsón de la Patrulla Fronteriza. Pese a las impresionantes cifras compiladas por estas unidades de rescate, los críticos afirman que es difícil otorgarle crédito a la «migra» por acciones humanitarias a las que la misma corporación obligó con sus estrategias que desplazaron el flujo migratorio hacia lugares de alto riesgo. «Es como si tiramos el niño a la alberca y luego nos lanzamos a rescatarlo junto con el salvavidas y nos proclamamos héroes por tal acción», dice Kathryn Rodríguez, una activista de la Coalición de Derechos Humanos de Arizona.

La Patrulla Fronteriza está integrada por seres humanos sujetos a las falibilidades y virtudes del género. De ninguna manera inmunes a la corrupción y a las acechanzas del dinero fácil. Viene a cuento lo anterior por los casos de agentes de la PF que han sido detenidos y acusados de delitos relacionados con el tráfico de indocumentados y de narcóticos. Problema recurrente en la corporación lo constituye también el número de denuncias por presuntas responsabilidades en la comisión de actos de violencia, abusos y violaciones a los derechos humanos de migrantes indocumentados.

Dos agentes de la Patrulla Fronteriza, con rango de supervisores, Mario Alvarez y Samuel McClaren, enfrentan cargos de tráfico de indocumentados y una posible sentencia de quince años de cárcel. Ambos, de servicio en el Valle Imperial, dejaban en libertad a migrantes aprehendidos, a coyotes inclusive, a cambio de dinero. El negocio les resultó tan productivo que les produjo trescientos mil dólares. Para mayor desdoro, Alvarez y McClaren ocupaban un nicho especial en la corporación, ya que habían sido factores en el establecimiento del Programa OASISS que en combinación con autoridades mexicanas, permite el enjuiciamiento de traficantes de indocumentados en México.

Otros agentes de la Estación de El Centro, California, han sido detenidos por narcotráfico. Uno de dichos uniformados en el 2005 trató de introducir a Estados Unidos varios centenares de libras de marihuana a bordo de su patrulla. Dos agentes más fueron aprehendidos por autoridades mexicanas transportando hacia Mexicali mil trescientos cartuchos de diferentes calibres.

Un caso que destaca y que podría tener ribetes cómicos si no fuera porque pone en evidencia las fallas en los controles internos de la corporación es el del agente Óscar Antonio Ortiz. El mencionado, ciudadano mexicano nativo de Tijuana, falsificó un acta de nacimiento en la que se consignaba que había nacido en Chicago (los agentes de la PF tienen que ser nacionales estadounidenses) y logró ser aceptado en la Patrulla Fronteriza. Ya en servicio y asignado a la estación de El Cajón, California, se metió de coyote, introduciendo «pollos» a Estados Unidos por las veredas de montaña cercanas a Tecate, las cuales supuestamente patrullaba. Ortiz cobraba dos mil dólares por migrante contrabandeado.

De todo hay en la viña del Señor.

VIOLENCIA INSTITUCIONAL

¿Quis custodiet ipsos custodes?

Violencia institucional es la que practican agentes de corporaciones policiacas —departamentos del sheriff, policías citadinas, Patrulla Fronteriza— contra migrantes indocumentados. El principal perpetrador de este tipo de violencia, que se cubre con el manto de la autoridad, es, sin duda alguna, la Patrulla Fronteriza, culpable, o presunta culpable, de numerosos casos de maltratos verbales, físicos, lesiones con arma de fuego y homicidios.

Tome usted por ejemplo a Erick de Dios Morales, un tabasqueño al que un «migra» dejó como Cristo doloroso después de darle patadas en el rostro y la nuca al detenerlo. O al hidalguense Juan Reyes Rodríguez, a quien otro buen samaritano de la PF, enojado porque lo correteó para aprehenderlo, le propinó puntapiés en cara y espalda, le reventó el labio superior y se despidió pisándole la mano. A Iván Ruiz Arvayo, sonorense, le fue peor: el patrullero que lo agredió lo pateó en el torso, ocasionándole fractura de costillas, una de las cuales le perforó un pulmón. Y qué decir de Reyes Castillo Ríos, originario de Morelos. El paisano se brinca el cerco junto con otros indocumentados, al oeste del puerto de entrada de Douglas, y de inmediato les cae la ley. Todos corren paralelamente a la barda y son perseguidos por varios vehículos de la «migra», uno de los cuales —un jeep— alcanza por atrás al morelense, al que lanza por los aires; la unidad se estrella contra la cerca metálica. El connacional es llevado al hospital y afortunadamente sobrevive. Ya del lado mexicano, jura y perjura que fue atropellado intencionalmente.

Y como esos casos hay montones más que son reportados a los consulados mexicanos en las respectivas jurisdicciones. El problema es que en la frontera tiene vigencia aquel aforismo de Séneca de ¿quién custodia a los custodios? Es decir, las representaciones consulares atienden puntualmente las quejas y solicitan por escrito que se lleven a cabo las investigaciones correspondientes, ante la estación de la Patrulla Fronteriza a la que están asignados los agentes presuntamente responsables de los abusos, y ante la Oficina del Inspector General, que depende del Departamento de Justicia, del que también depende la Patrulla Fronteriza. Es decir, se les pide a los custodios que investiguen a otros custodios. Para cuando la pesada máquina burocrática empieza a moverse, ya los ofendidos han sido devueltos a terrritorio mexicano y es imposible localizarlos para que rindan su testimonio, sin el cual no va a proceder la acusación. En ese escenario kafkiano ocurren los abusos a los derechos fundamentales de los migrantes y las investigaciones en torno a dichas violaciones.

HERIDOS CON ARMA DE FUEGO

Además de la posibilidad de morir insolado, congelado, ahogado o apachurrado en algún accidente automovilístico, el migrante enfrenta también el peligro de caer abatido por los disparos realizados por agentes de la Patrulla Fronteriza.

- Por allá por noviembre de 1990, un niño de Mexicali de nombre Eduardo Zamores, de apenas nueve años de edad, escala el cerco metálico de la línea divisoria y a horcajadas sobre el mismo otea hacia Caléxico. Llega en ese momento un oficial de la Patrulla Fronteriza, desenfunda su Beretta calibre 9 milímetros y, sin decir palabra, le asesta un balazo en pleno pecho. La bala, expansiva, casi lo mata.

- Arturo Rosas Carmona, tlaxcalteca con residencia en Agua Prieta, Sonora, salta la cerca metálica en la madrugada de un frío día de enero de 2002 junto con otros paisanos. Todos caen del lado de Douglas y son advertidos de inmediato por un agente de la Patrulla Fronteriza quien, pistola en mano, los conmina a que se detengan. Los paisanos regresan sobre sus pasos y escalan la cerca de nuevo, ahora con la intención de saltar hacia el lado mexicano. El agente hace fuego e impacta en la espalda a Rosas Carmona, quien no se desploma porque lo sostienen sus compañeros y, entre todos, lo ayudan a trasponer la cerca. Caen ahora en Agua Prieta y se desmaya el herido. Rosas Carmona se recupera y se acoge al ofrecimiento de auxilio del consulado mexicano en Douglas, cuyo abogado consultor entabla demanda contra el gobierno de Estados Unidos. La acción legal prospera y la Corte Federal en Tucsón, Arizona, resuelve a favor de la víctima, a quien concede la suma de ciento veinticinco mil dólares como indemnización.

- José Juan Rodríguez Guardas, de Cárdenas, Tabasco, conducía un automóvil, en octubre de 2004, por la carretera 82, que une Huachuca City con Tombstone, en Arizona, acompañado de su esposa, su hermano y un par de jóvenes defeños, todos ellos indocumentados. Al paso les salen varias unidades de la Patrulla Fronteriza, ordenándoles que se detengan. Así lo hacen y de una de las unidades descienden dos uniformados, empuñando armas de fuego, que se acercan al vehículo parado. Juan José recibe la orden de salir del automóvil y, obedeciendo, trata con la mano izquierda de desabrocharse el cinturón de seguridad. Uno de los agentes —¿el más inexperto, el más nervioso?— posiblemente malinterpreta la acción y dispara contra el indocumentado, impactándolo en el maxilar inferior, el cual destroza. El herido es trasladado en helicóptero a un hospital de Tucsón, en donde tarda largo tiempo en recuperarse.

- La historia se repite. Un nativo del estado de México, Salvador Mendoza Flores, una tarde de noviembre de 2002 escala la barda metálica que divide Agua Prieta, Sonora, de Douglas, Arizona, acompañado por una amiga. Los descubre la Patrulla Fronteriza y tratan de regresar a México escalando de nuevo el cerco. Salvador ayuda a su compañera cuando se oye una detonación y el mexiquense pierde el control de sus extremidades inferiores y cae al suelo. El disparo se le hizo cuando se encontraba de espaldas. Ya caído es conminado por agentes de la PF para que camine hacia ellos, so pena de seguirle disparando. Como puede se incorpora y, auxiliado por la amiga, camina unos cuantos pasos hasta que pierde el conocimiento. Ya en el hospital se aprecia que el proyectil calibre .40 de alguna de las pistolas de los patrulleros atravesó el glúteo izquierdo y luego el glúteo derecho, en donde tuvo orificio de salida.

• Y el colmo. Juan Fernando Espinoza Maya, otro mexiquense, fue herido en febrero de 2004 ¡cuando se encontraba en territorio mexicano! El muchacho, en compañía de dos amigos, había saltado hacia Douglas. Una vez descubiertos, se regresaron a México sin problema alguno y ya en plena calle Internacional de Agua Prieta, cae abatido por un balazo que lo impacta en un hombro, disparado por un agente de la Patrulla Fronteriza, ¡desde territorio estadounidense! La cerca en ese tramo está confeccionada con barrotes de hierro, con espacios entre barrote y barrote; por uno de esos espacios pasó el proyectil que detonó ¡desde Douglas! el «migra». El herido es recogido por una patrulla de la policía municipal aguapretense, trasladado a un hospital, y salva la vida.

En todos los casos narrados la explicación y/o justificación para los hechos de sangre fue la misma: los agentes temieron por su seguridad al ser atacados a pedradas, y pues, accionaron sus armas.

Balas contra piedras.

Dicen que 1990 fue un excelente año para los vinos californianos. Pero no para los migrantes en California. En ese año, uniformados de la Patrulla Fronteriza balacearon a seis mexicanos indocumentados, a cuatro de los cuales mataron.

- En la madrugada del 12 de noviembre de 2000, un joven chiapaneco de nombre Juan Pinacho Rodríguez murió en una calle de Nogales, Arizona, al recibir tres impactos de bala disparados por un «migra». Un agente declaró posteriormente que había intentado detener al connacional, pero que éste se resistió, le arrebató su arma y fue en ese momento cuando apareció un segundo agente que verificó los disparos. La investigación correspondiente eximió de toda culpa a ambos uniformados.

- Ricardo Olivares Martínez tenía apenas veintidós años cuando fue muerto de cinco balazos por otro «migra», el 5 de junio de 2003, al este del puerto de entrada de Douglas, Arizona, y a escasos metros de la cerca metálica que divide a los dos países. Olivares era un muchacho de escueto físico —1.60 metros de estatura, cincuenta kilogramos de peso—, nativo y residente de Agua Prieta, Sonora. En la fecha citada, el joven cruzó la frontera con otros migrantes, y fueron advertidos por la Patrulla Fronteriza cuando aún se encontraban a corta distancia del cerco. Los indocumentados se regresaron corriendo, tratando de saltar hacia México. En esas circunstancias Olivares, que iba retrasado, fue enfrentado por uno de los uniformados que, a escasa distancia —se habló de tres metros—, le descerrajó siete balazos, cinco de los cuales hicieron blanco en la delgada humanidad del aguapretense. ¿La explicación? La de siempre, el migrante lo agredió a pedradas. El caso fue atendido por el consulado de México en Douglas, que repatrió el cuerpo a Agua Prieta y puso a disposición de la adolorida familia los servicios de su abogado consultor. En representación de la madre del desaparecido, Socorro Olivares Martínez, el abogado tiene entablada una demanda contra el gobierno estadounidense ante la corte federal del Distrito de Arizona, en Tucsón. El juicio, hasta el momento en que esto se escribe, está pendiente de resolución.

- A corta distancia del caserío de Portal, casi en la línea divisoria entre Arizona y Nuevo México, agentes de la Patrulla Fronteriza detuvieron la madrugada del 20 de octubre de 2004 una vagoneta en la que viajaban diecinueve indocumentados, la mayor parte de ellos originarios de Puebla. Al volante del vehículo iba Edgar Ramos Villarreal, un muchacho de veinticinco años de edad, oriundo de Chihuahua pero con residencia en Agua Prieta, Sonora. De la unidad de la Patrulla Fronteriza descendió un agente pistola en mano, ordenando al conductor que se bajara del automóvil. Edgar Ramos obedeció y fue conducido por el uniformado al lado derecho de la furgoneta, a bordo de la cual permanecía el resto de los migrantes viendo por las ventanillas lo que ocurría. El agente instruyó a Edgar a que se tirara cara al suelo y, sin soltar la pistola, empuñada en su mano derecha, trató de esposar al joven chihuahuense. En ese momento se escuchó una detonación. El proyectil impactó al compatriota en la espalda, con orificio de salida en el bajo vientre. Los patrulleros llamaron a los paramédicos, quienes al arribar encontraron sin vida al migrante. Los compañeros de Edgar calculan que agonizó por espacio de quince mi-

198

nutos. En la estación de Lordsburg (Nuevo México) de la PF,
se especuló que el disparo pudo haberse producido accidentalmente, cuando el oficial trataba de esposar al detenido, sin soltar la pistola. En cualesquier circunstancias, si hubo intención o
bien falta de pericia del uniformado, el resultado final es que el
paisano fue victimado. Un bufete jurídico de Phoenix, Arizona, representa a la familia del desaparecido en la demanda in-
terpuesta.

- Un vecino de Naco, Sonora, de nombre Héctor Alonso Romero Carrillo, vaquero de oficio a quien en un momento dado
se le ocurre meterse de narcotraficante, cruza la frontera a la altura de Naco, Arizona, conduciendo una camioneta *pick-up* en
la que transporta poco más de una tonelada de marihuana, el
10 de agosto de 2005. El vehículo es advertido por alguaciles
del Departamento del Sheriff del condado de Cochise en una de
las carreteras de dicho condado, se entabla la persecución, el
traficante pretende ponerse a salvo regresando a territorio mexicano y para el caso abandona la cinta asfáltica y mete el *pick-up*
al desierto. El vehículo cae en una zanja y queda inhabilitado,
por lo que Romero Carrillo lo abandona y continúa la huida
a campo traviesa. Para entonces es perseguido también por varios agentes de la Patrulla Fronteriza, que le dan alcance. Hasta ahí lo que se sabe a ciencia cierta. En un aparente enfrentamiento, confuso aún por la ausencia de información oficial,
los agentes abren fuego sobre el mexicano y lo matan. En las
instalaciones del médico forense adonde es llevado el cadáver,
se advierte que el connacional recibió seis impactos de bala,
dos de ellos mortales. Los familiares del victimado no entienden aún el concepto de «enfrentamiento», pues niegan que el

occiso portara arma alguna en el momento de la balacera. La manera como ocurrió el desaguisado todavía no se esclarece debidamente.

- En uno de los casos que más polvareda han levantado —ocurre en un momento de suma tensión en la relación bilateral—, un agente de la Patrulla Fronteriza de San Diego ultima de un balazo al connacional Guillermo Martínez Rodríguez, el 30 de diciembre de 2005. El muchacho, originario de Guadalajara y con residencia en Tijuana, de escasos veinte años de edad, se había internado a territorio estadounidense por un punto frontero a la colonia Libertad; fue descubierto por la «migra» y cuando trataba de regresar a México, recibió el disparo. Aun así alcanzó a trasponer la línea divisoria y fue conducido por un hermano a la Cruz Roja de Tijuana, en donde dejó de existir. El consulado general de México en San Diego brindó todo tipo de ayuda a la familia del occiso y solicitó de inmediato la investigación del hecho de sangre. A su vez la embajada de México en Washington entregó al Departamento de Estado una nota diplomática solicitando el esclarecimiento de los hechos y haciendo enfática expresión de la condena del gobierno mexicano al desproporcionado uso de la fuerza.

- Y el 15 de enero de 2006, un agente del Departamento de Seguridad Pública del estado de Texas accionó su arma contra un nacional mexicano de nombre Ismael Segura Méndez, asestándole el balazo en pleno tórax y matándolo. La versión oficial de las autoridades texanas fue en el sentido de que la nueva víctima, otro joven de apenas veintitrés años de edad, se había resistido a ser arrestado y que huyó conduciendo un auto a gran velocidad por el tramo carretero entre Roma y Río Grande

City, Texas. Con el auxilio consular, los restos del paisano fueron repatriados. El consulado de México en McAllen solicitó una exhaustiva investigación del incidente.

Los dos últimos casos descritos, ocurridos en las especiales circunstancias por las que atravesó la relación entre México y Estados Unidos a finales de 2005 y al inicio de 2006, como consecuencia de la rispidez ocasionada por el endurecimiento de las medidas de control en la frontera y la aprobación de la ley Sensenbrenner, tensaron más aún la situación prevaleciente. Las muertes de ambos jóvenes compatriotas despertaron las más acerbas críticas en en todos los círculos de México. La condena al uso excesivo de la fuerza fue unánime.

La proliferación de hechos de sangre suscitados por los disparos de oficiales de la Patrulla Fronteriza, en los que invariablemente las víctimas resultaban ser migrantes, determinó el concepto de usar armas de efecto pasajero, específicamente lanzadores de cápsulas de pimienta, con la intención de someter a indocumentados sin necesidad del uso de fuerza letal. Desafortunadamente, el experimento no funcionó como se preveía, pues los lanzadores no fueron provistos en número suficiente a los agentes en el campo y, para colmo de males, se dio una polémica en México en torno a los efectos de dichas «balas de goma», como se llamó incorrectamente a las cápsulas de pimienta. Hubo una politización del tema que dio al traste con la idea de emplear dicho tipo de armamento no letal.

Delia Herrera Atilano

«Osvaldo» fue la última palabra que pronunció Delia Herrera Atilano segundos antes de que se le escapara la vida en un páramo inhóspito del desierto, al norte de Douglas, Arizona. La mujer de cuarenta y cinco años, poblana de origen pero con muchos años de residir en el Distrito Federal, murió invocando el nombre del esposo ausente, el martes 15 de julio de 2003.

Mes terrible ese julio de 2003. En el condado arizonense de Cochise, en esas cuatro semanas cuarenta y dos migrantes indocumentados perecieron en un infierno de sol inclemente y temperaturas diarias de más de treinta y ocho grados centígrados.

Delia había cedido a las súplicas de su marido, Osvaldo Delgado Navarro, quien se encontraba trabajando, sin documentos, en el estado de Ohio. Osvaldo anhelaba tener junto a él a esposa e hija después de dos años de no verlas. Delia temía el viaje. Sentía un instintivo pánico por la frontera y lo desconocido, y a Aline Viridiana Delgado Herrera, su hija de quince años, la idea nunca acabó por gustarle, pues, capitalina de corazón, le pesaba dejar atrás a amigos y familiares. Pudo más sin embargo el genuino enamoramiento de una pareja de edad media, ejemplar en su devoción del uno para el otro. De Delia y Osvaldo decían sus amistades que más que esposos parecían novios; caminaban por las calles siempre tomados de las manos.

Decidido el viaje, Delia y Aline, acompañadas por el cuñado y tío, Gonzalo Delgado Navarro, abordan un vuelo en la ciudad de México el lunes 14 de julio, con destino a la ciudad de Hermosillo, Sonora. De ahí toman un autobús que los lleva hasta la frontera de Agua Prieta, a donde arriban en la madrugada del día siguiente, martes 15.

Osvaldo había entrado en contacto, por teléfono, con un coyote de Agua Prieta. Su familia iba a encontrarse con el traficante en el cuarto número diez del Hotel Girasol, un mesón de mala muerte recaladero de «pollos» y «polleros». El esposo había accedido a pagar tres mil dólares por el cruce y el viaje subsecuente de la familia hasta Ohio.

Muy temprano el martes 15, el coyote mete a bordo de un taxi a la madre, a la hija, al cuñado y a seis migrantes más. El auto de alquiler toma la carretera que conduce a Naco, Sonora, y a medio camino baja al pasaje y todos, guiados por el coyote, empiezan a caminar rumbo al norte, en dirección a la frontera. Poco antes de llegar a la línea divisoria, dos asaltantes armados con pistolas les salen al paso y los despojan de dinero, joyas, relojes, botellas de agua y hasta de los tenis nuevos que calzaba uno de los migrantes. El asaltante que se los quita le deja a cambio sus tenis viejos.

Los indocumentados continúan caminando un largo trecho, aún en territorio mexicano. Por fin cruzan la frontera a la altura del corredor Naco-Douglas. Para entonces, Delia empieza a dar muestras de agotamiento. La mujer se apoya cada vez más en el cuñado tratando de mantener el paso con el resto del grupo. Es ya cerca de mediodía, la temperatura asciende a más de cuarenta grados centígrados y el implacable sol ataranta; para mayor abundancia, se han quedado sin agua. El coyote se muestra renuente a permitirles que descansen.

Finalmente la mujer se colapsa. Migrantes y coyote hacen vagas promesas de que buscarán agua y de que regresarán, los abandonan y, por supuesto, no regresan.

Se quedan con ella la adolescente y Gonzalo. Delia les pide que la dejen morir. Aline decide salir en busca de agua mientras que el cuñado trata de mantener despierta a la esposa de su hermano.

Delia exhala finalmente el último suspiro en brazos de su cuñado, no sin haber pronunciado antes el nombre de su esposo. Gonzalo comprueba que está muerta, le cubre la cara con una camiseta y sale a buscar a su sobrina. Cuando la encuentra, Aline le pregunta por la madre, y ante el silencio de Gonzalo, que sólo acierta a mover negativamente la cabeza, la chica rompe en llanto y cae al suelo. Su tío la abraza y la conforta, y así permanecen por largo rato. Finalmente caminan hasta un rancho que se avizora a lo lejos, en donde piden ayuda. El ranchero les proporciona agua y comida y llama a la Patrulla Fronteriza. El cuerpo es localizado y trasladado a las instalaciones del médico forense, en donde se dictamina que la muerte ocurrió por insolación.

Delia fallece a escasas doce horas de haber arribado a la frontera en su intento de reunificación familiar. La Patrulla Fronteriza entrega los sobrevivientes a personal consular de Douglas, que los traslada hasta uno de los albergues de Agua Prieta. Acto seguido, el titular de la representación consular toma el teléfono y habla con Osvaldo, en Ohio, para darle la trágica nueva. El hombre no puede pronunciar palabra, le pasa el teléfono a un compañero y en ese momento sale al aeropuerto más cercano, en donde toma un vuelo a Tucsón, y de ahí se dirige a la frontera, decidido a prescindir de lo ganado ante la inmensidad de lo perdido, para estar al lado de su hija, Aline.

Una semana después de haber arribado a Agua Prieta, los restos de Delia Herrera Atilano partieron por vía aérea hasta la Ciudad de México y de ahí fueron transportados hasta el poblado de Coxcatlán, Puebla, en donde había visto la primera luz, para recibir cristiana sepultura.

¿El epílogo de esta tragedia, una más en el drama del cruce de migrantes mexicanos en busca del sueño americano?

Osvaldo se quedó en Chalco, estado de México, al lado de su hija. Se gana la vida conduciendo un taxi. En la cartera, junto a su credencial de elector, trae la de Delia. Frecuentemente la saca para contemplar su fotografía.

FRONTERA VIOLENTA

Los estados de emergencia; incursiones en territorio ajeno

Es inseparable el binomio frontera-migración[21]

México y Estados Unidos comparten una de las más extensas fronteras del mundo. Son 3,152 kilómetros de una colindancia que algún escritor calificó de «cicatriz», y que en ocasiones parece que nunca acaba de cerrar.

El Convenio de La Paz define como región fronteriza a una franja territorial de cien kilómetros de anchura a uno y otro lado de la línea divisoria. Seis estados mexicanos y cuatro estadounidenses se miran de frente, cerco o mojonera de por medio —cuando existen—, y entre todos juntan una población de muchos millones de habitantes, diecisiete tan sólo del lado mexicano. Catorce pares de ciudades vecinas, gemelas las llaman algunos, son el sustento unas de las otras, y a través de cuarenta y cinco lugares de cruce oficialmente reconocidos, un millón de personas transitan legalmente de un país al otro cada día.

Los crecientes intercambios en todos los órdenes —migratorio, económico, ambiental, cultural, turístico, etc.— otorgan a la región fronteriza un papel preponderante en la relación bilateral.

Algunos van más allá y afirman que, de hecho, la frontera es el centro de dicha relación bilateral.

Desafortunadamente, este espacio tan vital para ambas naciones se ha tornado extremadamente violento en los últimos años, al salirse de control la delincuencia organizada, cuyo eje central lo constituye el tráfico de enervantes.

En la frontera norte de México prevalece la violencia como una realidad cotidiana y hay que decirlo así, sin paliativos. Con matices, en mayor o menor grado, la violencia se ha enseñoreado y en la praxis constituye ya un poder fáctico en entidades como Tamaulipas y Baja California, sin que los restantes cuatro estados fronterizos escapen de esta escalada de hechos violentos.

La violencia ha engendrado los frecuentes señalamientos del gobierno de Estados Unidos y las declaraciones consuetudinarias en tonos reprobatorios de representantes diplomáticos acreditados en nuestro país. El cierre temporal del consulado estadounidense en Nuevo Laredo en el verano de 2005 es una de las consecuencias de la causa señalada, como lo son también las recientes declaraciones de estados de emergencia en Nuevo México y Arizona.

Y por supuesto, la violencia fronteriza y la imagen que proyecta de descontrol es parte del material inflamable que alimenta la hoguera del clima antiinmigrante que indudablemente es una realidad en la vecina nación.

Preocupa sobre todo que en estas aguas borrascosas naufrague el migrante.

Porque al flujo indocumentado se le relaciona de alguna manera con el clima de inseguridad prevaleciente, con la posibilidad de que sea el cauce propicio para el ingreso de terroristas. Porque al amparo del cruce de migrantes sin papeles —dicen— florecen delitos tales como el tráfico de seres humanos, los asaltos a uno y otro lado de la frontera, el robo de autos, los secuestros y extorsiones, los homicidios, el narcotráfico. Si nos hubiera tocado vivir en la Alemania nazi, seguramente que el migrante habría sido señalado como culpable del incendio del Reichstag.

Y es en este contexto en el que la violencia tiene que ver con los migrantes.

VIOLENCIA FRONTERIZA EN TORNO A MIGRANTES

A principios de la década de los noventa, antes de la instauración de la operación *Gatekeeper*, la zona de mayor incidencia de migrantes a lo largo de la frontera mexicana-estadounidense lo era el tramo entre Playas de Tijuana y Mesa de Otay, en la línea divisoria entre San Diego y Tijuana. Se calculaba que por esos rumbos y a la altura de 1990, el número de cruces de ilegales al año ascendía al millón. Los oficiales de la Patrulla Fronteriza realizaban de mil ochocientas a dos mil aprehensiones diarias. Y lógico, la violencia relacionada con la migración estaba desatada.

Sobre todo en El Bordo, en donde a diario tenían presencia todas las tropelías del extenso catálogo de delitos. En el temible Bordo tijuanense los migrantes eran robados, asesinados, las mujeres violadas, y la caterva de malvados que acechaba a los indocumentados incluía a delincuentes del orden común y a algunos agentes pertenecientes a diversas corporaciones policiacas. Lo anterior, sin menoscabo de las frecuentes manifestaciones de violencia institucional, es decir, los casos de inmigrantes balaceados por la «migra» en circunstancias de cruce. El ilegal las perdía, pues, de todas, todas.

Una de las manifestaciones más frecuentes de la violencia ejercida contra los migrantes en la frontera son los asaltos. Entre las muchas acechanzas de las que tiene que cuidarse el paisano que migra, está el «bajador», como le llaman en la frontera al que se dedica a victimar a los que son ya de por sí víctimas. Es el asaltante que medra en despoblado para despojar, con la amenaza de las armas, de lo poco que llevan de valor a los que van en busca de trabajo a país ajeno, o bien para cometer delitos de orden sexual en el caso de las mujeres.

En esta variante del asalto —el robo—, con frecuencia se da un contubernio entre coyote y bajador. El traficante es muchas veces cómplice del asaltante y prácticamente entrega a los grupos que conduce a partidas de maleantes que les salen al paso en pleno monte, en los cerros, en los cauces de los arroyos secos. En esos momentos el guía se hace para atrás y deja que los ladrones, armados y con amenazas de muerte, despojen a los indocumentados de sus objetos de valor. Traumáticos resultan los abusos sexuales, las violaciones. Cuando en los grupos hay mujeres, menores de edad inclusive, los desalmados las apartan y abusan de ellas, manteniendo a raya a los compañeros de viaje con sus armas. En ocasiones las violaciones las llevan también a cabo los traficantes.

¿Cómo funciona dicho contubernio? Asaltantes y polleros forman parte de un mismo estrato social y en ocasiones viven por el mismo rumbo. Inclusive se confunden en cuanto al oficio, pues muchas veces el asaltante funge como coyote y viceversa. Todos ellos son gente local, nativos de la frontera o residentes por largo tiempo, ya que tienen que conocer las rutas por donde guían a los «clientes» y los parajes en donde los asaltan. Predominan los malandros jóvenes que forman parte del lumpen delictivo fronterizo. En algunos casos los traficantes informan a sus cómplices el trayecto que van a seguir con los «pollos» y se ponen de acuerdo para sorprenderlos en tal o cual lugar. Consumado el robo, los asaltantes obligan a las víctimas a que sigan caminando hacia el norte. Posteriormente coyotes y bajadores se reparten los magros botines.

¿Los asaltantes son siempre mexicanos? En su enorme mayoría. Existen sin embargo asaltantes de origen estadounidense que acechan al otro lado de la frontera. Una de esas bandas, del rumbo de Naco, Arizona, por cierto, estaba capitaneada por una mujer. Un caso especial es el de tres connacionales, oriundos de Tepuzco, Jalisco, asaltados cerca de Naco, Arizona, por tres estadounidenses, en marzo de 2005. El botín fue de novecientos pesos, con la agravante de que los asaltantes, después de cometido el latrocinio, denunciaron a los paisanos a la «migra». Los ladrones también fueron aprehendidos y se dio la curiosa situación de que los paisanos quedaron «bajo custodia» de las autoridades para que sirvieran como testigos de cargo del delito, mientras que los delincuentes depositaron fianza y salieron libres. En otras palabras, las víctimas terminaron tras las rejas —eso significa estar «bajo custodia»—, mientras que los victimarios quedaron en libertad. Las incongruencias de la justicia.

¿Los asaltos ocurren sólo en territorio mexicano? No. Independientemente de que los delincuentes estadounidenses asaltan únicamente en su territorio, los bajadores mexicanos acostumbran cometer sus tropelías a uno y otro lado de la frontera. En ocasiones cruzan la línea divisoria y asaltan en tierra ajena, eso sí, siempre a corta distancia de la línea para regresar rápidamente al terruño después de cometido el delito. Son, en ese sentido, ladrones transnacionales.

¿Se hace algo del lado mexicano para poner coto a estos delitos? Nada. La impunidad es absoluta. De por sí es difícil la identificación y captura de estos maleantes, habida cuenta de que las víctimas se internan en territorio de Estados Unidos y, o son capturadas por la Patrulla Fronteriza y devueltas a México, en donde se pierden, o bien logran escapar de la detección y llegan a sus destinos en la Unión Americana. Pero además, es casi inexistente la presencia a lo largo de la línea divisoria de autoridades mexicanas. Elementos del Grupo Beta se advierten ocasionalmente, pero Beta no es corporación del orden, sus agentes no van armados y fungen más bien como socorristas, proporcionando información.

La circunstancia anterior ha sido señalada por ONG como la California Rural Legal Assistance Foundation, a la que preocupan sobremanera los asaltos sexuales que victiman a féminas migrantes. La organización no gubernamental hace alusión a la proliferación de este tipo de delitos sobre todo en el tramo Agua Prieta-Sásabe, en la frontera con Arizona.

El narcotráfico es otra de las vertientes de la violencia fronteriza que inciden en el migrante. Los narcos hacen gala de su audacia de diferentes maneras.

La cerca que divide Agua Prieta de Douglas no es el clásico empalme, una tras otra, de planchas metálicas sobrantes del ejército norteamericano, de las usadas para pistas de aterrizaje en zonas desérticas. La cerca en cuestión está confeccionada a base de barrotes de hierro, y con un sentido involuntario del humor, las autoridades de Douglas la califican de estética, porque los habitantes de ambas ciudades fronterizas pueden mirar de un lado al otro. Los narcotraficantes que operan en Agua Prieta encontraron la fórmula para aprovechar el estetismo, y en varias ocasiones han amarrado cadenas a los postes de hierro, con las poderosas camionetas que usan han jalado y derribado tramos de la cerca «estética», y por los huecos, en acciones relampagueantes, introducen vehículos cargados con droga, que se pierden en la noche.

Las agresiones, ¿se producen sólo en contra de nacionales mexicanos y en territorio de Estados Unidos? No, también ocurren contra agentes de corporaciones policiacas estadounidenses y desde México.

Este tipo de ataques —de aquí para allá— revisten la forma de apedreamientos o disparos, lo primero más frecuente que lo segundo. La Patrulla Fronteriza reportó en el año fiscal 2004 un total de trescientas noventa y seis agresiones contra agentes y equipos de la corporación; para el año fiscal 2005 la cifra aumentó a setecientos setenta y ocho ataques. La imaginación campea en eso de las pedradas. En Nogales, Sonora y desde los barrios bravos pegados a la línea divisoria, unos coyotes muy creativos idearon una especie de superresortera amarrando una larga tira de hule a los pilares de una casa situada sobre una colina desde la que se domina la barda y el territorio estadounidense contiguo. Y desde ahí lanzaban con gran fuerza impresionantes pedruscos propulsados por la megarresortera contra la «migra» cuando acudía a perseguir a los ilegales. Hay piedras forradas con tela y empapadas con gasolina, a las que se les prende fuego para luego aventárselas a los uniformados.

Y hay también balazos.

En unos cuantos días de enero de 2005 se produjeron tres incidentes a lo largo de la línea divisoria, cuando individuos no identificados, desde Agua Prieta, dispararon con armas largas contra agentes de la Patrulla Fronteriza que verificaban la vigilancia paralelamente al cerco. La intención nunca fue dar en el blanco; se pretendía sólo alejarlos de la línea seguramente para poder cruzar un cargamento de droga o un grupo de indocumentados. De cualquier modo, las balas eran reales y pasaron a corta distancia de las cabezas de los uniformados. Y a propósito de los apedreamientos que desde el lado mexicano se llevan a cabo contra los «migras», problema recurrente, tienen normalmente la misma intención.

Los narcos hacen uso también de la necesidad de los migrantes y, en calidad de «burreros», los cargan con mochilas que contienen cosa de treinta kilogramos de estupefacientes, especialmente marihuana; les proporcionan guías para que los conduzcan por veredas poco transitadas en territorio estadounidense y, si todo va bien, la droga es entregada a vehículos que los esperan en lugares previamente convenidos. Por la arriesgada labor los indocumentados reciben cien o doscientos dólares por cabeza.

La más deleznable de las acciones de estos traficantes es la contratación de menores de edad, entre los quince y los diecisiete años, para que sirvan como «mulas», usando como argumento para convencerlos el hecho de que su minoría de edad los pone a salvo de las severas penalidades que los delitos contra la salud acarrean en el vecino país. Por alguna razón no muy clara, los traficantes de drogas centraron su atención en Cananea, Sonora, población distante cincuenta kilómetros de la frontera, en donde se han arreglado con un considerable número de adolescentes, algunos de los cuales han sido aprehendidos por la Patrulla Fronteriza y, efectivamente, por ser menores de edad, no se procedió contra ellos. A tal grado se incrementó este estado de cosas que el consulado de México en Douglas llevó a cabo una campaña en los medios regionales para advertir a los padres de familia de Cananea de la amenaza que se cernía sobre sus hijos adolescentes.

Y a propósito de contubernios y entrecruzamiento de delitos y delincuentes, es notoria la connivencia que a últimas fechas se advierte entre las mafias de traficantes de indocumentados y traficantes de drogas. Las líneas de separación entre una cosa y la otra se difuminan y cada día es más frecuente ver a narcos incursionando en el negocio del pollerismo y a coyotes haciendo pininos en el contrabando de enervantes.

El gobernador de Nuevo México, Bill Richardson, emitió el 12 de agosto de 2005 una orden ejecutiva por la que declaró el estado de emergencia en cuatro condados de dicha entidad (Doña Ana, Luna, Grant e Hidalgo), citando como motivo el desbordamiento de la criminalidad. En un artículo que escribió para *Los Angeles Times*, Richardson afirma que en la frontera de Nuevo México con la república mexicana se han incrementado los niveles de narcotráfico, tráfico de indocumentados, secuestros, homicidios, destrucción de ganado y de propiedad privada, además de que persiste el potencial para la actividad terrorista.[22]

«Este es un acto de desesperación», confesó el gobernador, agregando que su acción liberó recursos por un millón setecientos cincuenta mil dólares para combatir el citado incremento en la criminalidad,[23] y solicitando de inmediato la desaparición de un misérrimo caserío cuyo nombre es Josefa Ortiz de Domínguez, conocido como Las Chepas, que se localiza en ¡territorio de Chihuahua!, por considerar que la treintena de viviendas que constituye la comunidad, la mitad de las cuales se encuentran destruidas, es el punto de congregación y de partida para el tráfico de drogas y de indocumentados. Días después sostuvo una entrevista con el gobernador de Chihuahua, José Reyes Baeza, para acordar el uso de *bulldozers* que arrasaran el caserío, lo que ocurrió al poco tiempo. Richardson inició ya la construcción de una nueva cerca a la altura del puerto de entrada de Columbus.

La obsesión por erigir cercas es típica del enfoque que en el vecino país se le da al fenómeno de la migración.

Cuatro días después, la gobernadora de Arizona, Janet Napolitano, blandiendo argumentos similares a los de su vecino de Nuevo México, lanzó su propia declaración de emergencia para cuatro condados —Cochise, Santa Cruz, Pima y Yuma—, todos los cuales colindan con Sonora, «… con el objeto de combatir la criminalidad fronteriza» y argumentando que «… los arizonenses se ven amenazados diariamente por bandas violentas, coyotes y otros peligrosos criminales». Napolitano asignó millón y medio de dólares para proveer de recursos a las corporaciones del orden con el objeto de combatir el crimen relacionado con la inmigración ilegal.

La gobernadora señaló que a diario los agentes del orden en las poblaciones fronterizas se enfrentaban a crímenes relacionados con el tráfico de drogas y de ilegales. «Los daños a la propiedad privada son cuantiosos; se incrementaron los robos, los indocumentados mueren más que nunca en el desierto y la inmigración ilegal contribuye al astronómico número de autos robados en Arizona; la mayor parte de dichos robos ocurre en ciudades de frontera y los latrocinios están relacionados con el tráfico de inmigrantes».[24]

Una vez más, se estableció una relación de causa/efecto entre el crimen y los migrantes.

La reacción oficial en México al inédito hecho de dos entidades estadounidenses que declaraban estados de emergencia por considerar que enfrentaban crisis en sus respectivas fronteras sur, fue cautelosa, por decirlo de alguna manera. La Secretaría de Relaciones Exteriores expresó en boletín de prensa que «el gobierno de México ha reiterado que la violencia y la criminalidad son fenómenos complejos que se generan a ambos lados de la frontera y que son atendidos por autoridades mexicanas y estadounidenses, actuando cada uno en su propio territorio, bajo el principio de responsabilidad compartida». Al calor de la crisis surgieron también programas conjuntos en materia de combate al tráfico de personas, y el Programa Oasis para proteger a los migrantes y proceder penalmente contra traficantes. Y la más socorrida de las versiones fue en el sentido de que con las declaratorias de emergencia en los ocho condados fronterizos, Richardson y Napolitano trataban de obtener más fondos federales para asuntos de frontera en sus respectivas entidades.

Los medios mexicanos, por su parte, enfocaron las susodichas declaratorias como una encendida protesta de los gobernadores Richardson y Napolitano contra el gobierno de la Unión Americana, por no abocarse a la resolución del problema de la inmigración ilegal.

La verdad es que al reconocer tácitamente las crisis afrontadas en las colindancias de Arizona y Nuevo México con Sonora y Chihuahua —porque declarar una emergencia es eso, admitir un estado de crisis—, ambos mandatarios dejaron claro que culpaban a las autoridades estadounidenses y mexicanas.

«*Both federal governments let us down*» (ambos gobiernos federales no nos cumplieron), declaró en entrevista telefónica la señora Napolitano.[25]

Por otra parte, es evidente que la intención política estuvo presente en las declaratorias de emergencia. Richardson y Napolitano enfrentan campañas de reelección en el futuro mediato. Richardson inclusive alberga pretensiones presidenciales. Ambos son demócratas, batallan contra fuerte oposición republicana en sus respectivas entidades y tienen las miradas puestas en las encuestas. Y los dos, políticos astutos, reconocen que el tema de la inmigración ilegal va a ser toral en los próximos comicios.

¿Terminaron ya las declaratorias de emergencia en estados fronterizos de la Unión Americana? Aparentemente, aunque el gobernador de California como que se andaba animando. California comparte doscientos treinta kilómetros de línea divisoria con México, y su mandatario, Arnold Schwarzenegger, recalcitrante republicano conservador que ha llegado a hablar de cierres de la frontera y que elogió públicamente a grupúsculos antiinmigrantes como Minutemen, se resistía a admitir que en su entidad se daba un estado de emergencia como

217

consecuencia de la inmigración ilegal. Sin embargo, estaba siendo fuertemente presionado para que se sumara a sus colegas de Arizona y Nuevo México, por los legisladores de su propio partido en la Asamblea Estatal, los cuales pretenden que se decrete la declaratoria de emergencia para los condados californianos de San Diego e Imperial.

Si dos gobernadores presuntamente amigos de México como Napolitano y Richardson, este último incluso de ascendencia mexicana por el lado de la madre, tomaron una decisión que por fuerza se refleja negativamente en la imagen de nuestro país ante el mundo, ¿por qué no lo hizo el fortachón mandatario californiano, que repetidamente ha mostrado su antagonismo hacia los inmigrantes ilegales?

Y el gobernador de Texas, para no ser menos, en octubre de 2005 anunció un amplio «plan de seguridad» en la frontera con México, para el que destinó diez millones de dólares, como consecuencia —dijo— de la inacción del gobierno federal estadounidense.

El mandatario texano dio a conocer su iniciativa en una reunión de la Coalición de Sheriffs Fronterizos de Texas, que se constituyó, por cierto, «… para enfrentar los problemas que provocan la migración indocumentada y el tráfico de drogas en los dieciséis condados fronterizos». Los citados sheriffs han creado una operación *Linebacker* para los propósitos arriba anotados, y los diez millones del gobernador texano representan el financiamiento.[26]

A todo esto, habitualmente ¿qué motiva una declaratoria de emergencia en Estados Unidos? Condiciones de crisis ocasionadas por epidemias, huracanes, inundaciones, incendios masivos, sequías, amotinamientos públicos como el de Watts, en Los Ángeles, etc.

La situación en la frontera entre México y Estados Unidos se equipara, pues, con la furia de la naturaleza o con los desórdenes colectivos.

La ausencia de señalamientos o lo infrecuente de los mismos a lo largo de la línea divisoria entre México y Estados Unidos tradicionalmente ha dado origen a incidentes provocados por incursiones —la mayor parte involuntarias— de autoridades de un país en el colindante. Estos internamientos no autorizados, en ocasiones surgidos al calor de una persecución en zona urbana, la mayoría de las veces ocurren en despoblado, cuando policías o supuestos soldados, del lado mexicano, o agentes de la Patrulla Fronteriza, del otro lado, no saben en realidad si se encuentran en territorio mexicano o estadounidense. En una frontera de poco más de tres mil kilómetros de longitud, es común que las mojoneras o los llamados monumentos que delimitan el ámbito territorial de una nación con referencia a la vecina se pierdan de vista, pues están ubicados a cuatro o cinco kilómetros uno de otro, y a más de dos kilómetros no se alcanza a advertir dichos señalamientos. Sólo la delimitación natural del río Bravo permite distinguir sin problema alguno si el viandante se encuentra en Texas o en México.

El citado estado de cosas ha originado que la Sección Mexicana de la Comisión Internacional de Límites y Aguas entre México y Estados Unidos haya instrumentado, a manera de paliativo, la colocación de letreros reflejantes que por un lado informan a la persona que el suelo que pisa es mexicano, en español, y por el otro le dicen al viajero, en inglés, que transita por territorio estadounidense. Esto ocurre principalmente por el rumbo de la frontera Sonoita (Sonora)-Lukeville (Arizona).

Viene a cuento todo lo anterior por la alta visibilidad que en los últimos tiempos alcanzan las acusaciones provenientes de Estados Unidos respecto a las incursiones no autorizadas hacia dicho territorio, provenientes de México, incursiones que muy frecuentemente son ligadas al narcotráfico.

La Patrulla Fronteriza dio a conocer que en los últimos diez años se han contabilizado doscientos treinta y un incidentes en los que agentes de policía o soldados mexicanos han ingresado a territorio estadounidense. Estas incursiones de personal armado y portando uniformes, que pudiesen corresponder a policías o a tropa mexicana, han sido combustible para la hoguera que alimentan los antiinmigrantes. Los grupos radicales usan dichos internamientos como soporte para sus prédicas xenófobas y para sus demandas de un más severo control fronterizo. El infaltable congresista Tom Tancredo aprovechó el escándalo suscitado en el condado de Hudspeth, en Texas, en el cual se acusó a soldados del Ejército Mexicano de dar protección a narcotraficantes, para exigir el despliegue de tropas de Estados Unidos a lo largo de la frontera con México.

Se registran también casos en que agentes estadounidenses, especialmente de la Patrulla Fronteriza, cruzan «accidentalmente» —admite David Aguilar, jefe de dicha corporación—, hacia México.[27]

El 4 de octubre de 2005, supervisores de la estación Naco de la Patrulla Fronteriza reportaron un incidente en el que presuntamente soldados mexicanos habían disparado contra un grupo de cuatro individuos que caminaban por el Parque Nacional Coronado, a corta distancia de la línea divisoria, en territorio de Arizona.

Dos de los presuntos tiroteados eran parte de un equipo de filmación que captaba escenas para un documental sobre los *Minutemen,* y los otros dos eran los guías. Refirieron los cuatro estadounidenses que por un camino de terracería paralelo a la línea y en territorio de México, transitaba a considerable velocidad un vehículo militar tipo Humvee, con una ametralladora montada en la cabina. Poco después, según los declarantes, varios de estos aparentes soldados, portando ropas de camuflaje, corrieron hacia ellos con las armas embrazadas, y abrieron fuego a continuación. Los atacados de inmediato abordaron el vehículo que cerca de ahí tenían estacionado y huyeron; posteriormente notificaron el hecho a Patrulla Fronteriza. La Comandancia de la Guarnición Militar de Agua Prieta, que tiene jurisdicción sobre el área fronteriza donde ocurrió el supuesto incidente, negó que miembros del Ejército Mexicano hubiesen perpetrado el ataque, e hizo incapié en que la tropa tiene estrictas instrucciones de permanecer en sus patrullajes a por lo menos dos kilómetros de la línea divisoria.

En el último y más notorio de este tipo de incidentes, alguaciles del Departamento del Sheriff del condado texano de Hudspeth trataron de interceptar en una carretera cercana a El Paso a tres vehículos de los que se sospechaba transportaban droga. Los conductores de los tres automóviles dieron vuelta en redondo para regresar a la frontera. Una de las camionetas de lujo, Cadillac Escalade, cargada con seiscientos ochenta kilos de marihuana, fue abandonada al estallarle un neumático, y su conductor pudo escapar rumbo a México. Otro automóvil se atascó al tratar de vadear las aguas poco profundas del río Bravo y el tercer vehículo logró internarse en territorio mexicano. Cuando los perseguidores llegaron al río advirtieron en la margen opuesta a un vehículo tipo militar descrito como un Humvee, equipado con una ametralladora calibre .50, y cerca del mismo, a varios individuos a los que describieron como soldados en uniforme de campaña.

El Humvee trató de remolcar el vehículo atascado en medio del río, sin tener éxito, por lo que varios civiles y los presuntos soldados procedieron a descargar lo que se supuso era un cargamento de marihuana a bordo de la unidad. Una vez concluida la descarga, se le prendió fuego al auto atascado, todo ello bajo la protección de una decena de supuestos elementos militares que tomó posición en la ribera norte, en territorio de Estados Unidos, apuntando sus armas automáticas a la media docena de alguaciles y policías estatales.

El incidente descrito causó furor a ambos lados de la frontera; se intercambiaron acusaciones y demandas de investigación por parte de los estadounidenses, y desmentidos por parte de las autoridades mexicanas.

El gobierno de México negó tajantemente que elementos del Ejército Mexicano hubiesen participado en el incidente de referencia, y señaló que organizaciones del crimen organizado, narcotraficantes sobre todo, en diversas ocasiones han hecho uso de uniformes y equipo de transporte militar. La Secretaría de la Defensa Nacional a su vez negó tener vehículos Humvee en la guarnición de Ciudad Juárez.

Lo cierto es que este desaguisado dio inicio a una semana particularmente conflictiva en la relación bilateral. En ese lapso ocurre la confrontación en el río Bravo, la controversia de los mapas del desierto de Arizona creados por la ONG Humane Borders, con la intención de evitar más muertes en el cruce. La Comisión Nacional de los Derechos Humanos anuncia que imprimirá miles de dichos mapas para ser distribuidos entre migrantes. El anuncio de la impresión y distribución de los mapas provoca una enérgica condena del titular del Departamento de Seguridad Interna, Michael Chertoff, quien califica la idea como una incitación a la inmigración ilegal. Y luego se da en esos siete días el intercambio de notas diplomáticas entre los gobiernos de México y Estados Unidos a raíz de los comentarios públicos del embajador estadounidense, Tony Garza, condenatorios respecto a los programas de seguridad mexicanos. Y todo ello ocurre en el contexto de la polvareda levantada por la ley Sensenbrenner que, aprobada a mediados de diciembre de 2005, enciende los ánimos en México.

Una semana, pues, de lo más agitada.

OTM

En la jerga de la «migra», los OTM son los *other than Mexican,* es decir, indocumentados aprehendidos que no son de nacionalidad mexicana.

Y pese al innegable hecho de que el flujo migratorio está constituido en su mayor parte por mexicanos, también es indiscutible que el número de migrantes de otras nacionalidades aumenta día a día, con la consiguiente preocupación de las autoridades estadounidenses, las cuales no dejan de vincular esta nueva corriente de inmigrantes con los problemas de seguridad que desde el 11 de septiembre de 2001 dominan la agenda del vecino país del norte.

México, pues, no sólo aporta su cuota de trasterrados, una de las más grandes del mundo, sino que también se constituye en territorio de paso, trampolín para acceder al sueño americano de migrantes de todas las nacionalidades.

En la audiencia pública conjunta del subcomité de Inmigración, Seguridad Fronteriza y Ciudadanía, y del subcomité sobre Terrorismo, Tecnología y Seguridad Territorial, del Senado de Estados Unidos, celebrada el 7 de junio de 2005, en Washington, se dijo que «cifras estratosféricas de ciudadanos no mexicanos que cruzan la frontera de manera ilegal han sido detenidos, y debido al déficit de espacio en los reclusorios, las autoridades los han dejado en libertad». En realidad a esos individuos se les envía un citatorio para que comparezcan a audiencia judicial, pero en la enorme mayoría de los casos no se presentan. Algún legislador socarrón comentó que a los ilegales no mexicanos se les da una notificación de desaparecer (en lugar de comparecer).

A la audiencia de la Cámara de Senadores acudieron varios funcionarios, entre otros el jefe de la Patrulla Fronteriza, David Aguilar. En respuesta a los cuestionamientos de los senadores dijo que la mayoría de los OTM que entran ilegalmente a Estados Unidos son brasileños y que eso se explicaba porque acceden fácilmente a México, «país que no les exige visa». Más del setenta por ciento de los OTM aprehendidos son liberados casi de inmediato porque no hay espacio en los centros federales de reclusión. Las mafias brasileñas que trafican con migrantes lo hacen a través de ficticias agencias de viaje. Tan solo en Governador Valadares, una población del estado de Minas Gerais, existen cien de ellas. El coyote le cobra al brasileño diez mil quinientos dólares por llevarlo hasta Boston, uno de los destinos favoritos.

La voz se ha corrido y como consecuencia muchos OTM, sabiendo que no van a entrar a un proceso de deportación expedita y que tampoco serán encarcelados, se entregan voluntariamente a la Patrulla Fronteriza, porque de esa manera se les da un documento en el que se les exige comparecer ante un juez. Lógico, la cita a futuro condona mientras tanto su permanencia en la Unión Americana

En Texas, los agentes de la Patrulla Fronteriza reportan que se ha triplicado el número de nacionales no mexicanos detectados, especialmente de Brasil.

Y como de costumbre —qué novedad— el gobierno estadounidense presionó al mexicano para que coadyuvara a enfrentar el problema de los OTM que cruzan el territorio mexicano para internarse al vecino país. ¿Será por ello que en 2005 las relaciones entre México y Brasil se tornaron ríspidas ante la decisión mexicana de exigir visados a los brasileños que pretendan ingresar a nuestro país? De hecho, México también demanda ahora visas a los ecuatorianos. Y por supuesto, tanto Brasil como Ecuador fueron recíprocos y a su vez exigen visa a los mexicanos que intentan viajar a ambas naciones sudamericanas.

¿Quiénes son los *other than Mexican*? Centroamericanos, sudamericanos, de Medio Oriente y de Asia, europeos, norafricanos, etc. Noventa y cuatro mil de ellos fueron capturados en los primeros ocho meses del año fiscal 2005, un marcado incremento respecto al año fiscal anterior, en el que se contabilizaron ochenta y siete mil detenciones.

CENTROAMERICANOS

México comparte mil ciento treinta y ocho kilómetros de delimitación geográfica con Centroamérica —específicamente con Guatemala y Belice—. Estos dos últimos países colindan con cuatro entidades federativas mexicanas —Campeche, Chiapas, Tabasco y Quintana Roo—; Chiapas es el estado de mayor contacto con Centroamérica. La frontera sur comparte con la frontera norte una característica: la porosidad.

En el caso de Centroamérica, ciento veinte mil emigrantes irregulares —principalmente salvadoreños, guatemaltecos y hondureños— que se dirigían a Estados Unidos fueron detenidos en México y expulsados durante el primer semestre de 2005.

A su paso por México los centroamericanos son objeto de todo tipo de vejaciones y abusos por parte de delincuentes del orden común, de organizaciones criminales como la Mara Salvatrucha y de las mismas autoridades mexicanas. Esto último demerita el buen nombre de un país que a su vez reclama al vecino del norte las violaciones a los derechos humanos de sus propios ciudadanos. Hay aquí una penosa incongruencia.

La Organización Internacional para las Migraciones (OIM) señaló recientemente en su reporte *El paso de los centroamericanos por México:* «En un esfuerzo por cruzar México, un número extenso de migrantes irregulares sufre vejaciones, asaltos y todas formas de abusos, incluyendo violación y la extorsión sexual de las mujeres. Los riesgos más grandes son las bandas delictivas, como la Mara... y no pocas autoridades del gobierno».

Ya en agosto de 2004 los cónsules de El Salvador, Honduras y Guatemala habían denunciado ante la Comisión Nacional de los Derechos Humanos que los migrantes centroamericanos eran objeto de maltrato, discriminación y que eran «tratados como animales» en la frontera sur de México.

¿Aspecto desgarrador que marcará para siempre el éxodo de centroamericanos a través de México? Los mutilados. El ferrocarril es el más socorrido medio de transporte de los sin papeles de Centroamérica, y en esta tradición de «trampear» el tren abundan los accidentes, que dejan una estela de muertos y mutilados. En los estados limítrofes del sureste mexicano deambulan centroamericanos que perdieron alguna extremidad en su intento por encontrar trabajo en otras tierras.

De la saga de los OTM surgen multitud de anécdotas, como ésta:

- Ciento ochenta y cinco migrantes hondureños, salvadoreños y guatemaltecos fueron aprehendidos por la «migra» al sur de Sierra Vista, Arizona, en julio de 2000. Los centroamericanos siempre son contrabandeados por los coyotes en grandes grupos. No los separan. La Patrulla Fronteriza, como ocasionalmente lo intenta, trató de meterle gol a la autoridad mexicana y pese a que los detenidos —cosa rara— proclamaron sus nacionalidades, fueron trasladados de madrugada en unidades de la PF hasta la línea divisoria con Naco, Sonora, para ser «devueltos» a México, pese a que era evidente que los «repatriados» no eran mexicanos. Y se armó la bronca. El escaso personal de la subdelegación del Instituto Nacional de Migración en Naco —¿uno o dos agentes?— se vio desbordado por los casi dos centenares de indocumentados que súbitamente cruzaban la línea para internarse en territorio mexicano. Los oficiales del INM trataron de detener a los centroamericanos, y ante el considerable número, que rebasaba cualquier posibilidad de mantenerlos en la subdelegación, que opera en un solo cuarto, pidieron el auxilio del Cuerpo de Bomberos y en el cuartel de dicha institución se les tuvo en custodia hasta que arribaron autobuses de la Patrulla Fronteriza a Naco, Arizona, para recogerlos, ante la amenaza de las autoridades mexicanas de «devolverlos» por cualquier medio a territorio estadounidense.

LA MARA

En el contexto del tema «Centroamericanos», capítulo aparte merece la Mara Salvatrucha.

La Mara, o la MS-13, como también se le conoce, es una pandilla de origen angelino de refugiados salvadoreños que huían de la guerra civil en su país, y que la formaron por la década de los ochenta en los alrededores de la calle Alvarado y el parque MacArthur, frente al cual, por cierto, se localiza el consulado general de México en Los Ángeles. Nadie llegó a imaginarse la magnitud que alcanzaría la pandilla de modestos orígenes. En la actualidad, los departamentos de Justicia y de Seguridad Interna calculan que la membresía de la Mara oscila entre treinta y cincuenta mil pandilleros desparramados en media docena de países. De ellos, diez mil miembros se ubican en Estados Unidos. Mara es la voz coloquial con la que en El Salvador se denomina a una banda, y Salvatrucha es un tipo salvadoreño.

El común denominador de estos «gangas» —así les dicen en Los Ángeles— es la brutalidad y la extrema violencia de que hacen gala. Ejemplifica lo anterior la masacre llevada a cabo por maras en Honduras, en donde ametrallaron un autobús lleno de pasajeros, de los cuales murieron veintiocho.

En Centroamérica, adonde son deportados, su efecto desestabilizador es tal que ameritó una reunión cumbre de cuatro presidentes del área para enfrentar el problema de la creciente criminalidad generada por la pandilla. Y como violencia llama violencia, surgieron ya los escuadrones de la muerte, grupúsculos paramilitares que aplican una primitiva justicia, ejecutando al margen de la ley a quienes identifican como maras, los que por cierto son fácilmente reconocibles por la multitud de tatuajes que exhiben, sello distintivo de la banda.

La pandilla se ha convertido en un problema para México, ya que los delincuentes se dedican al robo de migrantes y al tráfico de los mismos, especialmente en Chiapas. Los maras son el terror de los trenes en los que viajan los indocumentados centroamericanos.

De acuerdo con la Secretaría de Seguridad Pública Federal se calcula que en México operan alrededor de cinco mil maras, agrupados en doscientas pandillas. La enorme mayoría de estos pandilleros se ubican en Chiapas.[28]

Durante la aparición de los voluntarios de Minuteman en el condado de Cochise, Arizona, frente a la frontera con México, en abril de 2005, los maras amenazaron con hacer acto de presencia en la línea divisoria para enfrentar, violentamente por supuesto, a los «vigilantes». La amenaza no se concretó.

CHINOS

En julio de 1993, patrulleras de la Guardia Costera de Estados Unidos interceptaron en alta mar, frente a la costa occidental de Baja California, a tres navíos que traían a bordo más de seiscientos inmigrantes indocumentados chinos.

El caso tuvo resonancia internacional por la magnitud del contrabando humano que, hacinado en las sentinas y desparramado sobre las cubiertas de los increíblemente decrépitos barcos de matrícula china, pretendía introducirse a Estados Unidos vía México, y porque ocurrió apenas un mes después de otro sonado suceso. En junio, un barco de la misma catadura, es decir, que hacía agua por todos lados, cargado con ilegales de la República Popular China, fue encallado intencionalmente frente a la costa de Nueva York porque el capitán no encontró otra manera de desembarcar a sus «pollos» asiáticos. De la oleada de chinos que saltó al agua para nadar hasta tierra firme, diez perecieron ahogados.

El gobierno de Estados Unidos solicitó a México que se hiciera cargo temporalmente de los indocumentados sorprendidos frente a la península bajacaliforniana, para que pudiesen ser entrevistados por la Comisión de Derechos Humanos de Naciones Unidas, la cual determinaría en todo caso quiénes podrían ser clasificados como refugiados políticos. Para ello, México detendría los barcos chinos en aguas internacionales y los traería hasta el puerto mexicano más próximo, en este caso Ensenada.

Mientras tanto, y ante la amenaza de una tormenta tropical que se aproximaba, los buques de la Guardia Costera movieron los tres barcos chinos hacia el norte, hasta un punto situado a sesenta millas al oeste de Ensenada, fuera de las aguas territoriales mexicanas, en donde esperarían a que la situación se resolviese.

El gobierno mexicano resistió al principio la propuesta estadounidense alegando principios de soberanía y el hecho de que nuestro país era ajeno a la gestación del problema. Pero finalmente, ante la reiterada negativa del vecino país de permitir la entrada de los barcos chinos a sus aguas y por humanidad —las condiciones a bordo de dichas embarcaciones se deterioraban rápidamente—, México aceptó bajo tres condiciones: 1) que las naves en cuestión entraran a aguas territoriales mexicanas, 2) repatriar a los nacionales chinos y, 3) castigar a los traficantes que los conducían.

Fue así como guardacostas de la Armada de México condujeron a puerto a los navíos, que fueron atracados en los muelles de Ensenada el 17 de julio de 1993. El suceso concitó el asombro de quienes atestiguaron la arribada, este autor incluido. Los barcos eran ataúdes flotantes; los cascos carcomidos, las superestructuras desmoronándose, uno de ellos escoraba visiblemente y otro era remolcado por averías en las máquinas. Pescadores y marinos mexicanos no se explicaban cómo esos oxidados cascarones habían podido cruzar el océano Pacífico, desde el litoral de China hasta aguas mexicanas, sin haberse ido a pique con los centenares de ilegales que transportaban. Agentes de Gobernación y marineros de la zona naval subieron a bordo y constataron que las tres embarcaciones traían en total a seiscientos sesenta y un nacionales chinos, jóvenes la mayoría, siendo considerable el número de mujeres. A todos se les aseguró con esposas de plástico, y de nuevo hubo asombro general por la manera como los infortunados indocumentados navegaron semanas enteras en las tormentosas aguas del Pacífico, alojados bajo cubierta o sufriendo las inclemencias del tiempo sobre la misma. Los treinta y un tripulantes de los tres navíos quedaron detenidos y sujetos a proceso por infringir la Ley General de Población.

Los chinos fueron transportados en un convoy de veintiocho autobuses, escoltados por cincuenta patrullas de la Policía Federal de Caminos, al aeropuerto internacional de Tijuana. Ya para subir a los vehículos, a algún burócrata mexicano se le ocurrió que quizás los detenidos, esposados, intentarían escapar a medio camino saltando de los autobuses y para prevenir esa contigencia, ordenó que antes de que subieran a cada chino se le pintara en el cabello una franja de pintura verde fosforecente, de tal manera que pudieran ser fácilmente advertibles de noche. La última tropelía que tuvieron que aguantar, estoicamente, los infortunados asiáticos. Al pie de los autobuses, miembros de organizaciones defensoras de derechos humanos contemplaban la escena con gesto de reprobación, mientras que fotógrafos de medios de comunicación extranjeros se daban vuelo captando imágenes de los mexicanos al aplicar con botes de aerosol el verde fosforecente sobre el pelo de los jóvenes chinos.

México repatrió a los indocumentados en los días subsecuentes, en cuatro grandes aviones, desde el aeropuerto tijuanense hasta la República Popular China.

¿Por qué los tres barcos chinos aparecieron frente a la costa occidental bajacaliforniana? La idea, todo el mundo supuso por experiencias anteriores, debió de haber sido anclar las naves a distancia del litoral y llevar a tierra a los indocumentados en embarcaciones menores, para desembarcarlos en algún lugar de la costa al sur de La Bufadora, y por tierra, «subirlos» hasta el corredor fronterizo Tijuana-Mexicali, de ahí cruzarlos hacia Estados Unidos.

En la década de los noventa se calculaba que por lo menos cien mil chinos se internaban ilegalmente a territorio estadounidense, la mayor parte de ellos por mar. La cuota habitual para tal propósito era en esa época de veinte mil dólares por cabeza.

Días antes de la aparición de los citados navíos, otro barco cargado con cien nacionales chinos había sido detectado en aguas territoriales del Golfo de California (el mar territorial en el que México ejerce plena soberanía abarca veinte kilómetros).

La colombiana

Las cosas ocurren tan rápido.

Amparo González Cifuentes, una colombiana de treinta y cinco años de edad, se despidió de su hija en el aeropuerto de Cali el 13 de mayo de 2003, al salir con destino a México. Ese mismo día arribó a la capital azteca y casi de inmediato abordó otro avión que la condujo hasta Hermosillo, Sonora. De ahí se trasladó en autobús hasta la frontera de Agua Prieta, a donde llegó a temprana hora del día 14. Su idea, como las de tantos otros sudamericanos, era internarse en Estados Unidos para iniciar una nueva vida. Desempleada y madre de dos hijos, la caleña pensaba reunirse en Nueva York con su hermana Francia. La última noticia que la familia tuvo de ella fue la conversación telefónica que desde Agua Prieta sostuvo con Francia para informarle que «todo iba bien», y en eso se cortó la comunicación.

Aparentemente Amparo entró en contacto con algunos coyotes y cruzó la frontera al oeste de Douglas en la mañana del 14. Las temperaturas en ese mes fueron brutales; y la muchacha no soportó el embate del calor y el sol, y a las pocas horas de caminar, al inicio de la tarde, empezó a retrasarse del grupo. Los coyotes la abandonaron a su suerte a la altura de la carretera 80, y de todo el grupo del que formaba parte, sólo un migrante mexicano, de nombre Jorge Lozada Ramírez, originario de Nuevo León, decidió quedarse con la mujer, que para entonces echaba espuma por la boca.

Lozada, quien ni siquiera la conocía, al verla muy grave la cargó en brazos hasta salir a la carretera, en donde fueron advertidos por la Patrulla Fronteriza. La colombiana fue trasladada al hospital de Douglas en grave estado y al mexicano se le deportó.

El estado físico de la caleña empezó a deteriorarse rápidamente, sobrevino la crisis producto de lo que el médico forense calificó de *heat exhaustion* (insolación) y a las seis de la tarde del mismo fatal 14 de mayo, Amparo murió, apenas treinta y seis horas después de haber salido de Colombia.

Efectivamente, las cosas ocurren a veces muy rápido.

La mujer permanecía hasta el momento de su muerte como desconocida, ya que no traía un solo documento de identificación encima. El consulado de México en Douglas fue notificado como de costumbre, pues se supone que si el occiso parece latino, lo más seguro es que sea mexicano. Investigaciones hechas por la representación consular dejaron en claro que se trataba de una colombiana. Pese a ello y por razones humanitarias, el consulado siguió ayudando y fue así como se localizó en Nueva York a Francia González Cifuentes, quien fue notificada de la tragedia a temprana hora del 15. La hermana proporcionó la media filiación de la fallecida y remitió por Internet una fotografía, lo que permitió que desapareciera la denominación de Jane Doe en las oficinas del forense, al quedar plenamente identificada. Ello permitió hacer los arreglos necesarios para la repatriación del cuerpo.

Amparo fue sepultada en Cali el 28 de mayo. Su trayecto había concluido.

Los brasileños

- Los restos mortales del brasileño José Cardoso da Silva Neto, en avanzado estado de descomposición, fueron localizados el 15 de junio de 2003 en un paraje al sur de Sierra Vista, Arizona. El muerto, de veintinueve años de edad, que no traía consigo documentos de identificación, permaneció en las instalaciones del médico forense en calidad de desconocido hasta que la familia, notificada por el coyote de que el muchacho había quedado en el trayecto, proporcionó al forense el registro dental, y así se confirmó su identidad. La muerte de Cardoso ocurrió por el calor extremo *(exposure)*.

- Dos brasileñas que formaban parte de un grupo de indocumentados cruzaron la frontera al oeste de Douglas a temprana hora de un tórrido primero de julio de 2004. Una de ellas, Wilma Ribeiro Machado, de cuarenta y dos años de edad, al iniciar la tarde cayó abatida por esa combinación letal de altas temperaturas e inclemente sol. El coyote y el resto del grupo continuaron la marcha dejando abandonadas a las dos nativas de Brasil. No fue sino hasta el día siguiente cuando la acompañante de Wilma salió en busca de auxilio. Notificada la Patrulla Fronteriza, el cuerpo fue recuperado y en su momento repatriado a su lugar de origen. Las dos brasileñas habían ingresado originalmente y en forma legal a México.

- La muerte del ciudadano brasileño Felician Divino Wilton, ocurrida a principios de junio de 2004, aún no se esclarece del todo. Wilton apareció sin vida y encajuelado en un vehículo que era perseguido por la policía de Douglas, Arizona. El deceso del brasileño ocasionó la detención de tres individuos, dos de ellos estadounidenses y el otro mexicano. En el cateo del domicilio de uno de los aprehendidos fueron decomisados trescientos mil dólares en efectivo, por lo que se dedujo que los capturados estaban involucrados en el tráfico de drogas y/o de indocumentados. Se presume que Wilton se internó en Estados Unidos sin documentos y que murió en alguna casa de seguridad de Douglas. Aparentemente los traficantes subieron el cadáver al automóvil para deshacerse de la evidencia y cuando transitaban por las calles citadinas fueron advertidos y perseguidos por la policía.

- María Aparecida Rodrigues murió de frío en el invierno de 2004. Nacida en Tarumirim, Brasil, la chica, de veintinueve años de edad, cruzó la frontera a la altura de Naco, Arizona y siguió una ruta favorecida por los migrantes, por las estribaciones de las montañas Huachuca, nevadas en esa época del año. Su cuerpo fue encontrado por excursionistas en uno de tantos cañones. La historia debe de haber sido la misma de siempre: En cuanto se deterioró su estado físico y no pudo mantener el paso, el coyote y sus acompañantes la abandonaron, y la infeliz mujer murió de hipotermia. María Aparecida —se dijo ya en otra parte de esta misma obra— es la única persona identificada que se encuentra sepultada con los no identificados en el cementerio del Calvario, en Douglas, Arizona. Sus restos fueron a dar al lote de indigentes porque nadie los reclamó. Suprema ignominia.

EL PERUANO

Aland Christian Félix Prado nunca conoció a su hijo de dos meses de nacido.

El joven peruano, de veintidós años de edad, nativo de Lima, llegó muy temprano a Agua Prieta, Sonora, el 18 de agosto de 2001 y ese mismo día cruzó la frontera por Douglas en compañía de diecisiete peruanos más, todos guiados por un coyote. Su intención era reunirse en Nueva York con su esposa y su pequeño hijo.

El limeño caminó durante ocho horas hasta que se desmayó, víctima del calor y el sol. Lo dejaron descansar un par de horas y prosiguieron la marcha. Esa noche su estado físico se deterioró más aún y pese a que su mal estado era evidente, en cuanto apareció el «raite», el vehículo que los transportaría a Phoenix, sus compañeros y paisanos y el traficante lo abandonaron, sin siquiera dar aviso a la «migra» para que lo auxiliase. Los detalles de la tragedia se conocieron porque uno de dichos acompañantes se comunicó desde Nueva York con Jainor Félix Pimentel, padre del desaparecido, y le narró lo ocurrido.

Hasta Douglas viajó desde Lima Félix Pimentel, para tratar de localizar los restos del muchacho. Después de la habitual desgastadora búsqueda, el cuerpo, muy descompuesto y semidevorado por los animales del desierto, fue localizado al norte de Douglas, curiosamente a corta distancia de la estación de la Patrulla Fronteriza.

Con la ayuda del consulado mexicano en Douglas, el adolorido padre peruano repatrió el cuerpo de su hijo.

En el lugar donde encontró los restos, Félix Pimentel construyó un pequeño monumento mortuorio a la memoria de Aland.

LOS ECUATORIANOS

El drama de los migrantes ecuatorianos que en forma irregular quieren ingresar a Estados Unidos, desafortunadamente para ellos tiene casi siempre perfiles trágicos y se parece a la saga de los inmigrantes chinos que cruzan un océano para arribar a costas estadounidenses.

Y es que los ecuatorianos también viajan por mar.

Zarpan a bordo de naves pesqueras en pésimas condiciones, siempre sobrecargadas de seres humanos, desde alguna ensenada no vigilada del litoral de Ecuador. Los barquitos enfilan a las Islas Galápagos y luego ponen proa al norte rumbo a Guatemala, en cuyas costas, si es que llegan con vida, desembarcan, para de ahí atravesar la república mexicana y finalmente intentar el cruce hacia Estados Unidos.

Reportes de 2004 indican que en los cuatro años anteriores por lo menos doscientos cincuenta mil ciudadanos de Ecuador abandonaron el país a bordo de naves pesqueras. Los ecuatorianos pagan doce mil dólares por ser trasladados hasta la Unión Americana, en un trayecto que puede llevar treinta días, diez de los cuales los consumen en el mar.

Una reportera de *El Tiempo*, periódico de Cuenca, Ecuador, en colaboración con *The New York Times*, emprendió un azaroso viaje junto con doscientos cinco migrantes a bordo de la embarcación pesquera *William*, en el verano de 2004. La arriesgada chica supo durante ocho días de los sufrimientos de ese tipo de travesías, navegando las mil cien millas náuticas entre la costa ecuatoriana y el litoral norte de Guatemala. Su experiencia produjo un inusual reportaje que desnudó el tráfico de ilegales ecuatorianos.[29]

Estos peligrosos viajes tienen en ocasiones funestas consecuencias. Tome usted por caso el naufragio de un pequeño bote de madera, con capacidad para quince personas, que iba sobrecargado con ciento trece inmigrantes ecuatorianos y que navegaba prácticamente con la borda al ras del agua. El barquito naufragó en fuerte marejada en pleno océano Pacífico, como a ciento sesenta kilómetros de la costa suroeste de Colombia. La nave se «pantaqueó», como dicen los marinos, es decir, se volteó al ser embestida de costado por una gran ola, y la mayor parte de los pasajeros que se guarecían bajo cubierta pereció atrapada. Sólo sobrevivieron nueve de los ecuatorianos, rescatados por pescadores de la misma nacionalidad.

Migrar es, ni quién lo dude, una profesión de alto riesgo.

MENORES, MUJERES, INDÍGENAS

Los segmentos vulnerables de la migración

Hemos establecido ya la premisa de que la acción de migrar lleva implícito el elemento de riesgo. Habría que abundar sobre dicho postulado para dejar en claro que el peligro de la diáspora se acentúa terriblemente en el caso de los segmentos más vulnerables del flujo migratorio, que son:

- Menores de edad.
- Mujeres —y dentro de esta clasificación de género abriríamos un paréntesis para hacer especial hincapié en las mujeres embarazadas—.
- Indígenas.

MENORES

Hay un marcado incremento en la internación ilegal de menores hacia el vecino país del norte. Por citar un caso específico, en el primer semestre de 2005, treinta y seis mil indocumentados fueron aprehendidos por la Patrulla Fronteriza en la frontera entre California y México, de los cuales se calcula que casi un doce por ciento eran menores de edad.

De acuerdo a fuentes oficiales, mediante el Programa Interinstitucional de Atención a Menores Fronterizos, operado por las secretarías de Gobernación y de Relaciones Exteriores, en los primeros nueve meses de 2005 fueron repatriados 33,840 menores.[30]

El ingreso de menores indocumentados a Estados Unidos a través de la frontera entre Arizona y Sonora, la que soporta la mayor parte del flujo migratorio en la delimitación entre México y la Unión Americana, tiene dos vertientes: ocurre por el desierto o bien por los puertos de entrada.

En el último de los casos los traficantes son casi siempre mujeres, mayoritariamente ciudadanas de Estados Unidos o residentes legales de dicho país. Contra muy pocas de ellas, a propósito, las autoridades estadounidenses fincan cargos.

El grueso de las aprehensiones de menores no acompañados ocurre en zonas rurales. Normalmente, los niños a los que se intenta introducir a Estados Unidos por los puertos de entrada son más pequeños que los que son internados por el desierto y aquí, en el cruce por las garitas, lo que tratan los padres o tutores de dichos menores es evitarles los riesgos que se corren en las zonas agrestes. Piensan que intentando la internación por las garitas, los niños afrontan menos peligro, una falacia en realidad, pues no recapacitan en la amenaza que significa para sus vástagos ser entregados a desconocidos o desconocidas, de los cuales no se sabe si son drogadictos, delincuentes, si tienen algún avieso fin de tipo sexual, etc. El riesgo, muy serio, no deja de estar presente en cualquiera de las dos vertientes antes mencionadas.

En los consulados mexicanos en Arizona la experiencia apunta hacia la reunificación familiar como la principal motivación del tráfico de niños. La pérdida de la circularidad del flujo origina que los indocumentados que «la hicieron» y que están ya residiendo y trabajando en algún lugar de la Unión Americana se muestren renuentes a regresar a México, pues no quieren volver a enfrentar el peligro y el costo de un nuevo cruce. En esas condiciones, contactan a algún coyote, mandan por sus familias y se la juegan. Bueno, de hecho los que se la juegan son sus seres queridos.

Para dar una idea de la variopinta gama de situaciones difíciles que se enfrenta con este contrabando de menores de edad, a continuación se describen algunos casos, para que lo anecdótico dé la medida de la magnitud del problema:

- En julio de 2002, la estadounidense María Raquel Villa pretendió introducir ilegalmente a Estados Unidos, por el puerto de entrada de Douglas, Arizona, a tres menores de edad a quienes quiso hacer pasar como ciudadanos estadounidenses. Entre los menores se encontraba una niña de apenas seis meses de nacida. Con todo y bebés la mujer fue turnada a inspección secundaria, donde quedó en claro que los niños, por lo menos los dos mayorcitos, eran mexicanos, y se supuso que la infante también. Cuando acuden los funcionarios del consulado de México en Douglas a hacerse cargo de los niños, se enfrentan a la habitual tozudez de la traficante que no quiso o no pudo proporcionar información. Los niños mayores, Jocelyn Sánchez Gamboa y Antonio Sánchez Vázquez, de ocho y siete años de edad, primos y originarios de Atlixco, Puebla, dieron sus nombres, pero no el de la bebita, a la cual dijeron desconocer. Y en esa tesitura, al personal de protección de la representación consular no le quedó más que repatriar a los tres menores e internarlos para su protección en el albergue del DIF municipal de Agua Prieta, Sonora, la niña aún en calidad de desconocida. Las investigaciones del consulado surtieron efecto y fue así como en un hotel de Agua Prieta fueron localizados los padres de Jocelyn, tíos a la vez de Antonio, los mismos que habían entregado a sus pequeños a una coyota —valga el término— a la que jamás habían visto en sus vidas, para que los cruzara a Estados Unidos, mientras que ellos lo harían por el desierto. Si todo marchaba bien, traficante, niños y progenitores se encontrarían en una gasolinera en los aledaños de Douglas. Los esposos Sánchez tampoco conocían la identidad de la infante. Finalmente los esfuerzos consulares fructificaron y se logró ubicar a la mamá de la bebita. La niña, Flor Rodríguez Flores, originaria del estado de Tlaxcala, efectivamente tenía seis meses de nacida.

- Hay ocasiones en que los niños que pretenden ser introducidos al vecino país del norte presentan serias discapacidades que los hacen aún más vulnerables por su estado de indefensión. Ese es el caso de dos primos, un varoncito de escasos tres meses de edad, ciego de nacimiento, y una niña de poco más de un año de nacida, con padecimiento de la glándula tiroides y problemas de columna que le impiden el movimiento. A los dos bebés se les quiso cruzar por la garita de Douglas en noviembre de 2003. La traficante, Verónica Moreno, mexicana con residencia legal en Tucsón, trató de pasarlos utilizando actas de nacimiento y cartillas de vacunación de otros menores, estadounidenses. La madre de los niños, nativa de Jalisco, los había entregado a la traficante en una casa de huéspedes de Agua Prieta para que los trasladara hasta Tucsón. La progenitora apareció posteriormente y los recogió en el DIF aguapretense. Un caso similar fue el de Emmanuel González Aguilera, un niño michoacano de ocho años de edad, severamente discapacitado pues padece de parálisis cerebral infantil. Dos hermanas de nacionalidad estadounidense trataron de cruzar por el puerto de entrada de Naco, Arizona, a tres niños mexicanos, entre ellos Emmanuel. Cobrarían por sus «servicios» cincuenta dólares por cada menor.

- Alarmantes resultan los casos de tráfico en el corredor fronterizo Naco-Douglas, en los que los niños contrabandeados han sido semidrogados para que el cruce sea supuestamente más sencillo. Para ello, a dichos niños, que casi siempre pasan a bordo de vehículos de noche o en las madrugadas, se les hace ingerir jarabes antigripales que tienen efectos somníferos, como el Dimetapp. La idea es adormecerlos con el antihistamínico, mantenerlos quietos en los asientos traseros y apelar al espíritu compasivo de los oficiales de servicio, «para que no despierten a los niños». Ese fue el caso de Elsy Margarita Mora Alvarado, una pequeña de apenas tres años de edad, originaria de Nayarit, a la cual la estadounidense Laura Robles quiso cruzar por la garita de Douglas en mayo de 2005, manifestando que era su sobrina y de nacionalidad estadounidense. A la chiquilla previamente le dio a tomar Dimetapp, de tal manera que al momento del cruce, Elsy iba adormecida. Como los agentes no la podían despertar, la mujer acabó por confesar que le había administrado el medicamento antigripal. En las oficinas del puerto de entrada conservan aún la botella de Dimetapp como evidencia. La traficante, que fue sometida a proceso judicial, iba a llevar a la menor hasta el estado de Utah y por tal encargo cobraría mil seiscientos dólares.

243

• Karen Tepas tenía cinco años cuando agentes de la Patrulla
Fronteriza la detuvieron mientras caminaba con una media docena de migrantes por el desierto al oeste de Douglas, un mediodía de septiembre de 2003, con temperaturas superiores a
los cuarenta y tres grados centígrados. Cuando el personal consular acudió a recogerla, la chiquilla de trenzas lloraba por su
mamá. Los migrantes capturados dijeron que con la muchachita viajaba la madre, una señora con siete meses de embarazo que
en el trayecto se fue rezagando poco a poco, hasta que se separó
del grupo. La menor fue a parar finalmente a la Casa Pepito,
como se denomina el albergue del DIF en Agua Prieta.

Lo que no registran los anteriores relatos es lo traumático que
estas situaciones resultan para los niños. Tome usted por caso la frontera Douglas-Agua Prieta. Hay que imaginar a uno o varios chiquillos cuyas edades pueden oscilar entre algunos meses y los diez años,
conducidos por terceras personas a las que no conocen. Traficantes y
menores son detenidos a la vez por agentes uniformados y empisto-
lados.

Como no hay en los puertos de entrada instalaciones adecuadas
para tener a estos menores, los ubican en un ambiente extraño, entre escritorios por donde pululan agentes armados que interrogan a
la mujer que los acompaña, y si los niños son grandecitos, a ellos mismos, tratando de obtener información. Y luego llegan los funcionarios consulares, otros desconocidos, que les vuelven a hacer preguntas
y los conducen a un vehículo que, una vez abordado, emprende camino hacia una población que de noche, con su alumbrado morte-
cino, tiene un aspecto tétrico —Agua Prieta—, con la que tampoco
están familiarizados y, finalmente, llegan a una casa de altas rejas, vi-

gilada por un policía, en una barriada precaria. Es el albergue del DIF municipal, en donde los niños van a quedar bajo custodia de dicha institución, la cual, hay que decirlo, independientemente de aspectos externos, presta un invaluable servicio. Los niños se asoman por la ventanilla del automóvil y ven el caserón a oscuras —por lo regular todo esto ocurre de noche—. Sale una de las «tías», así les dicen a las empleadas del albergue, otra desconocida, les abre la verja de hierro y espera a que los introduzcan. Para entonces, los chiquillos se aferran con todas sus fuerzas a las puertas del vehículo y lloran a todo pulmón, aterrorizados ante lo desconocido. Los funcionarios consulares tienen que desprenderlos del automóvil con ruegos y súplicas y cargarlos hasta el interior del recinto, mientras que los niños a gritos claman por su mamá. Y en ese albergue van a permanecer hasta que aparezcan los progenitores, abuelos, tíos, etc.

De hecho, lo descrito traumatiza no sólo a los menores, sino a todos los que participan en el drama.

MUJERES

¿Qué segmento de la migración hacia Estados Unidos no ha aumentado? El de las mujeres migrantes no podía permanecer al margen. El número de féminas que va «p'al norte» se ha incrementado drásticamente. En el año fiscal 2000 y en el Sector Tucsón de la Patrulla Fronteriza, fueron aprehendidos 616,346 indocumentados, de los cuales 88,893 eran mujeres, es decir, el 14.5 por ciento.

Para el 2004, el Instituto Nacional de las Mujeres calculaba que el flujo femenil se había incrementado en un veinticinco por ciento.

Katharine Donato, profesora de sociología de la Universidad de

Rice, en Houston, y estudiosa de la migración mexicana, calcula que entre el treinta y cinco y el cuarenta y cinco por ciento de los indocumentados que hoy en día cruzan hacia Estados Unidos son mujeres.

Y de hecho ya no se puede hablar tan sólo de las compañeras de hombres migrantes que cruzan la frontera para reunirse con sus parejas. Ahora abundan las mujeres que emprenden el arduo trayecto por sí mismas, en busca de mejores horizontes de vida.

Habría quizás que hacer la diferenciación entre la mujer migrante y la mujer del migrante.

La mujer migrante sobrevive en suelo extraño y además de la estratificación de clases padece la subordinación impuesta en virtud de su sexo. Enfrenta también la carga de mantener a los miembros de la familia que lleva, o el envío de remesas a los parientes en los lugares de origen. Y más allá de los riesgos comúnmente padecidos por el varón indocumentado, la mujer migrante se enfrenta a la violencia y explotación sexual. Son numerosos los casos en que los asaltantes abusan de las mujeres migrantes antes y después de su internación a Estados Unidos. Muchas veces las violaciones son perpetradas por los mismos coyotes. De hecho, organizaciones no gubernamentales estadounidenses, como la California Rural Legal Assistance Foundation, han denunciado públicamente este lamentable estado de cosas.

Frecuentemente, en las rutas de los indocumentados aparecen árboles en los que los violadores dejan el testimonio de sus «hazañas», *rape trees*, les llaman las autoridades estadounidenses, «árboles de los calzones», les dicen los migrantes. De dichos mezquites, paloverdes, jitos, penden prendas íntimas como pantaletas o brasieres de las mujeres que han sido violadas bajo dichos árboles, para que todo mundo se entere de que ahí una mujer fue degradada por la violencia sexual.

Cosa curiosa, la vilipendiada ley Sensenbrenner, tan maldecida por los migrantes legales e indocumentados, entre el articulado medieval y golpeador, tiene un sorprendente apartado que ha pasado casi desapercibido, la Sección 615, que traducida literalmente dice: «El Congreso (la Cámara de Representantes) condena las violaciones perpetradas por traficantes a lo largo de la línea divisoria con Estados Unidos y exhorta, en los más fuertes términos, al gobierno de México para que, en coordinación con el Buró de Aduanas y Protección Fronteriza (U.S. Custom and Border Protection), ejerza acciones para evitar dichas violaciones».

La mujer del migrante, por otra parte, es la que asume el papel de jefe de familia al quedarse sola en el lugar de origen una vez que el compañero parte para el norte. Esa es la mujer que afronta una serie de responsabilidades como la crianza de los hijos y el sostenimiento del hogar, reciba remesas o no.

La mujer introduce un elemento de mayor complejidad en el ya de por sí complejo fenómeno de la migración mexicana a Estados Unidos.

Una vez más acudimos al expediente del anecdotario para proveer un marco de referencia en torno a la problemática de la migración femenina:

- El arrojo de ciertas féminas es impresionante. Típico ejemplo es el de la chica en avanzado estado de gravidez —sexto o séptimo mes de embarazo— que tratando de ingresar al país ajeno, escala la barda metálica en Naco, Arizona, y salta desde una altura de tres metros. Cae, se fractura ambas piernas, la llevan al hospital y, milagrosamente, no pierde al niño que espera.
- Otro caso que deja boquiabiertos a los oficiales de la Patrulla Fronteriza es el de una respetable matrona michoacana, setentona, que repite la hazaña. Escala la cerca con la ayuda de otros

migrantes y desde lo alto se lanza al vacío. La septuagenaria sufre también fracturas múltiples, pero salva la vida.

- Hay mujeres que con sus retoños, sin guía alguno y por sí mismas, cruzan la línea divisoria en busca de una mejor vida e intentan atravesar el desierto cargando con uno o dos galones de agua. Las consecuencias de lo anterior casi siempre son devastadoras. En Arizona se han dado varios casos de madres que mueren de sed por ahorrar los últimos tragos de agua para sus niños. Hablando de mujeres migrantes decididas, se viene a la mente el caso de una chica de dieciséis años, de Guadalajara, que arriba a Naco, Sonora, en pleno invierno del 2001, con su pequeña hija de tres meses de nacida en brazos. Una menor cargando a otra menor. La muchacha, de cabellos rubios, pretende cruzar la línea haciéndose pasar por ciudadana estadounidense y le espeta al oficial de migración, en inglés champurrado, la única frase que ha aprendido: *American citizen*. Por supuesto que es detectada y detenida junto con la pequeña. Ambas son puestas bajo la custodia del consulado mexicano en Douglas y para cuando el empleado consular acude a recogerlas, se desata una fuerte nevada, justo cuando la bebita presentaba males respiratorios. La joven mamá sufre una crisis nerviosa a bordo del vehículo del consulado y el joven encargado de la guardia de protección a punto está de imitarla. La infante es atendida por un médico, la familia en Guadalajara es contactada y al día siguiente las dos menores, mamá e hija, son embarcadas en un autobús rumbo a la Perla Tapatía. La muchacha, o más bien las muchachas, nunca llegaron a Guadalajara. A medio camino la madre adolescente se baja del autobús con la infante, abordan otro rumbo a Tijuana y suponemos que la mamá, otra vez cargando a la hija, volvió a intentar el cruce.

- No todas las mujeres migrantes son eso, mujeres en el literal sentido de la palabra. Tome usted por caso el de una delgadita chiquilla de once años de edad que parecía tener nueve. La Patrulla Fronteriza la detectó vagando por el monte en las cercanías de Bisbee, Arizona. El grupo del que formaba parte había sido sorprendido por la PF, y en la corretiza, la niña se había separado. Entregada al personal consular, quedó en claro que había salido —sola— ¡desde Tuxtla Gutiérrez, Chiapas!, con el propósito de reunirse con su madre, que se encontraba trabajando en ¡Topeka, Kansas! Al cónsul que la interrogó le pregunta:

—¿Ya estoy cerca de Topeka, verdad?

—¿No sabes dónde queda Kansas?— inquiere a su vez el funcionario.

—Pos pa'llá— responde la flaquita, haciendo con la mano un vago gesto que apunta hacia el norte.

De esa magnitud es el drama de la mujer migrante.

INDÍGENAS

Aumenta también la migración étnica, faltaba más. En los lugares de cruce empiezan a advertirse grupos pertenecientes a núcleos indígenas de diferentes entidades mexicanas que hasta hace poco permanecían al margen del flujo migratorio, como Chiapas y Yucatán.

Esta migración de indígenas presenta en ocasiones circunstancias muy especiales. Hay migrantes de distintas etnias que no hablan el español y se expresan en la lengua nativa. Y aun así no titubean en dirigirse a otra nación con otro idioma diferente en donde, sobre todo en situaciones de tipo legal, enfrentan problemas complejos.

Durante un par de meses el pizcador de fresas Pablo Cruz, indígena zapoteco de veinte años de edad, permaneció recluido en la cárcel del condado de Santa Bárbara, en California, acusado de ebriedad y conducta desordenada. Desafortunadamente para él, jamás pudo defenderse ante la corte porque el oaxaqueño no habla inglés ni español, y no había traductor disponible para su lengua materna. La Corte de Santa María, donde se hubiera radicado el caso, tiene sólo traductores del inglés al español y viceversa. Ahora, por la cantidad de migrantes de las etnias oaxaqueñas que acuden a los campos agrícolas de California, la corte de referencia y otras del Valle Central y del área de Los Ángeles proceden a localizar traductores de lenguas indígenas como el mixteco, el trique y el náhuatl. El Consejo Judicial de California (Judicial Council of California) ha logrado integrar un núcleo de intérpretes de lenguas indígenas de México que viajan por todo el estado, a donde son requeridos sus servicios. ¿De que proporción es el problema? Cálculos aproximados hacen ascender a doscientos mil el número de indígenas mexicanos en California. Algunos de ellos van a parar irremisiblemente a las cortes, en donde jueces, fiscales y defensores públicos dan por sentado que hablan español y les asignan traductores del castellano. Para complicar más la situación, la cultura de estos mexicanos les impide comprender lo intrincado del sistema judicial. Inclusive en sus lenguas nativas no hay equivalentes para palabras como «juicio» o «fianza». Por fortuna, en auxilio de estos connacionales acuden ya organismos como el Frente Binacional Indígena Oaxaqueño y ONG como la citada California Rural Legal Assistance Foundation.

Cómo se muere en el cruce (2)

En la década entre 1993 y 2003, más de un millar de migrantes —mil veintitrés para ser exactos—, perecieron ahogados en el río Bravo.

Las mortíferas aguas de lo que en Estados Unidos llaman río Grande no hacen distingos de nacionalidad. En esa misma década fueron rescatados de la corriente los cuerpos de cinco hondureños, cuatro guatemaltecos, tres paquistaníes, tres salvadoreños, un polaco, varios brasileños y, por supuesto, muchos, muchos mexicanos. De los mil veintitrés ahogados, quinientos treinta nunca fueron identificados.

———————

Las terroríficas imágenes de algunas de esas muertes por inmersión dieron la vuelta al mundo porque fueron captadas por cámaras de televisión. El 8 de junio del 2000 dos mexicanos se ahogaron ante impecables testigos de cargo, en este caso agentes de la Patrulla Fronteriza de Estados Unidos y elementos del Grupo Beta de México, quienes, desde sus respectivas orillas, contemplaron impotentes cómo se hundían, para no salir más a la superficie, el michoacano Walter María Sandoval y el veracruzano José Antonio Ramírez Martínez.

Un camarógrafo de la televisión mexicana filmó las escenas, que dejaron en evidencia las carencias de las dos corporaciones mencionadas en materia de rescates. El escándalo fue de órdago; todo el mundo pontificó sobre la tragedia y, como de costumbre, del lado mexicano se integró una comisión investigadora que hizo de los agentes del Grupo Beta los tradicionales chivos expiatorios. Como detalle macabro habría que consignar que los familiares de las víctimas se enteraron de la tragedia ¡por televisión! Reconocieron a Walter y a José Antonio cuando en sus pantallas caseras los vieron ahogándose.

———————

Años más tarde se dio el mismo escenario trágico. Dos hermanos, de apellidos Romero Torres, nativos del estado de México, fallecieron ahogados en las cercanías de Matamoros, Tamaulipas, cuando trataban de cruzar a nado el río Bravo. En esa ocasión el drama fue atestiguado por familiares, y una vez más, un camarógrafo de una estación de televisión de Brownsville, Texas, captó las estrujantes escenas. Jorge Romero Torres, desde la orilla mexicana, vio cuando sus dos hermanos empezaron a nadar para llegar a la margen estadounidense. El mayor, de nombre Gustavo, estaba a punto de alcanzar la orilla cuando advirtió que su consanguíneo tenía problemas para cruzar y, sin pensarlo dos veces, se lanzó de nuevo a las aguas para rescatarlo. Ambos fueron arrastrados por la corriente y finalmente se hundieron.

———————

Eran las 3.15 horas de una madrugada de octubre de 1998, cuando un tren de carga de Union Pacific que se dirigía de Houston a Brownsville, Texas, trituró a seis indocumentados que se encontraban dormidos sobre las vías en un punto situado a unos cien kilómetros al norte de la última población. El maquinista no pudo hacer cosa alguna para evitar la tragedia. El convoy, que viajaba a setenta y cinco kilómetros por hora, se llevó ochocientos metros y varios minutos para poder pararse. Entre los despedazados cuerpos de los migrantes quedaron esparcidos los restos de su bastimento —latas de frijoles, paquetes de tortillas—. Cinco de los seis muertos eran mexicanos y el sexto guatemalteco. ¿Por qué dormían entre las paralelas del ferrocarril? Porque entre los indocumentados prevalece la falsa noción de que dormir entre las vías los protege de las serpientes venenosas.

———————

El compacto y aporreado Mitsubishi rojo de dos puertas, de modelo atrasado, circulaba a gran velocidad la tarde del primero de diciembre de 2000 por la carretera estatal 82, entre Huachuca City y Tombstone, Arizona. A bordo viajaban siete indocumentados mexicanos, entre ellos una mujer, Antonia Rentería Miranda, guerrerense de veintinueve años de edad, y su pequeño hijo de apenas dos años. El tramo, que evita los retenes de la patrulla fronteriza en las carreteras 80 y 92, es muy socorrido por los «raiteros» que a bordo de automóviles recogen a migrantes en «cargaderos» previamente establecidos con los coyotes, para trasladarlos hasta algún centro urbano de consideración, como Tucsón o Phoenix.

Faltaban unos dieciséis kilómetros para llegar a Tombstone cuando de súbito el conductor perdió el control del vehículo y se proyectó contra el muro metálico de contención en una curva, se volcó y, después de varios tumbos, acabó volando cosa de treinta metros y cayó en el lecho del río San Pedro, de poca profundidad. El auto quedó sumergido en la corriente, con las llantas hacia arriba.

Cinco de los migrantes murieron casi en el acto, algunos, víctimas de múltiples contusiones, otros presumiblemente ahogados.

El bebito salió disparado del auto y fue a parar a la corriente del río. Dos agentes de la Patrulla Fronteriza que arribaron momentos después del percance rescataron al menor, y uno de ellos le dio respiración boca a boca para revivirlo. Cuando el automóvil fue enderezado, cinco cadáveres y un sexto pasajero en gravísimo estado fueron extraídos de la chatarra. Entre los muertos se encontraba la mamá del niño.

El adulto y el menor fueron traslasdados en helicóptero hasta un hospital de Tucsón, en donde fueron atendidos de emergencia. Los dos fueron conectados a ventiladores, y al hombre se le tuvo que extirpar el bazo. Se supuso que el conductor del vehículo, uno de los fallecidos, era el coyote.

En torno a este trágico accidente surgieron interrogantes para las cuales no hubo respuesta: La versión oficial fue en el sentido de que no se dio persecución alguna por parte de agentes de corporaciones policiacas; sólo la críptica observación de que una unidad de la Patrulla Fronteriza se cruzó en sentido contrario con el veloz Mitsubishi y que, presumiendo que iba cargado de «ilegales», dio media vuelta para perseguirlos; apenas completaban la maniobra cuando se volcó el automóvil sospechoso. Sin embargo, el adulto sobreviviente declaró que otro vehículo empujó por atrás al Mitsubishi y originó la volcadura. Una llamada anónima posterior al consulado mexicano en Douglas, de alguien que pudo haber sido otro de los coyotes, mencionó también una persecución por parte de una unidad de la Patrulla Fronteriza.

Hasta el momento, las dudas persisten.

¿Por qué los accidentes automovilísticos en los que se involucran in-documentados producen tantas víctimas?

He aquí algunas de las razones:

- Los vehículos usados por los «raiteros» son auténticas carcachas, en pésimo estado, con las llantas lisas. Las «vanes» y camionetas *pick-up* «chuntareras», como se nombra en la jerga fronteriza a los vehículos destinados al acarreo de paisas, están normalmente en agonía automotriz, a punto de expirar.
- Los conductores son inexpertos. El coyote muy frecuentemen-te pone al volante a menores de edad bajo la presunción, sobre todo en California, de que si son detenidos con migrantes a bordo, tienen muchas posibilidades de «librarla» en razón de lo mismo, de su minoría de edad. Hay ocasiones en que los coyo-tes, a falta de chofer y para no arriesgarse a ser descubiertos como lo que son, traficantes, habilitan como conductor a alguno de los mismos indocumentados, ofreciéndole trato preferencial a la hora de cobrarle el cruce.
- Conductores de la naturaleza arriba descrita comúnmente son presas del pánico en cuanto notan que son perseguidos y sin la menor consideración a sus vidas y a las ajenas, imprimen gran velocidad a sus decrépitas furgonetas, casi siempre sobrecarga-das de aterrorizados seres humanos.
- Es increíble el número de migrantes que se retaca en los vehícu-los «raiteros». Tome usted por caso el percance registrado el 27 de abril de 2001 a corta distancia del límite entre Arizona y Nuevo México, en el que murió un paisano y ocho más re-

sultaron lesionados. En la furgoneta Ford accidentada el coyote había metido a veintidós indocumentados. Y en el accidente ocurrido el 16 de octubre de 2004 en Sierra Vista, Arizona, con saldo de seis muertos y veintidós heridos, percance descrito con mayor amplitud en este mismo capítulo, el *pick-up* que originó el desaguisado llevaba a doce migrantes en la caja y a seis más, incluido el conductor, en la cabina. Pero el récord lo sentó un incidente que parece sacado de las comedias de persecuciones del cine mudo de Mack Sennett. Cincuenta y siete mexicanos cruzaron la línea a la altura del corredor fronterizo Naco-Douglas en marzo de 2001. Ya en territorio estadounidense y después de tres días de caminata, los connacionales encontraron en el «cargadero» a los dos vehículos que los conducirían a Phoenix. Treinta y cuatro paisanos fueron subidos a una *van* y el resto abordó una camioneta tipo *pick-up*. Sólo 15 minutos transitó el *pick-up* cuando se descompuso y tuvo que ser abandonado. Sus pasajeros fueron entonces retacados en la furgoneta restante, en la que de esa manera se apiñó a un total de cincuenta y siete indocumentados, incluidas varias mujeres. El autor entiende el posible escepticismo del lector, pero el hecho fue comprobado y documentado por la Patrulla Fronteriza y el Departamento del Sheriff del condado de Cochise, además de los testimonios de los mismos paisanos. La *van* no llevaba asientos y todos iban parados, cuerpo contra cuerpo, llenando hasta el último milímetro de espacio. En el techo del vehículo, aferrados al maletero, viajaban algunos. De esa increíble manera transitaba la furgoneta por caminos vecinales cuando apareció una patrulla del Departamento del Sheriff y se inició la persecución. Los coyotes que viajaban en la *van* ordenaron que se bajaran algunos de los migrantes, doce de los cuales así lo hicieron en pleno movimiento. La furgoneta acabó embancada en una zanja. Una veintena de indocumentados sufrieron lesiones y los que quedaron ilesos, en cuanto se despanzurró el automóvil, emprendieron la huida por el desierto.

• Las políticas de persecuciones automovilísticas varían grandemente entre corporaciones del orden de las diferentes entidades estadounidenses. En Arizona se usa con mucha frecuencia lo que se conoce como *tire deflation device* (artefacto para ponchar llantas), una tira con púas que se extiende sobre la carretera por la que huye algún vehículo, y que produce el estallamiento de los neumáticos y, en consecuencia, la inhabilitación del automóvil. El problema con este artefacto es que los vehículos cargados de migrantes que huyen lo hacen a velocidades que muchas veces oscilan entre los ciento cuarenta y cinco y los ciento sesenta kilómetros por hora, y cuando les vuelan los neumáticos, los conductores pierden el control y se produce el accidente, casi siempre con saldo mortal.

———————

El 16 de octubre de 2004 una camioneta tipo *pick-up* Ford, del año, de la que posteriormente se supo había sido robada en Phoenix, fue advertida por alguaciles del Departamento del Sheriff del condado de Cochise, cuando transitaba sobre la carretera 92, al sur de Sierra Vista, Arizona. La persecución se inició de inmediato a grandes velocidades.

En la caja del *pick-up* viajaban, acostados, una docena de migrantes, mientras que seis más lo hacían en la doble cabina del vehículo, el conductor y a la vez coyote incluido. De los dieciocho pasajeros, salvo un hondureño, todos eran mexicanos. La camioneta alcanzó velocidades de ciento sesenta kilómetros por hora en su desesperada huida a través, incluso, de vías muy transitadas de Sierra Vista. En un momento dado las autoridades deciden detener el bólido usando las tiras con púas, las cuales despliegan sobre la carretera 92 a corta distancia del acceso al Fuerte Huachuca, en los aledaños de Sierra Vista. Hay ahí una confluencia de caminos y un semáforo que controla el flujo vehicular. La camioneta Ford pasa sobre las púas, sus neumáticos estallan y el conductor pierde el control del auto, que materialmente vuela para ir a impactarse sobre los vehículos que se encontraban en línea haciendo alto frente a la luz roja del semáforo.

El encontronazo fue brutal. Once de los autos parados resultaron impactados. La escena era de total caos, con muertos y heridos y fierros retorcidos diseminados en una amplia área. Tres de los indocumentados mexicanos que viajaban en la camioneta y una pareja de estadounidenses que esperaba el cambio de luces a bordo de su automóvil perecieron de inmediato. Veintidós personas más resultaron lesionadas.

De hecho, fueron cuatro los connacionales muertos, ya que una de las migrantes, Aresabeth Rincón, viajaba en el quinto mes de su embarazo y en el percance perdió al bebé. La tragedia de la muchacha fue doble, pues también murió en el accidente su esposo, Eric Sánchez Domínguez.

El sucedido tuvo otras serias implicaciones que repercutieron en la comunidad y que acabaron por demeritar más aún, si eso fuera posible, la imagen de la inmigración ilegal. Los muertos estadounidenses resultaron ser dos personas de la tercera edad, James Lee, de setenta y cinco años, y Emilia Guthrie, de setenta y uno, apreciados vecinos de Sierra Vista que acababan de protagonizar una inusual historia de amor. Tres años habían esperado la autorización de la iglesia Católica para poder contraer nupcias. Los enamorados tenían apenas seis semanas de casados cuando perdieron la vida instantáneamente al recibir de lleno, a bordo de su automóvil, el impacto del *pick-up* cargado de indocumentados.

Y están también los indocumentados que mueren en el desierto o en la montaña por causas naturales, agravadas, lógico, por el fatal esfuerzo que representan para sus condiciones de salud las caminatas de varios días, el calor y el sol inclementes del verano o las gélidas temperaturas del invierno.

Esos fueron los casos —todos ocurridos en Arizona— de Alejandro Camacho Vélez, un veracruzano abatido en plena marcha por un infarto al miocardio, en el verano de 2005; o de Federico Campos Mayor, originario de la Ciudad de México, quien murió en mayo de 2004 víctima de una hemorragia grastrointestinal. Y del también defeño Leopoldo Alvarado Sánchez, fallecido en febrero del mismo año a consecuencia de un aneurisma.

La falta de condición física en ocasiones resulta tan mortal como las temperaturas de cuarenta y tantos grados centígrados. Viene a mente el caso de un infortunado indocumentado que se aventuró a cruzar el desierto y caminó sin parar hasta que, exhausto, cayó muerto en pleno monte. Recuperar su cuerpo fue un problema. El hombre pesaba más de ciento treinta kilos.

Hay una cierta resistencia a aceptar que en el desierto se puede morir de frío. Generalmente se asocia al entorno desértico con un calor insoportable, un sol infernal y la siempre presente posibilidad, en el caso de viandantes, de la muerte por insolación y/o deshidratación.

Pero en verdad, las muertes por hipotermia, de frío, vaya, son frecuentes. En las postrimerías del invierno de 2006, en un fin de semana de marzo, una racha de intenso frío que duró tres días con temperaturas bajo cero, provocó la muerte de cinco migrantes mexicanos. Dos de ellos perecieron al norte de Nogales, otro más fue abatido por las bajas temperaturas en la reservación de la tribu Tohono y el último de los varones dejó de existir por el rumbo de Arivaca. El quinto fallecimiento fue el de una indocumentada poblana, María Eusebia Vázquez Cerezo, la que en el hospital de Sierra Vista no pudo sobrevivir a la hipotermia. La infortunada dama había cruzado al oeste de Naco, Arizona, siendo abatida por la lluvia, la nieve y el frío. Sus acompañantes dieron aviso a la Patrulla Fronteriza, cuyos agentes la recogieron en el monte y la trasladaron al nosocomio de Sierra Vista, en donde murió.

Cinco connacionales más murieron también de frío, ese mismo marzo, pero en la zona montañosa de Jacumba, frente a Tecate, Baja California, en medio de tormentas de nieve.

Entre las muchas cosas que los migrantes ignoran en términos del internamiento a Estados Unidos, está el hecho de que en el monte también se muere de frío.

El proyecto Minutemen

El Proyecto Minutemen surge como concepto a finales de 2004 y se inscribe en el contexto de la radicalización de un considerable segmento de la sociedad estadounidense en torno al tema de la inmigración ilegal. Minutemen fue —y es— una de las manifestaciones de esa tendencia hacia el nativismo y la xenofobia que produjo, entre otras cosas, la Proposición 200 en Arizona y, en el nivel federal, la Real ID Act, además de la Ley Sensenbrenner.

El Minutemen Project es originado por un contador retirado, veterano de la guerra de Vietnam y residente de Aliso Viejo, California, Jim Gilchrist, con el aparente objeto de poner en evidencia la incapacidad del gobierno y del Congreso de Estados Unidos para controlar la frontera con México. En noviembre de 2004 se lanzó una convocatoria vía Internet, para reclutar voluntarios que acudieran a la frontera entre el condado de Cochise, en Arizona, y el noreste de Sonora, para detectar el cruce de indocumentados durante el mes de abril de 2005.

En la planeación original de esta operación intervino Chris Simcox, el líder del grupo racista y aintiinmigrante Civil Homeland Defense. La inscripción de los participantes en dicho proyecto se llevó a cabo en las oficinas del semanario *Tombstone Tumbleweed*, de Tombstone, Arizona, que en ese entonces dirigía el propio Simcox, y en la asamblea informativa inicial, el primero de abril de ese año, también en Tombstone, el principal orador fue el senador Tom Tancredo, furibundo antiinmigrante.

La nutrida cobertura mediática que se le dio al Proyecto Minutemen desde el mes de febrero tensionó más aún el ambiente a ambos lados de la frontera entre Arizona y Sonora, y de alguna manera creó una atmósfera de circo de tres pistas, con multitud de actores que pretendían cierto protagonismo. Entre ellos estaban la Alianza Braceropoa, la Alianza Nacional pro Derechos Humanos del Estado de California, la American Civil Liberties Union (ACLU) de Arizona, el grupo neonazi National Alliance y hasta la Mara Salvatrucha.

El consulado de México en Douglas coordinó un *operativo* con corporaciones policiacas mexicanas de los tres niveles, las cuales patrullaron el corredor fronterizo Naco-Agua Prieta, Sonora, paralelamente a la línea divisoria, tratando de evitar algún desaguisado —disparos con arma de fuego, pedradas, etc.— desde territorio mexicano en contra de los «vigilantes», que agravara todavía más la crisis que se estaba viviendo.

La ACLU de Arizona entrenó a su vez a voluntarios para que fungiesen como «observadores legales» (*legal observers*), con el propósito de que documentaran las actividades de los Minutemen para detectar cualquier posible violación a los derechos humanos de los indocumentados. Para el caso, dichos voluntarios siguieron sistemáticamente a los radicales, convirtiéndose así en vigilantes de los «vigilantes», por decirlo de alguna manera.

La ACLU también emplazó al sheriff del condado de Cochise, Larry Dever, conminándolo a que tomara providencias ante la presencia de Minutemen y recordándole que su pasividad en casos anteriores de vigilantismo daba lugar a que Cochise se convirtiera en centro de reunión de radicales.

ACTIVISTAS

Algunos de los grupos de activistas a favor o en contra de la migración no documentada contribuyeron al enrarecimiento del clima prevaleciente a ambos lados de la frontera.

- La Alianza Braceroproa, por ejemplo, en la mañana del primero de abril, hizo acto de presencia en Naco, Sonora, para impedir el acceso a Estados Unidos, bloqueando por corto lapso el puerto de entrada de Naco, Arizona.
- La National Alliance for Human Rights celebró conferencias de prensa en San Bernardino, California, anunciando la movilización de voluntarios hacia Douglas para oponerse a los Minutemen. En Agua Prieta convocó a un par de mítines.
- La National Alliance, una organización racista, neonazi, que preconiza la superioridad de los blancos sobre las minorías, en la víspera del inicio de actividades de los Minutemen distribuyó volantes racistas en contra de la inmigración, en los domicilios de Douglas, Arizona.

1. Las manifestaciones triunfalistas de Gilchrist, Simcox y los Minutemen respecto al «éxito» del proyecto no correspondieron de manera alguna a la realidad.

2. Pese a anuncios previos de más de mil voluntarios, nunca hubo más de un centenar de radicales en labores de detección de migrantes.

3. En ocasiones eran más los representantes de medios de comunicación que los Minutemen. Marc Cooper, columnista del semanario angelino *L.A. Weekly,* reportó que en una de las manifestaciones de los MM frente a la estación Douglas de la Patrulla Fronteriza, dos docenas de reporteros y cámaras de televisión cubrían el evento, en el que participaban sólo diez «vigilantes».

4. En ningún momento los radicales verificaron aprehensiones de indocumentados; se limitaron a reportar telefónicamente a los migrantes avistados con sus binoculares.

5. Para el 19 de abril, era evidente que el Minutemen Project se había colapsado y que la supuesta disminución del flujo migratorio era más bien un desplazamiento del mismo.

6. Al término de abril y en la euforia del supuesto «éxito» de la operación, los Minutemen presumieron que sus acciones ocasionaron la aprehensión de 335 «ilegales», cifra que nunca fue corroborada por la Patrulla Fronteriza.

El Minutemen Civil Defense Corps regresó al condado de Cochise en octubre de 2005.

En Arizona, el Proyecto Minutemen, desde su concepción hasta su conclusión, fue un producto gestado por los medios de comunicación y para ellos. De hecho, la única batalla que dichos nativistas ganaron fue la mediática.

Durante las primeras dos semanas fueron incontables —¿centenares? ¿miles?— las notas periodísticas publicadas y difundidas electrónicamente en todo el mundo. Se dio una especie de psicosis colectiva mediática en torno a los radicales, pese a la evidencia ante los ojos de los comunicadores. Los medios atestiguaron que no hubo «miles» de voluntarios, que en muchos de los casos eran más numerosos ellos que los Minutemen; pese a todo, se negaron a aceptar la realidad de que no había mucho que reportar, y lo que no dijeron es que la operación en sí resultó un fiasco. Quizás, como dijo irónicamente un periodista californiano, un grupito de vigilantes armados que peinaban la frontera y posiblemente enfrentaban y quizás baleaban a indocumentados era una tentación irresistible para el sensacionalismo de los medios.

Y en esa tesitura, les hicieron el juego a los muy mediáticos organizadores del circo de referencia.

Especial mención merecen algunos órganos de información masiva, especialmente la televisión por cable como Fox News y CNN. Inusitado esfuerzo y tiempo en pantalla dedicaron a esta aventura. Sean Hannity, uno de los conductores de Fox News, pasó días enteros acompañando a los MM, y Lou Dobbs, de CNN, viajó inclusive hasta Bisbee, Arizona. Las informaciones y comentarios de ambas empresas televisivas reflejaron la agenda antiinmigrante muy presente en este momento en ciertos sectores estadounidenses.

Los mismos magros resultados de Arizona se reprodujeron en el condado de San Diego, con la incursión de Friends of the Border Patrol, la denominación que el Proyecto Minutemen asumió en California. Según la coalición de observadores legales de San Diego, la Patrulla Fronteriza dio crédito a los racistas por la aprehensión de tres indocumentados en el curso de la operación que emprendieron durante tres semanas del verano de 2005. Algunos de los Minuteman patrullaban, por cierto, armados con rifles de asalto. El líder del grupúsculo advirtió que reanudarían sus actividades en el sur de California para mediados del siguiente septiembre.

De regreso en Arizona

Minuteman Civil Defense Corps anunció a principios de 2006 su regreso a Arizona a partir del primero de abril del año citado, esta vez para patrullar todo el mencionado mes el área fronteriza del Desierto del Oeste, en la Reservación Tohono, frente a Sásabe. Como de costumbre y muy acorde con su tendencia a la exageración, Simcox anuncia que mil voluntarios van a participar en la operación bautizada como *Secure Our Borders* (Asegurando nuestras fronteras), cuyo objetivo manifiesto sigue siendo poner en evidencia la incapacidad del gobierno federal estadunidense para controlar la frontera con México. Lo más seguro es que los mil voluntarios se conviertan a la hora de los hechos en una cincuentena de varones y féminas de edad media para arriba, sobrepasados de peso.

En el inicio del patrullaje se anunciaba una reunión de aliento con todos los voluntarios, en la que estarían presentes y harían uso de la palabra reconocidos legisladores y personajes conservadores y antiinmigrantes como Bay Buchanan, Don Goldwater, Russell Pearce y Randy Graf.

La semilla del odio

El hecho de que los resultados de las operaciones citadas no parezcan muy impresionantes no les resta peligrosidad a estos grupos antiinmigrantes, entre los que siempre existe la posibilidad de que se infiltren elementos ultrarradicales y desadaptados, independientemente de que diseminan el mensaje de xenofobia y nativismo que percibe al inmigrante como «el enemigo».

Los antiinmigrantes han anunciado que expanden sus actividades a California, Nuevo México, Texas, Idaho y Michigan. Además de lo que podría llamarse la actividad primaria de la organización —la vigilancia de la frontera sur—, pretenden ahora enfrentar a empresarios que contratan a indocumentados en el *hinterland* estadounidense, sobre todo en el Medio Oeste. Realizan también labor de cabildeo para lograr la militarización de la frontera mediante el uso de la Guardia Nacional.

En Atlanta, Salt Lake City, Chicago, Indianápolis; en los estados de Virginia y Carolina del Norte, los Minutemen ensayan nuevas tácticas. Los radicales ahora monitorean, fotografían y captan en video a empleadores sospechosos de contratar indocumentados, y luego los denuncian a las autoridades

Se da una confusión en cuanto a nombres. Hay ahora una matriz, por llamarla de algún modo, que se denomina Minutemen HQ, de la que se escinden dos ramas, Minutemen Project, que actúa en el interior del país, y Minutemen Civil Defense Corps, a cargo de la vigilancia en la frontera con México. La confusión de nombres se traslada al liderazgo, pues no se sabe con frecuencia si manda Chris Simcox o Jim Gilchrist. Ello al margen de que otros grupúsculos afines que operan en determinadas regiones asumen nombres propios, como Friends of the Border Patrol en San Diego, Texas Minutemen LLC, Utah Minutemen Project, New Mexico Minutemen, Tennessee Minutemen, etc.

La semilla sembrada por *Minutemen* parece fructificar en la tierra abonada por los sentimientos antiinmigrantes presentes en este momento en la Unión Americana.

Repatriaciones: lateral y al interior

El gobierno de Estados Unidos lleva a cabo programas de repatriación de migrantes mexicanos indocumentados en el área de Arizona, por vía aérea. El primero de dichos programas, en 2003, fue lateral, es decir, en el mismo territorio estadounidense; el segundo, en 2004, al interior de la república mexicana, y el que se llevó a cabo en 2005, fue también al interior de México.

Oficialmente las repatriaciones, tanto la lateral como las que se realizan al interior de la nación mexicana, se inscriben en el contexto de la Iniciativa de Seguridad Fronteriza y son —afirman— acciones humanitarias de los vecinos que tienen por objeto terminar con las muertes de los indocumentados al cruzar por los desiertos de Arizona.

Los escépticos consideran que hay algo de eso, pero más aún de la intención de la Patrulla Fronteriza de terminar con la puerta revolvente que constituyen los múltiples reingresos de migrantes previamente detenidos por la corporación citada y devueltos a territorio mexicano.

Si ambas motivaciones fueran verídicas, podría pensarse que las repatriaciones de que se habla no han constituido precisamente un éxito arrollador, pues el flujo de migrantes continúa por la frontera entre

Arizona y Sonora, el número de aprehensiones se mantiene estable, quizás con una mínima tendencia a la baja en algunos sectores y, lo más importante, el número de muertos aumenta cada año, con todo y los vuelos cargados de compatriotas.

En el año fiscal 2003, cuando se dio la repatriación lateral «para personas desplazadas internamente» *(for internally displaced persons)*, el número de muertos en el sector Tucsón de la Patrulla Fronteriza, de acuerdo al conteo que religiosamente lleva el periódico *Arizona Daily Star*, fue de doscientos cuatro, superior a las cifras de fallecidos en 2001 (setenta y ocho) y en 2002 (ciento treinta y cuatro). Al instaurarse la repatriación al interior de México en 2005, la estadística de decesos volvió a incrementarse respecto a los años anteriores, ascendiendo ahora a doscientos dieciocho. Y en 2005 se implantó nuevo récord: doscientos dieciocho fallecidos en circunstancias de cruce.

¿Y las aprehensiones, en los tres años consecutivos de aviones repletos de migrantes? Aumentaron también.

Más claro, en el mejor de los casos es discutible el éxito de las famosas repatriaciones aéreas.

En los tres programas de referencia el elemento normativo fue la voluntariedad. En teoría se subían a los aviones los paisanos que así lo decidían.

REPATRIACIÓN LATERAL

En la repatriación lateral, los mexicanos detenidos que presuntamente estuvieron de acuerdo en abordar los aviones fueron trasladados desde Tucsón, Arizona, a cuatro sectores de Texas: El Paso, Laredo, Del Río y McAllen. De ahí eran regresados a territorio mexicano por

Ciudad Juárez, Nuevo Laredo, Villa Acuña y Matamoros. Es decir, los connacionales capturados en Arizona eran «aventados» a casi mil seiscientos kilómetros de distancia. Los contingentes de migrantes así desplazados constituían una pesada carga para las comunidades fronterizas a uno y otro lado de la línea divisoria, además de las penalidades sin cuento a que fueron sometidos dichos indocumentados, sin recursos y a enormes distancias de familiares y amigos.

En su momento el gobierno mexicano manifestó su desacuerdo con dicho programa lateral y sugirió la integración de un grupo de trabajo de alto nivel que analizara los mecanismos de repatriación vigentes para actualizarlos y tratar de garantizar una repatriación segura y ordenada.

En el programa de repatriación lateral, que se llevó a cabo en septiembre de 2003, las escenas eran indignantes. Los mexicanos detenidos, desde que partían en autobuses de las diversas estaciones de la Patrulla Fronteriza para abordar el avión en Tucsón, lo hacían esposados y, en los primeros días, encadenados de las extremidades inferiores, las mujeres inclusive. De esa misma manera, como criminales, realizaban el vuelo desde Tucsón hasta alguna frontera texana. Las quejas manifestadas por los migrantes en todo este proceso iban desde la ausencia de alimentos hasta el extravío de sus pertenencias.

REPATRIACIONES AL INTERIOR

La primera de las repatriaciones al interior se llevó a cabo del 12 de julio al 30 de septiembre de 2004. De nuevo, se hizo hincapié en la voluntariedad de la operación, consistente en la salida desde Tucsón de dos vuelos diarios de Mexicana de Aviación con destino a la Ciudad de México y a Guadalajara, con aquellos migrantes que decidiesen volar o cuyas condiciones de salud hicieran imperativo su regreso a México.

Los migrantes eran entrevistados por funcionarios consulares en instalaciones de la Patrulla Fronteriza en Tucsón. Fueron catorce mil los paisanos indocumentados que se acogieron al citado mecanismo de repatriación. En los puntos de destino eran recibidos por elementos del Instituto Nacional de Migración y se les proporcionaban pasajes para que por tierra llegaran hasta sus lugares de origen. La Patrulla Fronteriza trató en todo momento de que se repatriase al mayor número de connacionales, independientemente de la voluntad de los mismos, bajo la premisa de que su estado físico así lo aconsejaba. Aquellos migrantes que se mantuvieron firmes en su decisión de no aceptar los vuelos fueron devueltos a territorio mexicano por Nogales, salvo los casos de indocumentados con antecedentes delictivos o previamente deportados, a los que se hizo comparecer ante un juez de migración.

La repatriación al interior en 2005 se inició el 10 de junio y se concluyó el último día de septiembre. En esta ocasión los dos vuelos diarios —ahora en aparatos de Aeroméxico— que partían de Tucsón sólo tuvieron un destino, la Ciudad de México. Los migrantes capturados fueron «procesados» en Nogales y Yuma, y el número de voluntarios fue mayor que el año anterior. Poco más de veinte mil migrantes abordaron alguno de los dos vuelos diarios para regresar a la tierra de procedencia. Como en 2004, el personal del INM proporcionó boletos de autobús a los paisanos para que llegasen hasta las poblaciones de donde provenían.

Gracias a la firme oposición del gobierno mexicano, en ambos programas de repatriación al interior no se esposó a los viajeros.

Activistas

CLAUDIA SMITH

Claudia Smith es una mujer excepcional, a la que los pueblos de México y Centroamérica le deben un reconocimiento pleno y público, que se sume a los muchos que ya ha recibido de diversas instituciones.

Abogada estadounidense de origen guatemalteco, cincuentona y de cabello entrecano, Claudia ha dedicado la existencia entera a la defensa de los migrantes, de los más desvalidos, de los que sufren todo tipo de vicisitudes; tercamente, implacablemente, sin desmayar, sin desviarse un milímetro de la línea recta que le marca su conciencia.

Claudia vive en el sur de California y ha convertido en apostolados las luchas emprendidas contra todas aquellas circunstancias que a su juicio propician violaciones a los derechos humanos. El listado de sus causas célebres es largo: las políticas migratorias de Estados Unidos que desplazan el flujo migratorio hacia lugares de alto riesgo, con su correspondiente cauda de indocumentados muertos; la operación *Gatekeeper* en lo específico; el drama de los migrantes muertos que van a parar a las fosas de indigentes en calidad de no identificados; las mujeres asesinadas en Ciudad Juárez; la xenofobia de grupos antiinmigrantes, de «vigilantes» y de milicias armadas; las persecuciones por carreteras y a altas velocidades de vehículos cargados con indocumentados; el uso de balas expansivas por la Patrulla Fronteriza, y un largo etcétera. Si se comete una injusticia contra los indefensos, contra los más amolados, ahí salta a la palestra Claudia Smith.

Amnistía Internacional le otorgó el Premio Digna Ochoa, y Global Exchange, una organización internacional pro derechos humanos con sede en San Francisco, California, la distinguió al entregarle su Premio Nacional correspondiente al año 2002.

Su formación profesional e inflexible defensa de los derechos humanos la hacen temible como oponente. La dama, pese a su dulce aspecto, es «echada pa'delante», como dicen en México. A Claudia, dirigente de la Fundación Rural de Asistencia Legal de California (California Rural Legal Assistance Foundation), se le puede ver manifestándose frente al cerco que divide a Tijuana de San Ysidro; organizando conferencias de prensa a uno y otro lado de la línea divisoria; caminando por las rutas que siguen los migrantes en el desierto; haciendo acto de presencia en el cementerio de Holtville, en el Valle Imperial californiano, frente a las tumbas de los John y Jane Does; argumentando incansablemente a favor de los desheredados en los escritos con los que inunda a funcionarios de los dos países limítrofes y de organismos internacionales; monitoreando en el campo californiano a los Minutemen. Profundamente católica, asume la defensa de la vida humana como un deber sagrado.

En noviembre de 2001, la activista compareció ante la Comisión Interamericana de Derechos Humanos de la Organización de Estados Americanos en representación de la American Civil Liberties Union de los condados de San Diego e Imperial, y ahí reiteró su tesis de que «... la actual estrategia del gobierno de Estados Unidos en cuanto a la aplicación de la ley en la frontera es un abuso del derecho a controlar la frontera suroeste».

Por supuesto que ese batallar tiene un precio. Los racistas, los radicales, los nativistas la consideran anatema. En algún portal electrónico radical ha sido calificada de «quintacolumnista» y de otras lindezas, pero ello, por supuesto, es la cuota que se paga en este tipo de lucha cuesta arriba, cuando alguien como Claudia se enfrenta durante décadas a grupos antiinmigrantes como Sudden Death, Federation for American Immigration Reform, Light Up the Border, Minutemen, etc., o bien a instancias de autoridad como la Patrulla Fronteriza.

La filosofía de denuncia de Claudia Smith podría resumirse en una frase que le dijo al reportero Alberto Nájar: *At least, we haven't given up* (al menos, no nos hemos rendido).[31]

Afortunadamente para los migrantes indocumentados.

ROBIN HOOVER

«Nuestros voluntarios están motivados por su fe. Las Sagradas Escrituras, en Mateo 25, nos dicen que cuando ayudamos a los migrantes estamos realmente ayudando al mismo Cristo. Los migrantes suelen ser extraños hambrientos y sedientos. Con frecuencia están sin ropas, enfermos y en prisión. Nosotros estamos organizados para proveer de asistencia humanitaria a los migrantes que arriesgan sus vidas para mejorarlas, y que en muchos casos contribuyen al bienestar de los ciudadanos de Estados Unidos a través de su trabajo. Estamos también organizados de tal manera que podemos propugnar que se verifiquen cambios en las políticas de inmigración que colocan en riesgo las vidas de los migrantes. El carácter de nuestra nación es determinado en parte por la manera como respondemos a estas personas que se encuentran en crisis. Nosotros tratamos de hacer nuestra parte».[32]

Los anteriores conceptos fueron vertidos, a petición del autor, por el reverendo Robin Hoover, pastor de la iglesia First Christian Church, de Tucsón, Arizona, y presidente de la organización humanitaria Humane Borders.

En ese honroso listado de organizaciones no gubernamentales que luchan denodadamente, cotidianamente, por socorrer al desvalido, por hacer menos penosa la vida de sus congéneres desafortunados, ocupa un lugar primerísimo Humane Borders (Fronteras Compasivas la llaman en español).

Desde el año 2000, cinco mil quinientos voluntarios de Fronteras Compasivas han colocado y abastecido setenta y dos «estaciones de agua» —*water stations* las llaman— en el desierto de Arizona, en las rutas que usualmente siguen los indocumentados, con el objeto de evitar hasta donde sea posible las trágicas muertes por deshidratación. Las estaciones de agua consisten en un depósito metálico que contiene el vital líquido, dotado de una espita, al pie del cual se coloca una alta pértiga en cuyo extremo superior ondea una bandera de tela ahulada, azul, que puede ser observada a gran distancia.

Para dar una idea de lo que significa esta auténtica labor de amor por el prójimo, habría que decir que Humane Borders en los últimos cinco años ha surtido a las citadas estaciones con más de doscientos cincuenta mil litros de agua. Lógico, a esta acción humanitaria ha habido una reacción: los críticos, que no entienden el ejercicio de fe cristiana en auxilio del indefenso, proclaman que proporcionar agua al sediento es «ayudar e incitar» (*aiding and abetting*) a la inmigración ilegal. Inclusive el presidente de Arizonans for Immigration Control,

276

una organización antiinmigrante, presionó para que el reverendo Hoover y los voluntarios de Humane Borders, fueran sujetos a juicio «por cometer una felonía».

Tratar de evitar las muertes de migrantes en el desierto, proporcionándoles agua, es una «felonía», a criterio de estos antiinmigrantes, que también son anticristianos.

A iniciativa del reverendo Hoover, Humane Borders produjo un mapa en el cual se señalaba la ubicación de las estaciones de agua; las torres desde donde los migrantes en peligro pueden activar una señal de radio a la que responde la Patrulla Fronteriza; la ubicación de caminos y, en círculos concéntricos, las distancias que se pueden cubrir en uno, en dos y hasta en tres días de caminata. La idea original fue repartir este mapa entre migrantes para tratar de prevenirlos de los riesgos del cruce por zonas inhóspitas. Originalmente se dijo que la Comisión Nacional de los Derechos Humanos imprimiría setenta mil copias de dichos mapas. El proyecto murió en gestación al oponerse firmemente el gobierno de Estados Unidos a la distribución de los multicitados mapas. El titular del Departamento de Seguridad Interna, Michael Chertoff, no se anduvo por las ramas para condenar, en poco comedidos términos, la propuesta, a la que calificó de «mala idea» porque incitaría a los migrantes a internarse en Estados Unidos, imbuyéndolos de una falsa sensación de seguridad en el internamiento.

Y ahí murió el proyecto.

BORDER ACTION NETWORK

La Red de Acción Fronteriza (BAN por sus siglas en inglés) es una organización que opera en Tucsón, Nogales y Douglas, Arizona, formada en 1999 con el objeto de proteger los derechos humanos en la frontera entre México y Arizona.

Se trata de una ONG de jóvenes, la mayoría menores de treinta años, que persiguen un ideal de justicia social. El grupo está dirigido por Jennifer Allen, una muchacha latina, pese al nombre, que se ha caracterizado por su competencia en la defensa de los derechos básicos del individuo.

En la relativamente corta existencia de la Border Action Network, los activistas han enfrentado con éxito a rancheros del rumbo del condado de Cochise que llevan a cabo acciones de vigilantismo, como Roger Barnett. Han promovido demandas civiles en representación de víctimas de este tipo de radicales, han producido reportes de controversia como *Justice on the Line* (Justicia en la línea) y *Hate or Heroism* (Odio o heroísmo), en los que se aborda, en el primero de los mencionados, el impacto de la Patrulla Fronteriza en las comunidades de frontera de Arizona, y en el segundo, las acciones de los grupos de vigilantes en la colindancia entre ambos países.

En abril de 2005, la BAN presentó ante la Comisión Interamericana de Derechos Humanos de la Organización de Estados Americanos, en Washington, una queja en contra del gobierno de Estados Unidos, al que acusó de permitir la violación de los derechos de inmigrantes documentados e indocumentados, por parte de grupos paramilitares y de vigilantes. En su denuncia, la Red de Acción Fronteriza detalló las actividades de grupos antiinmigrantes que durante años se han dedicado a detectar, detener y maltratar a los indocumentados, sobre todo a los que cruzan por la frontera de Arizona. La BAN consideró que ese estado de cosas propicia un clima de intimidación y xenofobia en la región. El documento de cuarenta y una páginas entregado a la OEA fue preparado por el abogado James Anaya, catedrático de legislación sobre derechos humanos en la Escuela de Derecho de la Universidad de Arizona.

Denuncias de este tipo sólo pueden presentarse ante la OEA si el denunciante ha agotado todos los recursos que le conceden las leyes de su país, circunstancia que a juicio de la BAN ocurre en el caso de Arizona, pues ninguna demanda contra los vigilantes ha procedido en las instancias locales.

Y en agosto de 2005, Jennifer Allen, a nombre de la Border Action Network, compareció ante la Subcomisión para la Promoción y Protección de los Derechos Humanos de la Organización de las Naciones Unidas, en Ginebra, Suiza, y exigió a la ONU un alto a la impunidad que la BAN advierte en torno a actos ilegales cometidos por vigilantes en la frontera entre México y Estados Unidos. La joven activista hizo un llamado en pro de la intervención internacional en relación con lo que se percibe como «indiferencia de funcionarios estadounidenses respecto a las violaciones a la ley que realizan civiles armados en labores de patrullaje fronterizo». En la declaración que leyó, Jennifer manifestó que «el vigilantismo en la frontera entre México y Estados Unidos claramente infringe la ley estadounidense. Sin embargo, estos individuos cometen sus delitos sin que sufran las consecuencias».

«Desde fiscales locales hasta fiscales federales —continuó— se han desentendido de la violencia de vigilantes, y como resultado de este clima de impunidad, el vigilantismo y las violaciones a los derechos humanos se están extendiendo por todo el país».

Recientemente, marzo de 2006, Border Action Network encabezó a la comunidad inmigrante arizonense en plantones que se llevaron a cabo frente a las oficinas del Senador Jon Kyl (republicano, Arizona) en Tucsón y Phoenix, en protesta por la denominada Ley Sensenbrenner.

De Isabel García, un rabioso nativista como Glenn Spencer ha dicho que «… es una reputada comunista y agente del gobierno mexicano que está firmemente decidida a mantener la frontera abierta y a luchar contra todo intento de parar a los migrantes». Según Spencer, dirigente de la organización xenófoba American Border Patrol, lo anterior se inscribe dentro de la estrategia del gobierno de México de usar la inmigración ilegal como instrumento de guerra demográfica para revertir el Tratado de Guadalupe Hidalgo y recuperar el suroeste estadounidense.

De ese tamaño es la paranoia del radicalismo antinmigrante en Arizona.

Isabel García es otra abogada cincuentona, de penetrante mirada y pelo ensortijado salpicado de gris que le cae sobre los hombros. Sumamente intensa, refleja precisamente eso, intensidad. Es también la jefa de la oficina del defensor legal (*legal defender*) del condado de Pima, en Arizona, en donde, al frente de su *staff*, que incluye a otros quince abogados, está a cargo de la defensa de indigentes en casos de felonías, apelaciones y extradiciones.

Y por si lo anterior no fuera suficiente, Isabel es también una implacable, fiera y controvertida activista en pro de los migrantes indocumentados.

La abogada, madre de tres hijos, es el alma de la Coalición de Derechos Humanos, una agrupación que centra sus esfuerzos en asuntos de inmigración. Muy elocuente, Isabel suelta también proclamas incendiarias, como por ejemplo estas joyas: «… los inmigrantes, tan vilipendiados, son realmente héroes. Ellos son los que sostienen nuestro sistema de seguro social y ellos crean riqueza». Refiriéndose a la muerte de migrantes en el desierto, afirma que «… estamos atestiguando un acto criminal de parte de nuestro gobierno».

Definitivamente, tímida no es.

Y, en consecuencia, está en constante confrontación con la Patrulla Fronteriza, con las autoridades migratorias, con algunos legisladores y con los grupos antiinmigrantes. En el contexto antiinmigrante que permea en Arizona, las reacciones y los epítetos no se hacen esperar. Se la califica de «subversiva» y de «fuerza destructora», entre muchos otros marbetes más.

El activismo de Isabel está en sus genes. El padre fue un sindicalista minero que militó activamente en causas de derechos «civiles», como se les llama en el país vecino a los derechos humanos, y la madre se la rifó a favor de la educación bilingüe y contra la segregación en las escuelas.

Isabel sustenta la tesis de que en el tema de la inmigración es imprescindible mantener el diálogo con México y propugnar la creación de más fuentes de trabajo al sur de la frontera, incrementando a la vez los niveles salariales, lo cual reduciría el flujo de migrantes hacia el norte.

«El Tiradito», en Tucsón, es una especie de santuario al aire libre en un pequeño espacio público, en donde los que sienten en sus corazones el drama de los indocumentados que perecen en el cruce se reúnen para elevar sus oraciones. La combativa abogada asiste a dicho ritual todos los jueves.

Una de las oraciones que ahí se entonan, líneas extraídas del Libro de los Proverbios de la Biblia, describe a la perfección a Isabel y a todos los activistas aquí mencionados:

Speak out for those who cannot speak, for the rights of all the destitute. Speak out, judge righteously, defend the rights of the poor and needy. (Habla por aquellos que no pueden hablar, por los derechos de los desposeídos. Habla, juzga correctamente, defiende los derechos del pobre y del necesitado).[33]

Eso es lo que hacen los auténticos activistas.

En Arizona, por cierto, ante la creciente ola de nativismo y radicalismo, varias organizaciones comunitarias se unieron conformando un frente común para defender los derechos de quienes migran. Surgió así la Coalición de Arizona para los Derechos de los Inmigrantes, en la que tienen presencia los intelectuales, los activistas, líderes religiosos, estudiantes y los propios inmigrantes.

En una especie de dirección colectiva hacen cabeza en este nuevo organismo Jennifer Allen (Border Action Network), Emilia Bañuelos (Coalition for Latino Political Action), Isabel García (Coalición de Derechos Humanos), Victoria López (Immigrant and Refugee Rights Project) y Salvador Reza (Tonatierra).

Los activistas pro derechos humanos, ¡gracias a Dios que existen!

Propuestas de acuerdos migratorios

Todos preferiríamos una reforma migratoria integral por encima de un mero acuerdo sobre el tema. Lo primero sería la solución definitiva para lograr un manejo adecuado del fenómeno de la migración. Lo segundo es un paliativo, un remedio genérico, temporal y limitado, de los que no requieren de prescripción médica para surtirlo.

En las actuales circunstancias, una reforma integral se avizora con la propuesta aprobada a finales de marzo de 2006 por el comité judicial del Senado estadunidense, pero, por lo menos hasta el momento de escribirse las presentes líneas no se podía predecir el resultado final del encontronazo entre fracciones parlamentarias profundamente divididas respecto al tema de la inmigración y habida cuenta de que la seguridad en la frontera es el elemento primario y prioritario desde la perspectiva de la opinión pública norteamericana, de no resolverse ese factor de control en la línea divisoria, se perfila incierto el futuro de los elementos imprescindibles en todo proyecto de reforma migratoria, como son el qué hacer con los once millones de indocumentados que residen en Estados Unidos, programas de trabajadores huéspedes, el incremento de visas disponibles, etc.

Dice John Bailey, un catedrático de la Universidad de Georgetown experto en estos menesteres, que cualquiera que sea el tipo de reforma que se haya de debatir, «… el prerrequisito es controlar la frontera», porque la percepción pública estadounidense es que la inmigración indocumentada está fuera de control.[34]

Pero bueno, podría pensarse que a falta de soluciones definitivas, buenas son las parciales. Si de momento es imposible la reforma integral, ¿qué tal un acuerdo migratorio?

Al ser la inmigración indocumentada uno de los temas contenciosos que ocupan un lugar prioritario en la agenda de Estados Unidos, no podían faltar las sugerencias para solucionar el «problema», de acuerdo por supuesto a la corriente de pensamiento que las emite.

Los que propugnan una solución que vaya más allá de la estricta aplicación de la ley, y que se inclinan en consecuencia por la vigencia de un acuerdo migratorio que en ocasiones tiene como principal elemento un programa temporal de trabajadores, disponen de varias opciones para elegir.

Y es que en materia de propuestas de acuerdos migratorios hay de dulce, de chile y de manteca, es decir, hay un amplio espectro de proposiciones, algunas por ahí carentes incluso de sentido común.

Del considerable número de propuestas, dos son las que realmente tienen alguna posibilidad de concreción. A continuación se sintetizan:

1. *Secure America and Orderly Immigration Act*: propuesta conjunta de los senadores John McCain, de Arizona; Edward Kennedy, de Massachusetts, y los miembros de la Cámara de Representantes Jim Kolbe y Jeff Flake, de Arizona; y Luis Gutiérrez, de Illinois. Esta es una propuesta bipartidaria, pues aglutina a demócratas (Kennedy y Gutiérrez) y a republicanos (McCain, Kolbe y Flake). En síntesis, contempla una más intensa aplicación de la

ley, combinada con el otorgamiento de visas temporales de trabajo para el migrante y su familia inmediata, y ofrece además un camino para lograr la residencia permanente. Permite inicialmente el ingreso de cuatrocientos mil trabajadores al año con sus familiares inmediatos, a cambio de una cuota y prueba de empleo. Concede a los indocumentados que ya se encuentran en Estados Unidos, con un historial de trabajo y sin antecedentes delictivos, el derecho a registrarse para la obtención de las visas temporales. Crea también un sistema electrónico de autorizaciones laborales con identificación biométrica.

2. *Comprehensive Immigration Enforcement and Reform Act*: los senadores Jon Kyl, de Arizona, y John Cornyn, de Texas, ambos republicanos, proponen a manera de acuerdo migratorio implantar severas medidas de control en la frontera antes de que se instituya un programa temporal de trabajadores. Los aspectos que cabe destacar en esta propuesta son: que los inmigrantes que ya trabajan ilegalmente en el vecino país regresen a México antes de que soliciten su residencia permanente; crear una subprocuraduría en la oficina del fiscal federal para litigios que tengan que ver con la aplicación de la ley de inmigración; contratar a diez mil personas para que realicen investigaciones en los lugares de trabajo y cinco mil más para que detecten fraudes relacionados con el otorgamiento de beneficios a los inmigrantes.

De ambas, la más sensata y coherente, la que realmente presenta aspectos positivos, es la de McCain, Kennedy, Kolbe, Flake y Gutiérrez. La de los senadores Kyl y Cornyn es en cierto modo risible, ya que demanda que los migrantes que se encuentran residiendo y laborando en Estados Unidos regresen a sus lugares de origen antes de que otra cosa suceda. Como exclaman en Estados Unidos ante un planteamiento inadmisible: *¡¡¡What???!!!* Imagínese el lector a once millones de ilegales entregándose para ser deportados a México antes de permitírseles solicitar su lugar en un programa temporal de trabajo. Es poco realista pensar que esos millones de indocumentados van a acceder a perder lo que tienen ganado, registrándose para un *mandatory departure,* un «regreso obligatorio» al país de procedencia. McCain calificó sarcásticamente esta propuesta como un «reportarse para deportarse».

Un grupo de congresistas mexicanos, integrantes de la Comisión de Derechos Humanos del Senado de la República, apoya la propuesta McCain-Kennedy y, en términos generales, es a la que se le conceden mayores posibilidades de superar la barrera que significa el Congreso de Estados Unidos.

Sea esa la proposición que defina un acuerdo migratorio en el futuro, sea una combinación de varias propuestas, lo cierto es que la prioridad debe ser enfrentar la realidad económica y asegurarse de que lo que se apruebe sea viable desde el punto de vista de su aplicación. Lo anterior implicaría quizás la cuantificación aproximada del número de trabajadores extranjeros requeridos; tomar una determinación respecto a la población indocumentada que ya reside en la Unión Americana, sin que se perciba que se trata de implantar una nueva amnistía, concepto tabú para la sociedad estadounidense. Y, además, expandir las oportunidades para una inmigración legal.

Más claro y conciso, estadounidenses y mexicanos debemos entender que lo que requieren ambas sociedades es, sí, un plan que determine la seguridad en la frontera, preocupación toral de ellos, pero también un programa de trabajadores huéspedes y que se aborde con justicia y humanitarismo la situación de los once millones de inmigrantes irregulares que ya se encuentran residiendo en Estados Unidos, preocupación toral nuestra.

Seguramente que la conjunción de todos los factores enumerados permitiría, entonces sí, hacer más difícil la contratación de ilegales, elemento infaltable en todo esfuerzo vociferante de incrementar el *enforcement*.

En un intento por tender un puente entre dos posiciones antitéticas, la de la comunidad empresarial que necesita la mano de obra de los inmigrantes, y la de los conservadores sociales que constituyen el voto duro de la actual administración republicana y que sólo piensan en la rígida aplicación de la ley, el presidente Bush dio a conocer el 18 de octubre de 2005 un nuevo plan respecto al tema de la inmigración ilegal, en el que combina medidas más severas de control fronterizo con un programa de trabajadores huéspedes, haciendo la aclaración, muy puntual y enfática, de que dicho plan no es el camino para la ciudadanización ni para la legalización del estatus de dichos trabajadores.

El plan fue presentado ante el comité judicial del Senado por los secretarios del Departamento de Seguridad Interna y de Trabajo, Michael Chertoff y Elaine Chao. La nueva estrategia contemplaba, por un lado, la contratación de más agentes para la Patrulla Fronteriza, el incremento de la tecnología para el control de la frontera, construir nuevas estaciones de la PF y mejorar la cerca existente entre ambos países; y por el otro, el establecimiento del programa de trabajadores huéspedes, que permitiría a los indocumentados que ya residen en Estados Unidos obtener un permiso de trabajo hasta por seis años, al cabo de los cuales tendrían que regresar a sus lugares de origen.

En otras palabras, Bush pretende quedar bien con los que quieren legalizar el flujo migratorio y con aquellos que pretenden cortarlo de raíz. Encomienda difícil, no cabe duda.

Como en el caso de la propuesta de Kyl y Cornyn, la gran in-cógnita es qué tan atractivo resultará el plan presidencial para los ilegales que viven en el vecino país del norte, si al término de determinado lapso tienen que abandonarlo.

El gobierno mexicano hizo un pronunciamiento en torno al proyecto de reforma migratoria del presidente Bush, destacando en dicho documento el párrafo que a la letra dice: «El gobierno de México reitera el compromiso de mejorar los niveles de vida de los mexicanos que radican en el exterior mediante la búsqueda de los mecanismos que brinden certeza jurídica a millones de mexicanos que realizan una contribución significativa a la vida económica y social de nuestro país y de Estados Unidos».

A propósito de la ley Sensenbrenner, los congresistas estadounidenses Jim Kolbe y Howard Berman, miembros de la citada cámara, arizonense el primero y californiano el segundo, propusieron conjuntamente una enmienda para la mencionada legislación. En la declaración de principios de dicha enmienda, ambos legisladores especifican que «… ninguna ley debe ser aprobada sin que incluya a los trabajadores temporales y a los once millones de migrantes indocumentados que ya se encuentran en el país. Si no aprobamos una reforma de inmigración coherente, estamos engañando al pueblo de Estados Unidos».

La enmienda propuesta, muy interesante y la cual ameritaría la atención de autoridades y congresistas mexicanos, propone, entre otras cosas:

• Un programa de visas para trabajadores esenciales, que crea una nueva visa temporal que permita el ingreso de trabajadores extranjeros para cubrir plazas de trabajo no calificado (Visa H-

5A). Sugiere un techo de cuatrocientas mil visas que tengan una duración de tres años y que puedan ser renovadas por un periodo de seis años al final del cual el trabajador tiene que regresar a su lugar de origen o colocarse en línea para una tarjeta de trabajo *(green card)*.

- Ajuste en el estatus de no inmigrantes con visa H-5B. En este apartado se considera elegibles a las esposas e hijos de los trabajadores para fines de reunificación.

- Reducción de la acumulación de solicitudes de reunificación familiar.

Jim Kolbe, pese a su filiación republicana, es uno de los más positivos miembros del Congreso estadounidense. Lástima grande que después de veintitantos años en la Cámara de Representantes, ha decidido no buscar su reelección en los próximos comicios. Con su ausencia vamos a perder todos.

Sigue siendo, pues, el punto contencioso, el destino de los once millones de indocumentados que residen en la Unión Americana.

La militarización de la frontera *per se* no ha funcionado y todo indica que no va a funcionar. Es ya impostergable, en consecuencia, intentar un nuevo acercamiento al fenómeno/problema a través de un acuerdo migratorio.

Ni idea

Ése, el enunciado que encabeza este capítulo, es uno de los problemas del migrante mexicano, quizás el principal en el marco de las muertes de indocumentados en circunstancias de cruce: Ni idea.

Que el migrante nuestro es arriesgado, valiente, decidido y con aspiraciones de superación, no se discute. El problema estriba en que no tiene noción alguna del tipo de riesgos que va a enfrentar en su peregrinar hacia el norte. Y esa ausencia total de información, ese absoluto desconocimiento de los peligros que acechan a uno y otro lado de la línea divisoria, es lo que con muy terrible frecuencia le cuesta la vida.

Dice de los migrantes Wayne Cornelius, director del Centro de Estudios Comparativos sobre Inmigración de la Universidad de California, campus San Diego, que «... muchos no tienen el conocimiento personal o la experiencia que les permita reducir el riesgo en los cruces no autorizados».

Allá por los noventa, la carretera interestatal 5, que desde la frontera con México recorre de sur a norte el estado de California, se había convertido, en su tramo entre Tijuana y San Diego, en una mortífera trampa para los migrantes. La paisanada y los centroamericanos que se brincaban el alambre por las cañadas al oeste del puerto de entrada de San Ysidro, se escurrían hasta salir a Dairy Mart Road, un desolado camino que desemboca en la 5. En cuanto topaban con la carretera, trataban de cruzarla para llegar a la medianía, bajo la premisa de que ahí no los perseguiría la migra, para después alcanzar la zona urbana en la que se agrupaban en torno a un guía y continuar el trayecto hacia el norte. Lo malo del asunto era que los migrantes no tenían —no tienen— la más remota concepción de lo que significa el mar de automóviles que transitan a velocidades de ciento veinte y ciento treinta kilómetros por hora por los doce carriles en ambos sentidos de un *freeway* californiano. Y el paisano, proveniente del ranchito pedregoso cercano a Cuquío o de las tierras altas chiapanecas, pretendía ganarles a los bólidos en una supercarretera en la que nadie respeta los límites de velocidad. Y por supuesto que morían atropellados, a montones. Por eso, porque ni idea tenían del riesgo que entrañaban centenares de vehículos, uno tras otro a lo ancho de una docena de carriles, zumbando a ciento treinta kilómetros por hora. Fue en esa época cuando el entonces gobernador, Pete Wilson, colocó a lo largo de la Interestatal 5 aquellos famosos letreros que prevenían a los automovilistas de la contingencia del cruce de seres humanos, en los que aparecía la representación de una familia de migrantes —padre, madre, hijos— tomados de las manos, atravesando la cinta asfáltica.

Algo parecido ocurre en el caso del desierto.

¡Carajo, el desierto!

Pese a que la desertificación es característica de casi la mitad del territorio mexicano, muy pocos connacionales están familiarizados con el desierto. Y como cosa curiosa, los migrantes que pretenden cruzarlo son sobre todo los que provienen de las zonas expulsoras del sur y centro del país, los que menos lo conocen.

Tome usted por caso el desierto en el que se asienta la nación indígena Tohono O'odham, en Arizona, al norte de Sásabe y al oeste de Nogales. En Arizona se le llama indistintamente Sonoran Desert (desierto de Sonora) o Western Desert (desierto del Oeste). Y se trae a colación esta inmensa y desolada área de once mil kilómetros cuadrados de arenas y matorros porque en los últimos años es el sector de frontera que más cruces de indocumentados registra, y en donde se produce el mayor número de muertes.

Tohono significa, en la lengua pápago, «la gente del desierto», y sólo ellos, que llevan viviendo en esos andurriales del tamaño del estado de Connecticut los últimos seis mil años, permanecen inmunes a los efectos de su hábitat natural.

El migrante, es de entenderse, no sabe que una persona que pese poco más de sesenta kilogramos tiene que consumir con el calor del desierto casi un litro de agua cada hora para prevenir una severa deshidratación. Por eso el chiapaneco Arturo Gómez Castro, que salió junto con diecinueve paisanos llevando cada uno dos galones de agua, para una travesía de cuatro días, en junio de 2002, murió irremediablemente de *heat stroke,* el llamado «golpe de calor», que es una letal combinación de deshidratación e insolación. El muchacho no sabía que el par de galones que cargaba —cada uno pesaba casi cuatro kilos— no eran suficientes ni para el primer día de marcha. Obviamente tampoco sabía que para cuando empezó a sentir sed, ya iba moderadamente deshidratado tras la pérdida de un cinco por ciento del líquido corporal, y que en caso de perder el siete por ciento de dicho líquido era seguro candidato al «golpe de calor». Ignoraba también que pese a que para reponerse requería de sombra, descanso e ingestión de agua, lo que no debía hacer era sentarse en el suelo, pues la radiante arena del desierto alcanza temperaturas superiores a los cincuenta grados centígrados.

Ni idea.

¿Y qué hay de Sásabe? Bien, la pequeña localidad de la frontera sonorense vive literalmente de los indocumentados. Su población se duplicó a cuatro mil habitantes en un par de años, y hoteles de cuarta, casas de huéspedes de mala muerte y fondas aparecen de la noche a la mañana para dar servicio a la clientela de «pollos» y malandros. El contrabando de drogas y de indocumentados florece, y la riqueza mal habida es advertible en las flamantes camionetas *pick-up* del año y sin placas, que circulan por las sucias calles del villorrio. Sásabe es el extremo norte del corredor que se inicia en Altar, noventa y cinco kilómetros al sur. Como es notorio en la frontera norte mexicana, hay escasa, por no decir nula, presencia de nuestras autoridades. Muchos de los vehículos de la más variada catadura que «suben pa'l Sásabe», kilómetros antes de llegar al poblado se desvían por un camino de terracería para bajar la carga de paisanos en la Puerta de San Miguel, un lugar de cruce, a treinta y seis kilómetros de Sásabe, que se supone está menos vigilado por la migra. La «puerta» consiste en unos rieles sobre una zanja, que hacen las veces de «guardaganado», y en el monte aledaño se advierte algo así como un campamento de desposeídos que cocinan al aire libre y pernoctan bajo algún mezquite, en espera de cruzar hacia la tierra prometida, que ahí asume la forma de un mortal desierto.

Como no conocen, los migrantes no tienen más remedio que confiar en el pollero que les miente sin remordimiento alguno cuando les dice que Tucsón o Phoenix están «ai nomás», a unos cuantos kilómetros de camino. La verdad es que de Sásabe a Tucsón hay ciento trece kilómetros, y hasta Phoenix son doscientos cuarenta y uno. A un paisano le dijeron que era cuestión de caminar «como dos o tres horas», y el inocente se aventó tres días de cruenta marcha en la que casi deja el pellejo.

Ése es ya territorio de los Tohono. De cualquier punto se advierte el pico de Baboquivari, en las montañas sagradas del mismo nombre, que corren de norte a sur. Lo ideal para el migrante es caminar al este de la cordillera, porque tapa el sol durante varias horas desde temprano en la tarde, y la sombra, en el desierto, es maná de los cielos. La inexperiencia del indocumentado es a veces asombrosa. No es inusual que caminen bajo un sol que derrite y con temperaturas superiores a los treinta y ocho grados centígrados, cubiertos con gorras beisboleras, en camiseta de manga corta y algunos, no muchos por fortuna, ¡en *shorts* y calzando sandalias!

Otro de los factores negativos en estos internamientos en territorio estadounidense es que muchas veces, para cuando el migrante cruza la línea divisoria, ya va agotado y demeritado en su estado físico, pues ha caminado previamente considerables trechos en territorio mexicano. Indocumentados que cruzan a la altura de Naco, Arizona, en muchas ocasiones vienen caminando desde Cananea, Sonora, a cincuenta kilómetros de distancia, o bien, los bajan del taxi en el que transitan por la carretera que une Agua Prieta y Naco, Sonora, a la altura del kilómetro 28, y les dicen que marchen hacia el norte hasta que topen con la línea divisoria, a considerable distancia, por cierto.

En el caso de los que se internan por Sásabe, no es inusual que recorran a pie un buen trecho del tramo entre Altar y la frontera, porque no tienen dinero para pagar al «raitero», o bien que caminen desde los aledaños de Sásabe hasta la Puerta de San Miguel, un trayecto de treinta y tantos kilómetros.

Toda esa gente, para cuando cruza, experimenta ya serio deterioro físico.

¿Sólo el calor mata en el desierto? No, también el frío. El migrante no reconoce el hecho de que en el desierto de Arizona, el invierno similarmente es inclemente. Sobre todo para los que marchan por las rutas desérticas que a poco suben a las estribaciones de cadenas montañosas. Las muertes por hipotermia se registran con mayor abundancia en otro de los corredores preferidos por los indocumentados, el que partiendo de la línea divisoria al oeste de Naco, Arizona, cruza por el parque nacional Coronado y va faldeando por las montañas Huachuca. Muchos migrantes suben hasta la cima de dicha cordillera para ir a salir a Sierra Vista o al Fuerte Huachuca. Cuando esto ocurre en diciembre, enero, febrero, marzo inclusive, con metro y medio de nieve sobre el terreno, se producen las muertes por frío, otra de tantas maneras horrorosas de perecer.

Total, la ausencia de conocimiento de causa prevalece y es mortal.

¿Cómo remediar este estado de cosas? Quizás con una intensa campaña informativa en los lugares de expulsión de migrantes, no con el objetivo de persuadirlos para que no emprendan el viaje, que cuando el aspirante a migrante se decide, no hay poder alguno que lo disuada, sino para imbuirle los datos elementales que le den a conocer a qué se va a enfrentar en el cruce, qué es lo que debe tener en mente para protegerse, qué es lo que no debe hacer, por qué acudir a los consulados mexicanos en demanda de ayuda, cómo llegar con vida a su destino final, etcétera.

Campañas informativas las hay ya, realizadas por la Secretaría de Relaciones Exteriores, por la Secretaría de Gobernación, por la Patrulla Fronteriza, pero la mayor parte de ellas se llevan a cabo en la frontera, cuando el migrante está frente a la línea divisoria, y para entonces, como se dijo en capítulo anterior, ya quemó sus naves y «va pa'dentro», consideraciones sobre su seguridad al margen. Se requiere, entonces, de una campaña informativa llevada a cabo por profesionales de la comunicación, con un mensaje único dirigido a un específico segmento de receptores y con una sola línea conductora: «Date cuenta, migrante, de los peligros que vas a afrontar en la marcha, entiende las diferencias entre tu mundo y el ajeno, no te confíes en tu juventud y fortaleza, y mucho menos en los terceros que te guían; avívate, que en ello te va la vida».

O algo así por el estilo.

Porque la verdad, el paisano, cuando sale de su lugar de origen, nomás no sabe.

Ni idea.

Discusión y conclusiones

*Tenemos que traer una dimensión moral y ética a un
debate muy politizado.*

CARDENAL ROGER M. MAHNOY

Hay que reconocer la realidad: el fenómeno migratorio es el asunto
prioritario en la agenda bilateral entre México y Estados Unidos.

En esa agenda binacional y en el escenario de la frontera entre
ambos países, el binomio seguridad nacional-migración se ubica a su
vez en un primer plano. Y para mayor abundancia, esa misma frontera común está tensionando seriamente la relación bilateral.

Aquí se da una curiosa dicotomía. Por un lado la violencia presente en los últimos tiempos en la frontera origina una mayor severidad en las medidas de control fronterizo, y este endurecimiento del
enforcement a su vez genera por sí mismo más violencia, en cuanto a
que propicia una mayor organización de las bandas delictivas que se
dedican al tráfico de indocumentados y de enervantes, así como actitudes más agresivas y de confrontación.

En ese contexto, la proyectada construcción de mil ciento veinte
kilómetros de nuevo muro, por parte del vecino país, en tramos de
la frontera entre México y Estados Unidos, es en sí una manifestación más de violencia en el entorno fronterizo compartido.

Estados Unidos debe dejar de afrontar el tema de la inmigración
no regulada con un criterio ambivalente que admite, a medias, que

requiere de la fuerza de trabajo de los indocumentados, a la vez que hace esfuerzos, siempre insuficientes, por controlar la frontera con criterios coercitivos. La realidad de los ilegales tiene que ser reconocida hasta por los mismos políticos que explotan los sentimientos antiinmigrantes de algunos sectores de la sociedad estadounidense.

¿De qué realidad estamos hablando? Bueno, el senador (republicano) Larry Craig, de Idaho, afirma que la mano de obra indocumentada cosecha el ochenta y cinco por ciento de los alimentos de campo que se producen en Estados Unidos. Quizás como consecuencia de lo anterior, el presidente de la Asociación de Productores del Oeste (Western Growers Association), Tom Nassif, plantea que la Patrulla Fronteriza deje de operar el retén que tiene instalado en la proximidad de Yuma, Arizona, «porque la recolección de la cosecha de lechuga en Yuma está ya encima». O, por lo menos, Nassif sugiere que la PF lleve a cabo un «razonable» *enforcement*. Que aplique la ley, pues, «razonablemente».

¿Qué quiere decir «razonablemente»? ¿Que los agentes se hagan de la vista gorda cuando pasan los vehículos cargados de paisanos? Típico ejemplo de la hipócrita duplicidad conceptual que sugiere apretar las tuercas, «pero no mucho ¿eh?», no como para ahogar a los productores del campo, o a los constructores, o a los empresarios de servicios o a los procesadores de alimentos. Y ello en función del apetito insaciable de mano de obra mexicana no calificada y de baja remuneración por parte de empleadores estadounidenses.

Es, pues, cada día más evidente que el actual *statu quo* nomás no funciona y que se requiere de un nuevo acercamiento al fenómeno, un manejo más —aquí sí razonable— racional y humanitario, que ordene y regule el flujo de un país a otro en aras de garantizar el respeto a los derechos laborales y humanos de los migrantes; que normalice la situación de los indocumentados que ya residen y trabajan en Estados Unidos, y que considere la reunificación de las familias.

Dijo el secretario de Relaciones Exteriores de México, Luis Ernesto Derbez —y dijo bien—, que «no es posible resolver el fenómeno levantando murallas. Ninguna barda podrá detener a quienes se ven obligados a buscar mejores condiciones de vida. La solución que los gobiernos deben ofrecer para que los ciudadanos no abandonen sus países es el desarrollo y el crecimiento económico. La respuesta es la cooperación para generar prosperidad, no la construcción de murallas».[35]

En Estados Unidos hay dos visiones contrastantes respecto a la cuestión de la inmigración.

Una de esas visiones sustenta la tesis de que el «problema» —como lo llaman allá— migratorio puede ser resuelto mediante la aplicación de la ley con más severidad, incrementando el *enforzamiento* —perdone el lector el barbarismo—, haciendo más intenso ese apretar de tuercas de que hablábamos líneas arriba. Este es el punto de vista que llevan las recientes legislaciones para prohibir el otorgamiento de licencias de conducir a indocumentados, para erigir más muros en la línea divisoria; el enfoque que aplaude a milicias armadas como los Minutemen en su patrullaje por la frontera.

La otra visión argumenta que los incentivos económicos que propician la inmigración son de tal magnitud tanto para los ilegales mexicanos como para sus empleadores estadounidenses, que la sola aplicación de la ley no es suficiente. Éste es el pensamiento, por ejemplo, del obispo de la diócesis de Tucsón, Gerald Kicanas, quien afirma que «… es claro que la estrategia de contención en la frontera no ha disuadido a los migrantes de su intención de cruzarla, aun a riesgo de sus vidas. El deseo de encontrar trabajo y mantener a sus familias es tan fuerte que no se arredran ante un incremento en la vigilancia fronteriza».[36]

Y los que favorecen esta perspectiva sostienen que la solución al «problema» tiene como premisa básica cambios en el sistema de control migratorio, y aducen además que se debe contemplar la instrumentación de un adecuado programa de trabajadores huéspedes, lo cual regularizaría el flujo de irregulares y permitiría a las autoridades estadounidenses concentrarse en la detección de terroristas y narcotraficantes.

Estructurar un programa de trabajadores huéspedes debería contemplar otra problemática, hasta el momento poco advertida y, en consecuencia, poco debatida. Hablamos del aspecto de los *overstays*, como se les llama en Estados Unidos a aquellos extranjeros que entraron legalmente al país, documentados como turistas o estudiantes, con visas temporales de trabajo y que, al expirar dichos documentos, simple y sencillamente se quedaron a residir, convirtiéndose así en ilegales.

¿Qué tan serio es ese problema? Usted decídalo. Se calcula que 3.6 millones de irregulares de un universo de nueve a diez millones son *overstays*. Más claro, más de una tercera parte de los indocumentados que residen en Estados Unidos, en realidad entraron documentados, y se convirtieron posteriormente, al expirar sus visas, en ilegales. Este tipo de indocumentado, a propósito, tiende a tener una mejor educación y una mayor afluencia económica.

Lo cierto es que si algo demuestran los once años transcurridos desde que se pusieron en vigor las nuevas estrategias migratorias de Estados Unidos, la famosa «prevención a través de la disuasión» —*prevention through deterrence*—, el apotegma aquel que dio origen a las operaciones *Gatekeeper*, *Hold the Line*, *Safeguard*, etcétera, si algo demuestran, repetimos, es que el mero uso de la fuerza policiaca o paramilitar no contiene el flujo de migrantes irregulares.

Pero también en México surgen ya voces que apuntan hacia el hecho innegable de que en la búsqueda de soluciones y consensos respecto al fenómeno migratorio, los mexicanos también debemos ser partícipes. El mismo canciller, Derbez, convocó a iniciar un debate sobre los requerimientos de política pública para construir una solución de largo plazo a la problemática migratoria y para discutir sobre qué está dispuesto a negociar el país con Estados Unidos en materia de migración. El secretario de Relaciones Exteriores fue sorprendentemente claro cuando afirmó que «… no podemos continuar exigiendo a Estados Unidos que resuelva unilateralmente el asunto migratorio cuando en nuestro país no hemos sido capaces de construir una agenda común sobre el tema».[37]

Una tesis similar sostiene el relator especial de Naciones Unidas sobre Derechos Humanos, Jorge Bustamante, cuando vaticina que la política de inmigración estadounidense se tornará en el futuro inmediato más restrictiva. Sostiene el ex director del Colegio de la Frontera Norte que la toma de posición del gobierno mexicano en torno al tema de la migración debería estar precedida de un debate nacional.[38]

De hecho, en el intento de diseño de una política migratoria mexicana se reconoce que se van a seguir dando las condiciones para la emigración al exterior mientras un número considerable de connacionales no encuentren en su propio país las condiciones económicas que les permitan su pleno desarrollo y bienestar.

¿Es un hecho el endurecimiento de la política migratoria estadounidense? Basta echarle un vistazo a la ley Sensenbrenner para contestar la pregunta. También es una realidad que la inmigración ilegal va a ser obligado tema de campaña, y de enfrentamiento, en las elecciones de medio término de noviembre de 2006. Y en el Congreso en Washington no hay precisamente escasez de legisladores republicanos rabiosamente antiinmigrantes.

El gobierno mexicano emprendió una campaña mediática vía una firma estadunidense de relaciones públicas en torno al tópico migratorio, aparentemente con la intención de influenciar a legisladores del Congreso norteamericano en la víspera en que se discutiría el tema citado en la Cámara de Senadores. Con esa intención se publicaron textos a plana entera en grandes diarios como el *New York Times, The Washington Post* y el *Los Angeles Times*. Hubo analistas que argumentaron que ese mensaje debió haber tenido otro destinatario: los miles de ciudadanos cuyas opiniones controlan el accionar legislativo de los congresistas; la gente que ha manifestado su preocupación por los supuestos altos costos de la inmigración ilegal, la mayor parte de ella procedente de México. Los electores, vaya, de cuyo sentir y puntos de vista están muy pendientes Representantes y Senadores.

Es irrefutable que se necesitan nuevos esquemas para el manejo conjunto y adecuado del fenómeno migratorio. Se requiere en primer término de una toma de conciencia en cuanto al respeto a los derechos humanos de los migrantes, y la creación de una normativa que haga operante dicho respeto.

La liberalización de la política migratoria no tiene por qué estar reñida con la seguridad de Estados Unidos. De hecho, aunque a simple vista parezcan antitéticos, ambos temas se complementan. Por lo contrario, millones de indocumentados en las sombras no es una fórmula prudente para garantizar la seguridad interna.

La opinión general apunta hacia la necesidad de una reforma migratoria integral, la que hasta marzo de 2006 se consideraba improbable por la falta de consenso político en Estados Unidos, pero que podría adoptar inicialmente la forma de un acuerdo, consenso, convenio, mecanismo, como se le quiera llamar. El autor prefiere, de todas las propuestas de acuerdos migratorios, la McCain-Kennedy.

Otras voces coinciden con este punto de vista. Michael Chertoff, el titular del Departamento de Seguridad Interna, considera benéfico el establecimiento de un programa de trabajadores huéspedes como parte de una solución integral.

La posición del gobierno de México en el ámbito de la migración se ha basado invariablemente en el principio de la responsabilidad compartida, porque efectivamente, la responsabilidad es de ambas naciones vecinas.

¿Qué aspectos fundamentales debería considerar un acuerdo regulatorio del flujo de inmigrantes entre México y Estados Unidos? *Grosso modo*:

1. La creación de un programa temporal de trabajo que otorgue al migrante el derecho a vivir en Estados Unidos y que permita su regreso a México.
2. Incremento en las cuotas de visas para la inmigración legal procedente de México.
3. Regularizar la situación de indocumentados que hicieron su arribo a Estados Unidos cuando eran niños y que no pueden ser culpados de violar las leyes migratorias con conocimiento de causa.
4. Establecimiento de un programa de legalización devengada para aquellos que como adultos ingresaron ilegalmente a Estados Unidos.
5. Sentar las bases para la reunificación de familias.

Los dos países requerimos un nuevo enfoque migratorio, más ordenado, más inteligente, más humano. Ése es el reto.

Lo que no requerimos es un nuevo muro en la frontera común. Un muro de la vergüenza.

Notas

1. Testimonio de Alan Greenspan (*Aging global population*), ante el Comité Especial sobre Envejecimiento del Senado de Estados Unidos, 27 de febrero de 2003.
2. *El bracero fracasado,* canción original de Ernesto Pesqueda, interpretada por Lila Downs.
3. *Milenio,* 25 de marzo de 2004.
4. *Los Angeles Times,* 25 de enero de 2006.
5. Periódico *El País,* 29 de enero de 2004.
6. Alejandro Goldberg, en un artículo en *La Jornada,* noviembre de 2003.
7. Periódico *Arizona Daily Star,* 5 de junio de 2005.
8. Periódico *Tucson Citizen,* 14 de febrero de 2004.
9. Daniel González, reportero de *The Arizona Republic,* 29 de mayo de 2000.
10. Jeremy Rifkin, autor de *El sueño europeo.*
11. *Proceso,* 13 de marzo de 2005.
12. *La Jornada,* 29 de mayo de 2005.
13. *El Universal,* 8 de junio de 2005.
14. De la canción *México lindo,* de Chucho Monge.

15. Traducción del autor.

16. Natalie Singer, en el periódico *The Desert Sun*.

17. Evelyn Nieves, *NYT*, 6 de agosto de 2002.

18. Traducción del autor.

19. *Los Angeles Times*, 1 de junio de 2005.

20. Patrick Osio, Jr., en *Hispanic Vista.com*, 28 de octubre de 2004.

21. Enriqueta Cabrera, *Proceso*, 16 de mayo de 2005.

22. *Los Angeles Times*, 20 de agosto de 2005.

23. *The New York Times*, 17 de agosto de 2005.

24. Boletín de prensa de la *Arizona-Mexico Commission*, 16 de agosto de 2005.

25. *The New York Times*, 17 de agosto de 2005.

26. *El Universal*, 13 de octubre de 2005.

27. *Los Angeles Times*, 26 de enero de 2006.

28. *El Universal*, 6 de octubre de 2005.

29. *The New York Times*, 13 de junio de 2004.

30. *La Jornada*, 3 de octubre de 2005.

31. *La Jornada*, 20 de junio de 2004.

32. Traducción del autor.

33. Traducción del autor.

34. *El Universal,* 23 de enero de 2006.

35. *La Jornada*, 4 de octubre de 2005.

36. *Arizona Daily Star*, 28 de julio de 2005.

37. *Reforma*, 25 de junio de 2005.

38. *Milenio*, 29 de agosto de 2005.

El muro de la vergüenza, de Miguel Escobar Valdez
se terminó de imprimir en mayo de 2006 en
Litográfica Ingramex, S.A. de C.V.
Centeno 162-1, Col. Granjas Esmeralda
México, D.F.